Le portatif de la Provocation

de Villon à Verdun
en 333 entrées

© PUV, Saint-Denis, 2000
ISBN : 2-84292-069-4

Illustration de couverture :
   Gravure extraite de l'ouvrage de Hans von Gerssdorff,
   Feldbuch der Wunstartzney, Strasbourg, 1517. Collection
   du Musée de la Médecine de Bruxelles (inv. 960099).

François Boddaert & Olivier Apert

Le portatif de la Provocation

de Villon à Verdun
en 333 entrées

Presses Universitaires de Vincennes

INCITATION

Provocation : action, parole ou comportement par lesquels on provoque. Voilà qui est dit. Si on l'emprunte à nos Pères latins, la *provocatio* porte en sus l'idée d'appel, voire même d'encouragement. La langue ne cessant de glisser (vers où ?), le terme est passé de requête pressante à réparation de l'honneur en duel, jusqu'à devenir synonyme d'incitation, d'excitation, d'agression... au risque de voir se retourner contre soi une fatalité que l'on croyait propice. Comme la provocation est une arme brandie tout autant par les forts et les faibles — tel que le montre cet exemple lycanthropique trouvé dans Buffon : « Quoique plus faible, cette louve était la plus méchante ; elle provoquait, elle attaquait, elle mordait le chien, qui finit par l'étrangler » (*Histoire naturelle*) —, elle n'est pas nécessairement l'apanage des esprits les plus visiblement contestataires mais peut très bien servir aux desseins des acteurs du pouvoir. Est donc sous l'empire de la provocation qui ou quoi s'érige en singularité paradoxale ; et n'est pas nécessairement paradoxal qui ou quoi se réclame de la provocation. La distance révèle parfois le caractère provocateur d'un homme public ou d'une posture collective que leur époque banalisait. De ce point de vue, le conformisme n'est pas exclusif de la provocation.

Maints personnages recensés ici payèrent parfois de leur tête le soin mis à faire tomber celles de leurs contemporains ; si nous décapitons allégrement quelques réputations solidement attachées, nous recapitons quelques chefs maltraités par le temps. Ainsi Napoléon ou Mallarmé sont-ils expédiés tandis que Xavier Forneret ou Henri Rochefort abusent légitimement de notre complaisance — complaisance, certes, mais tout de même piquée d'insolence et d'ironie, ainsi que le recommande Proud'hon, dans ce même *Portatif* : « Ironie, vraie liberté ! »

Non contents d'encadrer quelques figures légendaires ou secrètes, nous avons cultivé le vice jusqu'à réorienter certains événements, mouvements, institutions, affaires..., de Villon à Verdun et Dada. Il ne manquera pas d'esprits attentifs pour nous questionner sur le choix de ce grand écart : disons que la naissance de la langue moderne, tant sur le plan historique que lexicographique, nous semblé un appui enviable, et que l'irruption de Dada au cœur de la Grande Guerre s'imposait inévitablement comme acmé de toutes les provocations. Il ne manquera pas, aussi, d'esprits curieux qui seront ravis d'apprendre que le projet de ce livre commun (une provocation !) est né après quelque débat public où Bernis, Don Juan, Laclos, Sade, etc., excitaient les échanges. Ni savants, ni spécialistes, nous avons presque toujours suivi notre instinct, *oubliant* sans remords des cas paraissant à première vue inévitables. Nous l'aurions volontiers fait de Voltaire, qui nous irrite par maints côtés, mais il inventa le nom affiché de notre ouvrage, concevant son *Portatif* par agacement devant la grosse machine encyclopédique : il en était pourtant l'un des ornements. D'ailleurs, si l'on en croit les avis de l'époque, son libelle fut pris pour un dictionnaire de la provocation — déjà : « Et quelle preuve a-t-on que vous soyez l'auteur de cette production diabolique ? » écrit d'Alembert au malin de Ferney.

Excipant à l'envi du travail bibliomaniaque de nos prédécesseurs, les faiseurs de dictionnaires, mémoires, journaux et autres livres n'ont donc pas été peu mis au pillage : chacun y reconnaîtra les siens. Et d'aucuns nous reprochant d'avoir assez souvent emprunté au XIXe siècle (Barbey d'Aurevilly, Bloy, Baudelaire, Renard ou les cancaniers Goncourt fournissent régulièrement aux définitions « humorales »), nous retorquerons, preuves à l'appui, que ledit siècle est trop aisément maltraité de nos jours, alors qu'il y a peu d'exemples d'une période aussi riche d'aventures en tous genres. Sur le plan précis de la provocation, les amateurs d'assassinats par bons mots interposés, de coups tordus politiques ou de défis dans les arts n'ont qu'à reparcourir l'époque.

Le *Portatif,* s'arrêtant à 1917 (avec Verdun et Dada comme acmé de toute Provocation), envisage les personnes citées au point où elles en sont et non pour les faits et méfaits qu'elles pourraient commettre par la suite. C'est pourquoi leur seule date de naissance est mentionnée si elles survivent en cette année. Elles n'avaient qu'à périr avant !

* Dans le corps d'un article, l'astérisque signale que le terme indexé fait l'objet d'une entrée.

ACADÉMIE (LA FRANÇAISE)

CEUX QUI N'EN SONT PAS ont beaucoup daubé cette belle et noble assemblée, dont Rivarol* disait que pour y entrer :

« Pas besoin d'un chef d'œuvre bien ample ;
Il faut fêter le sacristain du temple,
Puis ce monsieur t'ouvrira le guichet... »

Mais pour répondre aux quolibets qui l'assaillent, le corps constitué rétorque ceci : « Quand nous sommes quarante, on se moque de nous ; quand nous sommes trente-neuf, on est à nos genoux ! » Eu égard aux intrigues qui n'ont cessé d'émailler son histoire, cet apophtègme n'est pas qu'un bon mot... Issue de l'Académie du Palais, qui regroupait des artistes protégés par Henri III, ladite Académie française est née des lettres patentes signées par Louis XIII, en janvier 1635, sous l'impulsion de Richelieu. Le but avoué en est la rédaction d'un dictionnaire* destiné à « donner des règles certaines à notre langue, à la rendre pure, éloquente et capable de traiter les Arts et les Sciences ». Le premier *Dictionnaire* verra le jour en 1694, piloté à ses débuts par Vaugelas — ce qui prouve l'aptitude de nos académiciens à tourner sept fois leur plume dans l'encrier avant de proposer une définition. Elle sera le champ clos, pas toujours feutré, de combats idéologiques : les Anciens (qui se reconnaissaient surtout en Grammairiens) en vinrent presque aux mains avec les Modernes. Les vibrions de l'Encyclopédie* s'y imposèrent non sans mal (Voltaire*, d'Alembert, Turgot, Condorcet...) mais la Révolution supprima l'institution sur un rapport de Chamfort qui voyait là l'expression de la Tyrannie sur les hommes de Lettres. Le Directoire créera l'Institut national appelé à prendre le relais, puis Napoléon* réhabilita l'assemblée en l'installant au Collège des Quatre Nations (actuel Institut). Avec l'ascension triomphale de la bourgeoisie, les candidats connaîtront des échanges de haute volée, tel Alfred de Vigny visitant Royer-Collard : « Presque à l'instant est venu un pauvre vieillard, rouge au nez et au menton, la tête chargée d'une vieille perruque noire, et enveloppé de la robe de chambre de Géronte, avec la serviette au col du Légataire universel [...].

R.C. — D'ailleurs, j'aurais besoin de savoir de vous-même quels sont vos ouvrages.

A.V. — Vous ne le saurez jamais de moi-même, si vous ne le savez déjà par la voix publique. Ne vous est-il jamais arrivé de lire les journaux ?

R.C. — Jamais.

A.V. — Et comme vous n'allez jamais au théâtre, les pièces jouées un an ou deux ans de suite au Français et les livres imprimés à sept ou huit éditions vous sont également inconnus ?

R.C. — Oui, Monsieur ; je ne lis rien de ce qui s'écrit *depuis trente ans* ; je l'ai déjà dit à un autre. »

(Il voulait parler de Victor Hugo*.)

Alfred de Vigny sera le seul à recevoir noblement la « folie Baudelaire* » que Sainte-Beuve* n'avait pas découragé dans cette démarche perverse. L'Oncle Beuve l'en consolera par ces mots : « Vous êtes passé pour un candidat poli, respectueux, un gentil garçon — ce qui n'est pas rien ! » Condition *sine qua non* de l'académicien, ce que ne contredira pas Barbey d'Aurevilly* par ses « igres », parlant du cauteleux causeur des Lundis : « Il embrouille et embarbouille son talent de réserves, de sous-entendus, d'insinuations prudentes ou perfides, de précautions chattemites et traîtresses. Il a inventé les *peut-être*, les *il me semble*, les *on pourrait dire*, les *me serait-il permis de penser*, etc ; locutions abominables qui sont la petite vérole de son style. »

Certains vieillards passent pour ronfler bruyamment lors des séances du Dictionnaire (le jeudi), où l'on se déteste confraternellement, comme partout ailleurs — ainsi cette anecdote attribuée à deux académiciens se rencontrant sur le quai d'une gare ; l'un est amiral (en grande tenue), l'autre est prélat (en soutane) :

-À quelle heure part le train, Monsieur le chef de gare ?

-À six heures, Madame.

AFFAIRES (LES)

« C'EST la divinité mystérieuse, quelque chose comme l'Isis des mufles par qui toutes les autres divinités sont supplantées », vitupère Léon Bloy*, exégétant les lieux communs que met en scène Mirbeau* dans *Les Affaires sont les affaires,* où l'on voit Isidore Lechat traiter les siens comme chiens. Si l'on entend par là un différent public ou une manière de dispute plus ou moins homérique — l'affaire du Collier de la Reine ou *Les Affaires de Rome* font — justement — l'affaire. Le premier cas donne un bel exemple de la manipulation de l'opinion puisqu'il est avéré que Marie-Antoinette* ne joua pas de rôle dans cette escroquerie de haut vol — l'énamouré Cardinal de Rohan, l'indélicate Mme de La Motte et le peu scrupuleux Cagliostro en furent les acteurs. La morale de l'embrouille tient dans le discrédit total de la souveraine à la veille de la Révolution. Le second cas renvoie à l'intransigeance récalcitrante du prêtre qui rêvait un christianisme de la pauvreté — Lamennais*. Naïvement parti pour Rome, dans l'espoir d'arranger ses affaires théologiques, il en revint avec une condamnation en bonne et due forme ; il réplique par son apologie : *Les Affaires de Rome* (1836), une manière de claquer la porte et de retourner à ses occupations socialisantes. Naguère, Voltaire* avait su exploiter toutes les variations de « la divinité mystérieuse », sachant se tirer d'affaire, faire des affaires, expédier les affaires, et se mêler des affaires (des autres : Callas, Sirven, Lally, La Barre...), histoire d'avoir toujours affaire au grand Horloger de l'Absolu : « Les Affaires sont les Affaires, comme Dieu est Dieu, c'est-à-dire en dehors de tout. » (Bloy.) Et il est de certaines affaires qui empestent longtemps.

Voir *Dreyfus*, *Placards*, *Poison*.

AGADIR

COMMENT s'octroyer un bout de Congo ? En débarquant quelques soldats sur la côte marocaine. Ce que firent les Allemands, le 1er juillet 1911 avec la canonnière « Panther », sous prétexte de protéger leurs ressortissants alors que les Français étendaient leur « protectorat » sur le sultanat chérifien. Plutôt que la guerre en Europe (mais ça allait venir), les concurrents se partagèrent des morceaux encore libres de l'Afrique.

ALCESTE

IL EST « l'atrabilaire amoureux », à part égale misogyne et misandre, et passe son temps — pour qu'on l'aime ? — à provoquer le monde selon deux méthodes éprouvées : la menace d'un départ irrévocable (« Je n'y puis plus tenir, j'enrage ; et mon dessein/Est de rompre en visière à tout le genre humain ») sans jamais qu'il s'accomplisse ; et la querelle procédurière par laquelle il envisage son seul rapport aux contemporains : « Je verrai dans cette plaidoirie,/Si les hommes auront assez d'effronterie,/Seront assez méchants, scélérats et pervers,/Pour me faire injustice aux yeux de l'univers. » Entre-temps, porte-parole de Poquelin, il défend une conception archaïque de la poésie : « Vieille chanson » dont « La rime n'est pas riche » :

> « J'aime mieux ma mie, ô gué ! »

ALCOOLISME

L'HISTOIRE humaine ne saurait se lire sans prendre en compte cette propension à biberonner plus que de raison, comme l'avoue tout crûment l'expert Verlaine* : « Ah ! si je bois, c'est pour me soûler, non pour boire » : on le croit sur parole bue — ce qui tendrait à prouver que les purs buveurs d'eau sont suspects. « Un homme qui ne boit que de l'eau a un secret à cacher à ses semblables », *dixit* Baudelaire* : on pourrait d'ailleurs fabriquer un jour une anthologie de ces derniers, elle serait plutôt mince... C'est qu'au-delà de la dissipation des chagrins quotidiens (« Buvons, le jour n'est si long que le doigt,/Je perds, amis, mes soucis quand je bois » Ronsard, *Odelettes*), ou du poids atroce de l'Ennui, il y a là moyen de multiplication de l'individualité, laquelle demeure bel et bien la matière et l'objet de l'artiste même, ce que la *doxa*, rapportée par la voix de Flaubert* ne peut que condamner, tout entière opposée à cette opération « de la vaporisation et de la centralisation du *Moi* » (Baudelaire) : « Alcoolisme : cause de toutes les maladies modernes » (*Dictionnaire des idées reçues*), juge-t-elle, et pour cause !, tout entière intéressée à déposséder l'homme de son moi pour mieux l'asservir à ses vues laborieuses.

POUR TOUS, synonyme de désordre (la bande à Bonnot), d'attentat (Caserio, Ravachol*, Vaillant...). Pour certains, synonyme d'université populaire, bourse du Travail, syndicat, pacifisme, mouvement associatif... Face à l'atomisation du « chacun pour soi », qu'impose la condition de la classe ouvrière, l'anarchisme utopise le « chacun pour l'autre » — seule possibilité d'échapper à l'instinct grégaire. Un pour tous, tous pour un !

APOLLINAIRE (Wilhem Apollinaris de Kostrowtitzky, dit Guillaume — 1880)

« PATRIOTE, pornographe et poète d'origine italo-polonaise, injustement accusé, en 1911, de recel d'œuvres volées au Louvre, la presse charge le « métèque » qui connaîtra les délices de La Santé. Il ne meurt pourtant pas sur l'échafaud comme le laisserait penser la chute du poème *Zone* (« Adieu, Adieu/Soleil cou coupé ») qu'il introduisit *in extremis* en tête du sobre recueil *Alcools* paru en 1913, mais des suites d'un éclat d'obus qu'il reçut à la tempe, compliquées de la grippe espagnole. Son portrait peint par Chirico demeure à ce titre un des cas les plus étranges de prémonition, puisque le peintre y représente le poète de profil, la tempe cerclée de blanc, lieu même de la blessure. Mais, sous les obus, le militaire fantaisiste, quoique fervent patriote, dans les *Calligrammes* s'enthousiasme :

> « Le ciel est étoilé par les obus des Boches
> La forêt merveilleuse où je vis donne un bal
> La mitrailleuse joue un air à triples croches
> Mais vous avez le mot
>   Eh ! oui le mot fatal
> Aux créneaux Aux créneaux Laissez là les pioches »,

ce qui ne l'empêche nullement, comme le rappelle André Breton*, découvrant chez Apollinaire les deux premiers numéros de la revue *Dada**, de les considérer « d'un très mauvais œil, soupçonnant certains de ses rédacteurs de n'être pas en règle avec l'autorité militaire de leurs pays [...] ». Au carrefour de toutes les avant-gardes, soutenant aussitôt le cubisme,

13

Apollinaire invente, en 1917, pour *Les Mamelles de Tiresias* l'adjectif « surréaliste » — drame surréaliste, dont la représentation est fortement perturbée par un certain Jacques Vaché* qui « venait d'entrer, en uniforme d'officier anglais : pour se mettre immédiatement au diapason, il avait dégainé son revolver et paraissait d'humeur à s'en servir [...] », *dixit* Breton : c'est que Vaché reprochait à l'*Enchanteur pourrissant* de « rafistoler le romantisme avec du fil de fer et de ne pas savoir les dynamos »... Pétri de curiosités, Apollinaire parle admirablement des grands et petits maîtres*, *Les Diables amoureux*, de la littérature vouée à l'Enfer des bibliothèques : Sade*, Nerciat, l'Arétin, Baffo : « ce fameux vérolé, surnommé l'obscène*, que l'on peut regarder comme le plus grand poète priapique », auprès desquels, sans doute, il n'eût pas été fâché qu'on rangeât les *Onze mille verges* (1909) : « Si je vous tenais dans un lit », déclare le prince Vibescu à Culculine d'Ancône, « vingt fois de suite je vous prouverais ma passion. Que les onze mille vierges ou même les onze mille verges me châtient si je mens. »

ARAGON (Louis-Marie, 1897)

FILS ADULTÉRIN d'un préfet de Police, sa mère, par crainte du scandale, le fit passer longtemps pour son jeune frère. Dès huit ans, il écrit des poèmes et des romans (dont quelques plagiats de Nick Carter). En 1916, il commence des études de médecine ; l'année suivante, il fait la connaissance au Val-de-Grâce, où il suit des cours, d'André Breton* et de Philippe Soupault...

ARGOT

À L'ÉPOQUE de Villon*, lequel jonglait avec les langues cachées, on appelait *jargon* le parler des métiers, confréries et autres compagnies d'initiés (des voleurs aux vagabonds). Émile Chautard donnera la bible et l'exégèse de cette langue secrète et, dans sa *Vie étrange de l'argot*, il retient deux hypothèses étymologiques pour ce terme : soit « Le mot grec *argos* qui signifie un fainéant qui mène une vie oisive, qui n'a ni travail, ni métier », soit le terme procède d'*art des Goths* puisqu'à l'époque de leur irruption chez nous « il y eut de ces narquois qui, ennuyez de la grive (soldats démobilisés), se prindent à trucher, et faire jouer la mine et autres subtilitez... » (d'après Ménage). Il se peut aussi qu'il s'agisse d'une déformation de *jargon* ; il est bien plaisant que l'on ne connaisse pas l'origine exacte de ce mot, dont usent les jardiniers pour désigner l'extrémité morte d'une branche.

ARISTOCRATES

« LES NOBLES forment un corps qui, par sa prérogative et pour son intérêt particulier, réprime le peuple : il suffit qu'il y ait des lois, pour qu'à cet égard elles soient exécutées. » (Montesquieu*.) La bourgeoisie n'a de cesse que de grimper à l'arbre généalogique des aristocrates (fussent-ils de courtoisie ou d'Empire) ; contre argent comptant, elle décroche particule, titre, blason, devise, et autres quartiers de ce mât de Cocagne qui se transforme parfois en lanterne rouge.

ARRIVISME

« LE PIRE avec les arrivistes, c'est qu'ils arrivent. » (Nathalie Barney)

ARTAUD (Antoine Marie-Joseph, dit Antonin — 1896)

REJETON d'une riche famille de négociants marseillais, par son père, et de commerçants smyrniotes par sa mère, le jeune Antoine manqua mille fois la mort dans sa jeunesse (noyade, maladies diverses — dont une méningite traitée à l'électricité statique), ce qui le rendit vite nerveux, et affublé de tics du visage et d'un léger bégaiement. Finalement c'est sa sœur Germaine qui mourut, en 1905, des suites d'une raclée administrée par la bonne ! Cette disparition (la fillette avait sept mois) laissa longtemps le frère inconsolable. Très tôt, Antoine parla l'italien et le grec. Vers dix ans, il écrivit frénétiquement, sous le pseudonyme de Louis des Attides, poèmes et nouvelles qu'il imprima lui-même et distribua dans son quartier. Sa santé psychique se dégrada au point que ses parents consultèrent un célèbre neurologue, le 18 décembre 1917, qui diagnostiqua une neurasthénie aiguë ; elle lui vaudra d'échapper à la boucherie, pour somnambulisme.

ASSASSINS

ILS EURENT leur cercle, dont Balzac*, Baudelaire*, Gautier*, Nerval ne furent pas les moins assidus — le Club des Haschichins — confirmant l'étymologie stupéfiante qu'en donne Littré : « Ce mot ne contient rien en soi qui indique mort ou meurtre. C'est un dérivé de *haschich*, cette célèbre plante enivrante. Le Vieux de la Montagne, dans le treizième siècle, enivrait avec cette plante certains de ses affidés, et, leur promettant que, s'ils mouraient pour son service, ils obtiendraient les félicités dont ils venaient de prendre un avant-goût, il désignait ceux qu'il voulait frapper. On voit comment le haschich est devenu signe linguistique du meurtre et du sang. » (*Pathologie verbale.*) *Les Assassins* eurent aussi leur grand maître — de Quincey qui éleva le crime parfait au rang des Beaux-Arts ; leur stratège — Sade* ; leurs poètes — Baudelaire (« je te frapperai sans colère et sans haine, — comme un boucher ! ») et Gautier (« criminelle aristocratie [...] Car son outil fut un couteau ») ; leur Connétable — Amédée Jules Barbey d'Aurevilly* (*Le Bonheur dans le crime*) ; leur prophète — Rimbaud* (« Voici le temps des Assassins ») ; leurs tâcherons — Lacenaire*, Ravachol* ou Vaillant.

ATTENTAT

MANIFESTATION violente — physique, psychique — portant atteinte à la dignité, ou à l'intégrité mentale, morale ou corporelle d'un quidam aussi bien que de l'opinion publique. Les royalistes attentèrent aux jours (mais la nuit) du 1er Consul Bonaparte, rue Saint-Nicaise, le 24 décembre 1800. Mais ces maladroits ratèrent leur cadeau de Noël. Ce que ne fit pas Ravaillac* contre le héros de la poule-au-pot. Certains, fort scrupuleux, attentent à leurs jours, avec des succès divers. D'autres préfèrent s'en prendre aux bonnes mœurs ou à la pudeur : par exemple Gilles de Rais qui égorgeait les petits garçons après les avoir sodomisés (entre autres), ou Sade*, qui entra dans la carrière en se masturbant devant témoin sur un crucifix. Du point de vue de la démocratie républicaine, on peut attenter à la sûreté de l'État, aux libertés ou aux intérêts de la Nation : c'est toujours selon l'endroit d'où l'on trône que l'on considère le geste, la parole ou l'écrit attentatoire. Voir *Suicide.*

D'AUBIGNÉ (Théodore-Agrippa — 1552-1630)

ORPHELIN de mère à sa naissance, le Saintongeais aurait traduit le platonesque *Criton* à peine âgé de huit ans, parallèlement à quoi son réformé de père le conduisait à Amboise où venaient d'être exécutés les auteurs de la Conjuration protestante ; il lui fit jurer dans leur sang de venger ces cadavres. Le garçon entendra bien la leçon, ceignant assez vite l'épée et devenant l'un des plus fidèles capitaines du futur Henri IV qu'il tentera vainement de détourner du catholicisme. Il se retirera sur ses terres, laissant à sa plume le soin et la rigueur de la cause : ce furent *Les Tragiques*, sorte de livre apocryphe des prophètes bibliques qu'il commença à écrire autour de 1575 mais qui ne sera livré au public, longuement remanié, qu'en 1616. Houle sublime de douleur, de fureur et de ferveur quasi mystique que ce long septuor de l'histoire du christianisme revisitée par un qui le défendit, selon ses lois, l'épée à la main, la haine en tête :

> « S'ils vous ostent vos yeux, vos esprits verront
> Dieu :
> Vostre langue s'en va, le cœur parle en son lieu :
> L'œil meurt sans avoir eu peur de la mort blesme,
> La langue soit couppée avant qu'elle blaspheme,
> Or si d'exquises morts les rares cruautéz,
> Si tourments sur tourments à vos yeux presentez
> Vous troublent, c'est tout un... »

Son admiration pour Ronsard s'y peut lire — mais du Ronsard royaliste et partisan du *Discours des Misères de ce temps* et des *Remonstrances au Peuple de France* (1562) plus que de l'amoureux de Cassandre Salviati. Agrippa s'enflammera pour la nièce de cette Cassandre, Diane, jusqu'à venir mourir dans ses bras après avoir été grièvement blessé. Mais la mort le réservait pour d'autres combats. Et l'année suivant la publication des *Tragiques*, d'Aubigné fait paraître *La Confession catholique du Sieur de Sancy* ainsi que les premiers livres des *Aventures du baron de Faeneste*, deux ouvrages satiriques contre la conversion, à la manière de *La Satire Ménippée* — très en vogue alors. L'inapaisable révolté devra fuir vers Genève sitôt l'échec du soulèvement des nobles contre le duc de Luynes (favori de Louis XIII), en 1620. C'est là qu'il mourra, après avoir exercé les fonctions de préposé aux fortifications. Il est le grand-père de Mme de Maintenon qui ne fut pas pour peu dans la révocation de l'Édit de Nantes...

Balzac (Honoré de — 1799-1850)

H OMME D'AFFAIRES malheureux, il se voulut chevalier d'imprimerie et capitaine d'édition — ce qui le ruina considérablement. À partir de 1829 (*Les Chouans*), il comprit qu'il fallait mieux passer de l'autre côté de la table de travail pour s'enrichir. Pas de meilleur observatoire alors, pour veiller aux gains de sa *Comédie humaine*, que la naissante Société des Gens de Lettres dont il assura la Présidence en 1839, et pour le bon plaisir de Madame Hanska — qui le ruina définitivement. Hugo*, toujours à l'affût des célébrités agonisantes, lui rendit visite à l'article de la mort : « Je le voyais de profil, et il ressemblait ainsi à l'empereur. [...] Une odeur insupportable s'exhalait du lit », tandis que, selon Mirbeau*, la Comtesse polonaise se consolait dans la pièce voisine entre les bras du peintre Gigoux.

Barbey d'Aurevilly (Jules Amédée — 1808-1889)

L 'INTRAITABLE « Connétable des Lettres » ne céda point : cambré contre son siècle, il fustige tout autant les conservateurs de l'Académie française* que les défenseurs du Progrès, Hugo* et Zola*. Catholique converti sur le tard, il défendit Baudelaire* en procès et s'attacha à disséquer, sans psychologisme, la présence réjouissante du Mal dans *Les Diaboliques* (1874), à sonder « les cœurs et les reins, ces deux cloaques ». Premier en France à avoir saisi toute entière l'essence du dandysme de Brummell auquel il consacra dès

1844 un essai de Maître, il demeura fidèle à une certaine aristocratie du cœur et de l'esprit, tout comme, vieillissant, il attacha à sa toilette un soin obsolète au mépris d'une société qui ricanait de ses cheveux teints, de ses gilets-corsets, de ses « redingotes plissées, ses pantalons de casimir clair, à bande d'argent, ses bottes vernies, ses cravates roses brodées de perles, sa cravache de chambre ». Il est le grand Imperturbable, tel qu'il se décrit lui-même dans ses *Memoranda* : « Allé au café. — Bu du Kermès, feuilles de roses, parfum, nectar d'odalisques, par-dessus les alchools brûlants. — Cassé un verre sans confusion. Maladroit, mais d'aplomb imperturbable toujours. » Robert de Montesquiou* rapportera plus tard cette scène crépusculaire, navrante et superbe dont il fut le témoin impuissant et émerveillé : « Je l'éprouvai bien moi-même, à l'indignation que me causa l'attitude d'une caillette qui se trouvait là, ne voyait sans doute, en cet admirable artiste, qu'un vague chienlit, le jugeant, comme une cruche qu'elle était, sur les accoutrements dont il lui plaisait de se revêtir, et qui l'interpella, d'un bout à l'autre de la pièce, sur ce propos inconvenant, adressé à un pareil seigneur : "Ohé ! grand homme, vous n'entendez donc pas qu'on vous appelle ?" — Lui, passa, drapé de sa pourpre invisible et de sa visible majesté. L'insolente récidiva. Se retournant alors, il lui décocha, mais d'une dignité dont je n'ai jamais vu la pareille : "Madame, j'ai entendu un si gros mot que je n'ai pas pu croire qu'il me fût adressé". Et il s'éloigna. »

BARBIER (Henri-Auguste — 1805-1882)

IL PARTAGE, avec Béranger* le chansonnier, le privilège d'une gloire immense *in vivo* et d'un oubli quasi total, *in vitro* : pas d'œuvres complètes non plus que d'éditions critiques. C'est un poète qui jeta son talent avec sa gourme en quelques années et dans *La revue de Paris* à partir de 1830. De Chénier, qu'il admira, en plus du titre *Ïambes*, il a le vers pamphlétaire et vraiment enthousiaste, même si sa Curée sent la viande de comptoir et de barricades. Son fugitif triomphe vient de l'âpreté de sa férule dénonçant la cuistrerie bourgeoise ou bonapartiste :

« On dirait qu'à plaisir je m'allume la joue ;
Que mon vers aime à vivre et ramper dans la
boue. »

C'est là-dedans qu'on traînera le reste de son œuvre,
allant jusqu'à soupçonner le Breton Brizeux d'avoir
commis les fameux *Iambes* à la barbe de la censure.

BARRAS (Paul, François, Jean, Nicolas, vicomte de — 1755-1829)

ON DIRA posthumement de lui : « C'était l'homme de
toutes les compromissions ; intelligent, d'une
amoralité parfaite, il semblait sortir des *Liaisons
dangereuses**. » Officier de l'Ancien Régime, il fut,
après avoir voté la mort du roi, l'un des plus
sanguinaires partisans de la Terreur, et l'un des plus
actifs à faire chuter Robespierre* que sa vénalité et sa
passion du luxe indignaient. Ardent persécuteur des
Montagnards, après Thermidor, il devint le chef du
Directoire. Il favorisa l'ascension du lieutenant
Bonaparte et de Talleyrand* ; lesquels l'exilèrent dès
qu'ils eurent saisi les rênes du pouvoir. Il rentra en
France à la chute de l'empereur, qui écrit, dans le
Mémorial, à propos de l'immense fortune amassée par
Barras : « La manière dont il l'avait acquise, en
favorisant les fournisseurs, altéra la morale publique. »
Parfait exemple d'opportunisme pressé, indifférent au
scandale, il endossa tous les costumes du théâtre de
l'époque.

BARRICADES

LE FRANÇAIS étant comme naturellement porté à
boire, les villes ont très tôt concentré en de certains
lieux (champ de foire, entrepôt, marché, cave...) des
empilements de futaille — du foudre à la feuillée, du
tonneau à la barrique. Mises colériquement en tas,
amoncelées en un mur infranchissable obstruant la
voie publique, ces montagnes roulantes et ventrues
prirent alors le nom de « barricades », qui voulait
signifier à l'autorité le mécontentement énorme des
populations — et pas seulement quand les vinasseries
venaient à manquer. On connaît à Paris, sous le nom
de « Journées des barricades », maints millésimes de

l'humeur populaire et occlusive : 1571, 1585, 1648, 1835, 1842, 1871...

BARRIÈRES

ENTRE AUTRES DÉFAUTS, le Parisien pré-révolutionnaire était un fraudeur actif et déterminé. Pour mettre fin à la contrebande qui écornait leur grosses cagnottes, les fermiers généraux (sorte de percepteurs d'impôts) décidèrent la construction d'une enceinte dispendieuse qui devait assurer l'étanchéité de leurs revenus. Le mur — le fameux « mur murant Paris qui rend Paris murmurant » — fut édifié en deux années (1786-1788) malgré vingt-quatre kilomètres de pourtour et cinquante-quatre entrées par lesquelles transitaient les marchandises auxquelles on imposait l'octroi. L'utopique architecte Charles-Nicolas Ledoux fut chargé de la construction de ces portes ou barrières qui devaient — autre avantage — mettre les gabelous à l'abri de la détestation populaire. Cet enfermement ruineux de la Capitale ne manqua pas de susciter la colère du bon peuple, déjà pressuré à l'extrême, et que le faramineux déficit public fragilisait encore. Louis-Sébastien Mercier, dans son *Tableau de Paris*, peignit tout l'engouement que suscita « la nouvelle muraille », et il lâcha certaines réflexions qui n'ont pas pris une ride : « L'esprit de finance a tout envahi ; il semble que l'esprit économique, qui s'est annoncé comme le sauveur du peuple, n'ait servi qu'à indiquer de nouvelles routes à la rapacité financière »... Le mur des fermiers généraux fut détruit au milieu du XIXe siècle : il fit place aux boulevards extérieurs. Les barrières furent transformées en cafés, bals, lieux de prostitution — empire glauque des rôdeurs... Les guichets néoclassiques de Ledoux sombrèrent dans l'interlope — revanche du peuple sur l'impôt*.

BAS-BLEU

IL EST ASSURÉ que le brillant causeur mondain Stillingfleet était, pour sa conversation, l'ornement du salon de Lady Montague, vers 1750. Mais contrairement aux usages, il s'y montrait affublé de chaussettes de laine bleue et non des obligés bas de soie noire. Ses *blue-stocking* furent rapidement trancrites en français — « à la vitre » — pour reprendre l'expression de Chateaubriand* traduisant Milton. Ainsi eûmes-nous aussi nos bas-bleus, mais féminisés, car on usa de l'expression pour discréditer, à dater des petits-maîtres*, les dames qui se piquaient de la chose littéraire : nouvelle — et sans doute injuste — querelle des précieuses ridicules ! Barbey d'Aurevilly* fustigera le « bas-bleuisme » bourgeois ; Baudelaire* et Flaubert* en ricanèrent. Et Proust* : « Ce bas bleu, Madame de Villeparisis... »

BAUDELAIRE (Charles, 1821-1867)

POÈTE EN VERS ET EN PROSE, critique d'art, traducteur et penseur de la modernité, en outre adepte de « la théorie de l'étonnement », telle que son disciple Asselineau la formula : « Au sortir du Salon, nous entrâmes chez un marchand de vin de la rue Carousel (*sic*) où buvaient des ouvriers et un postillon de la maison du roi en livrée. B. demanda du vin blanc, des biscuits et des pipes neuves. — Commencement de la théorie de l'*étonnement*. Je m'apperçus (*sic*) qu'il me regardait de côté pour voir l'effet que me faisait sa proposition d'aller travailler au cabaret. Je le compris. Il dit le lendemain il dit (*sic*) à Nadar que j'avais été profondément étonné. [...] Dans le même été 1845, un soir, pendant un entr'acte de l'Odéon, je le rencontrai au café Tabourey. — Il me demanda avec une politesse des plus recherchées la *permission* de m'offrir un verre de ce qu'il buvait, — la politesse rafinnée (*sic*), grand moyen d'étonnement ! [...] On arrivait à son logement, situé au troisième, et correspondant à une mansarde par un escalier de service à rampe de bois. — Cela vous étonne ? me demandait-il à chaque marche en me regardant comme un inquisiteur. [...] » — ce que confirme le peu charitable Maxime Du Camp : « Son originalité, qui était grande, se trouvait souvent atténuée par le mal qu'il se donnait pour la faire ressortir. Longtemps après notre première entrevue, un dimanche, qui est le jour où mes amis veulent bien venir me voir, il entra chez moi avec les cheveux teints en vert. Je fis semblant de ne pas le remarquer. Il se plaçait devant la glace, se contemplait, se passait la main sur la tête et s'évertuait à attirer les regards. N'y tenant plus, il me dit : "Vous ne trouvez rien d'anormal en moi ? — Mais non. — Cependant j'ai des cheveux verts et ça n'est pas commun." Je répliquai : "Tout le monde a des cheveux plus ou moins verts ; si les vôtres étaient bleu de ciel, ça pourrait me surprendre : mais des cheveux verts, il y en a sous bien des chapeaux à Paris." Presque immédiatement il s'en alla et, rencontrant un de mes amis dans la cour, il lui dit : "Je ne vous engage pas à entrer chez Du Camp ; il est aujourd'hui d'une humeur massacrante." » Jules Vallès, le *furioso*, nous campa un portrait de Baudelaire dont on goûtera la pertinence prophétique : « Il y avait en lui du prêtre, de la vieille femme et du cabotin. C'était surtout un cabotin [...]. Poète, il ne l'était point de par le ciel, et il avait dû se donner un mal affreux pour le devenir : il eut une minute de gloire, un siècle d'agonie : aura-t-il dix ans d'*immortalité* ? À peine ! Ses admirateurs peuvent tout au plus espérer pour lui qu'un jour un curieux ou un raffiné logera ce fou dans un volume tiré à cent exemplaires, en compagnie de quelques excentriques crottés. »

BEAUMARCHAIS (Pierre-Augustin Caron de — 1732-1799)

« Homme de lettres » si l'on en croit son avis de décès ; de cet état occasionnel, il a dit : « J'ai été trop sérieusement occupé pour chercher autre chose qu'un honnête délassement dans les lettres. » Honnêteté qui ne s'appliqua pas toujours à ses activités principales, lesquelles par leur diversité montrent assez la boulimie curieuse et affairiste de l'horloger (fournisseur de la Couronne), du harpiste (maître des filles de Louis XV), du Lieutenant-général des chasses, du secrétaire du roi, de l'exploiteur de Madagascar, du financier des eaux des frères Périer, du fondateur de la Société des auteurs dramatiques et de la Société littéraire et typographique, de l'espion de Louis XVI, du trafiquant d'armes pour les Insurgents, de l'éditeur des soixante-dix volumes d'œuvres complètes de Voltaire*, du propriétaire de la somptueuse villa du quartier de la Bastille, du pensionnaire de la prison de l'Abbaye et futur inscrit sur la liste des émigrés... qui mourut ruiné et à peu près oublié. Toujours ardent à jouer sur les paradoxes, l'auteur du *Barbier de Séville* (1775) et du *Mariage de Figaro* (1784) avait acheté sous le nom de son valet un vaste domaine du Chinonais dont il exploitait les bois mais que sa charge de Lieutenant-général de vénerie lui interdisait d'acquérir.

BÉRANGER (Pierre Jean de — 1780-1857)

C'EST UN CAS. De son long vivant, il sera tenu pour un poète impeccable, singulier et d'une habileté non pareille. Goethe, Constant*, Chateaubriand*, Lamartine*, Hugo*, Sainte-Beuve*, Michelet*... manifestèrent sans cesse une admiration éperdue, l'allant voir en prison lorsqu'il y fit des séjours forcés, à la parution de certaines chansons mal goûtées en haut lieu. Le bonhomme était doux, volontiers jovial, patelin et assez égrillard :

> « C'est nous qui fessons,
> Et qui refessons,
> Les jolis petits, les jolis garçons. »

Sa posture éternellement humble agaça les esprits bilieux, — et les Goncourt* ne furent guère chaleureux lorsque la nouvelle de sa mort traversa Paris : « Le plus habile homme peut-être du siècle, qui a eu le bonheur de se faire tout offrir et qui a eu la rouerie de tout refuser, qui a fait de la modestie la popularité de son nom, de la retraite une réclame, de son silence un bruit. Honnête homme, mais sans sacrifice, dont toute la singularité, ordinaire en d'autres temps, a été de montrer sa vanité jusqu'à l'orgueil et de la mettre au-dessus des places, des pensions et du fauteuil. » Allusion à l'Académie*, à quoi Béranger se refusa par décence, disait-il, son art étant peu de choses : « Je n'ai pris que le rebut des autres » ! Mais les mauvaises langues trouvèrent la décision sournoise ; ils l'imputèrent au long temps mis par les Immortels à le recevoir dans leur ordre. On ne saurait donner meilleure idée de la gloire du chansonnier — proportionnelle au silence où son nom a chu rapidement — qu'en annonçant son score aux élections de 1848 : 204 457 voix, ce qui est beaucoup mieux que Lamennais* et Hugo mais moins que Lamartine — à ce détail près que Béranger ne s'était pas présenté !

BERLIOZ (Hector — 1803-1869)

C ET ÉCRIVAIN majeur du XIXᵉ siècle (*Mémoires, Les Soirées de l'orchestre*, etc.), figé par Nadar dans une pose de *Te deum* marmoréen, s'avéra le plus provocateur des compositeurs de musique d'un siècle où, en France, non content d'en posséder peu, on s'acharnait à les contrarier. Mais Berlioz ne manquait pas de ressources orchestrales et verbales : après maints arguments, il réussit à convaincre son « Maître Lesueur » de connaître enfin Beethoven dont on exécutait au Conservatoire la *Symphonie en ut mineur*. Lesueur « dit en secouant la tête et avec un singulier sourire : "C'est égal, il ne faut pas faire de la musique comme celle-là" — ce à quoi je répondis : "Soyez tranquille, cher maître, on n'en fera pas beaucoup". » Après maintes querelles avec Cherubini, son supérieur institutionnel, qu'il conspua en public lors de la représentation d'*Ali-Baba* à l'Opéra, Berlioz voyagea, avec succès toujours dès qu'il fut hors de France, en Allemagne, en Russie et s'amouracha d'Harriet Smithson, l'Ophélie shakespearienne venue de Londres jouer à l'Odéon, qu'il épousa après cinq années de soupirs (« L'effet de son prodigieux talent ou plutôt de son génie dramatique sur mon imagination et sur mon cœur n'est comparable qu'au bouleversement que me fit subir le poëte dont elle était la digne interprète. Je ne puis rien dire de plus »), alors même qu'elle était désormais ruinée. Entre-temps, il accepta, pour gagner sa vie, de rédiger des chroniques dans *La Gazette musicale* ou *Le Journal des débats* (« L'idée d'une pareille arme mise entre mes mains pour défendre le beau, et pour attaquer ce que je trouvais le contraire du beau, commença aussitôt à me sourire ») — qu'il réunit en 1852 dans *Les Soirées de l'orchestre* : « On joue un opéra français moderne très-plat », etc. Il n'avait pas tort.

BERNIS (François Joachim de Pierre de — 1715-1794)

INCARNATION française du Libertin* et, un temps, protecteur de son homologue vénitien — Casanova* — à qui il fait partager sa maîtresse alors qu'il est ambassadeur du Roi à Venise. Bernis pensa sa vie en terme de stratégies (« Je remarquerai, en passant, que j'ai réussi à obtenir tout ce que je désirai fortement »), ce qui le conduisit à intriguer jusqu'en l'alcôve de La Pompadour, dans les grâces de qui il entra sitôt son élection à l'Académie française* (1744). Le « Pigeon pattu » ou encore « Babet la Bouquetière » — tel que le sobriquètent la favorite et Voltaire* — accèda au portefeuille des Affaires étrangères, avec un succès mitigé puisqu'il en sera remercié, quoique gratifié du cardinalat. Il finira sa vie à Rome, dans la posture d'un ambassadeur impuissant (mais néanmoins débauché s'il faut en croire Sade* qui trouva chez lui le modèle du prélat perverti), parmi les ruines d'un monde dont il avait prévu dès longtemps la déchéance : « Tout ceci se décompose ; on a beau étayer le bâtiment d'un côté, il croule de l'autre... Je suis excédé de la platitude de notre temps... Ceci ressemble à la fin du monde... Il me semble être le ministre des Affaires étrangères des Limbes. » (1757, à Choiseul.)

BIBLE (LA)

LIVRE RADICAL (de bibliciste, bibliomane, bibliophile...), machine de guerre et de poésie qui, par un savant arbitraire, réunit en un seul volume L'Ancien Testament, racontant prodiges et avatars du peuple hébreu, et le Nouveau Testament, qui n'a de cesse, par les enjeux des traductions successives de l'ancien, que de se légitimer en récupérant une filiation. Les deux livres œuvrant par la suite à l'extinction des polythéismes. Sa traduction en langue vulgaire — dont l'intégrale en français, par Sébastien Castellion (1555) — causa pas mal de soucis aux tenants d'une certaine orthodoxie. Jérôme en avait donné, vers 400, une version latine à sa façon — La Vulgate — que le concile de Trente (1546) authentifia et réputa seule permise aux bons catholiques. Les Réformés, quant à eux, soutenaient le retour aux textes originaux, aiguillonnés par l'épouseur de nonne — Martin Luther. Il s'ensuivit une sévère querelle*, agrémentée de bûchers et d'excommunications.

BLASON

E LA RACINE des cheveux à la plante des pieds, le second tiers du XVIe siècle blasonna à tour de sourcil, de bouche, de dent, de tétin, de nombril, de cul, de..., de cuisse, de genou, d'ongle. À l'imitation de Clément Marot qui, en 1535, envoya de Ferrare à François 1er le *Blason du beau tétin* :

> « Tétin refait, plus blanc qu'un œuf,
> Tétin de satin blanc, tout neuf,
> Tétin qui fait honte à la rose,
> Tétin plus beau que nulle chose... »

Les poètes célébrèrent, en « perpétuéle louenge ou continu vitupère » (Sébillet) jusqu'aux moindres atouts des dames. Marot, effrayé par l'impudeur des objets dévoilés, alors qu'il avait lui même pratiqué la verdeur en se moquant de la mamelle par le *Blason du laid tétin*, se crut obligé de moraliser les troupes :

> « Mais, je vous pry, que chascun Blasonneur
> Vueille garder en ses escripts honneur :
> Arrière motz, qui sonnent salement.
> Parlons aussi des membres seulement,
> Que l'ont peult veoir sans honte descouvers,
> Et des honteux ne souillons point noz vers... »

Il répondait là à de certaines célébrations osées, telles :

> « Petit mouflard, petit... rebondi
> Petit connin plus que levrier hardy... »
> (Anonyme, Blason du...)

> « O donc gros cul à façon de Paris,
> Cul qu'en allant te degoyses et bransles,
> Comme en dansant basses dances, ou branles
> Pour demonstrer — si bien ta geste on lict —
> Que tu feroys bien bransler ung chalict... »
> (Eustorg de Beaulieu, Blason du cul.)

Le portatif de la Provocation

« O... gentil, ... mignon, ... joly,
... rondelet, ... net, ... bien poly
... ombragé d'un petit poil follet,
... où n'y a rien difforme ou de laid.
..., petit... dont la bouche vermeille,
A faict dresser à maint grand v... l'oreille... »
(Guillaume Bochetel, Blason du...)

BLOY (Léon — 1846-1917)

« C'EST encore de Léon Bloy, cette phrase : "Tout homme qui a cent sous me doit deux francs cinquante." Suivons jusqu'au bout cet écrivain âpre, cynique, moins grand écrivain, moins artiste et d'un moins haut orgueil que son maître Barbey d'Aurevilly*. Une insulte de Bloy vaut bien cent sous. Soit ! » (Jules Renard, *Journal*, 1900.) L'onctueux abbé Mugnier alla visiter l'imprécateur dans son antre montmartrois : « Monsieur l'abbé, je vous remercie d'être venu me voir, car tous ceux qui sont venus me voir ont eu sujet de s'en repentir. » C'est à voir, car le visiteur notera sur ses cahiers intimes, à la date du 17 juin 1904 : « Bloy m'a crié sa misère, trop peut-être. Il a conscience de son talent, trop peut-être. [...] Physiquement, l'homme, qui est gris, ne déplaît pas. Sa voix non plus n'est pas désagréable. Il a une femme très grande et laide, et deux filles. » Et pour finir, *Le Mendiant ingrat*, en critique littéraire avisé, déclare au plumitif Octave Uzanne : « Mossieu ! Je me torche le cul avec vos livres avant même d'avoir fini de chier ! » Entre la messe matutinale, les échecs au café du Lion et la quête d'argent, le « pèlerin de l'absolu », aimant à se figurer haranguant « devant les cochons », s'échignait à aligner des injures tous azimuts, où l'invention permanente le dispute à la monstrueuse excroissance : « Il était congruent aux traditions de l'étable à porcs euphémiquement dénommée le journalisme... » : c'est qu'il avait auparavant, en 1885, tenté l'aventure journalistique en créant *Le Pal* dont le prologue pourrait aujourd'hui rencontrer quelques échos : « On ne s'indigne plus et on ne proteste plus. Le ferment d'aucune grande idée ne soulève plus le fumier moderne. On est fixé dans l'inscrutable sérénité de l'ignominie absolue et le derrière humain, désormais impassible, est devenu semblable à un immense Maëlstrom pour coup de bottes. »

Bohème (la)

O N MENAIT alors, dans des recoins plus ou moins salubres, comme l'Impasse du Doyenné, une existence certes impécunieuse mais insouciante et fêtarde. Autour de 1832 — heures de gloire des Jeunes-France*, Bousingots* et autres affidés du Petit Cénacle —, se propage dans Paris un mode de vie débonnaire ; les adeptes de cette « École », d'une assiduité relative aux aléas de la fortune, se nomment Gautier*, Nerval, Houssaye*, Napoléon Tom, Philothée O'Neddy, Auguste Maquet (le nègre préféré de Dumas*), le sculpteur Jehan du Seigneur ou le graveur Camille Rogier. Balzac* décrira la maison-mère du Doyenné dans *La Cousine Bette*, puis sa règle dans *Un prince de Bohème* — puisqu'il s'agit bien de cela : la bohème, qui hantera tout le XIXᵉ siècle et dont Germain Nouveau* sera la pointe extrême. L'attitude véhémentement anti-bourgeoise, libertine et narquoise (supposée parente de l'errance tzigane !) séduira même un temps le jeune Baudelaire*. Entre 1845 et 1847, dans *Le Corsaire-Satan*, Henry Murger publie, avec les *Scènes de la vie de Bohème*, une manière de définition de la posture : « La Bohème, c'est le stage de la vie artistique. C'est la préface de l'Académie*, de l'Hôtel-Dieu ou de la Morgue. » À dire vrai, elle servira souvent de tremplin au ratage social et à la fâcherie définitive d'avec la gloire. Ce que magnifia Puccini dans son opéra (*La Bohème*) faisant de Mimi, Musette, Marcel et Rodolphe — héros de Murger — les victimes résignées du destin poisseux.

Boileau (Nicolas, dit Boileau-Despréaux — 1636-1711)

É LEVÉ à la diable, il fera quelques études de droit. Mais ne se jugeant pas taillé pour l'éloquence ni la chicane juridiques, il se distinguera par la verve et la pugnacité littéraires. Puisqu'il faut vivre, il accaparera les bénéfices tonsurés du prieuré de Saint-Paterne ; mais la mort de son père lui laissant un mince pécule, il végétera alors de cette obole. Dès 1664, Boileau répand le poison de ses *Satires* auxquelles Louis XIV ne fut pas insensible : le voilà pensionné. Il vola, par sonnets interposés, au secours du *Phèdre* de Racine, contre celui de Pradon : la menace d'une bastonnade le poussa à s'aller cacher chez un protecteur illustre, le fils du Grand Condé. Il en sortit pour s'attacher à la royale personne en qualité notable d'historiographe (avec Racine, encore) — ce qui lui vaudra de suivre quelques fois les armées en campagne, à son grand dam : les lettres qu'échangent les coéquipiers sur les malheurs de la guerre montrent aussi bien la compassion que la frousse. Décidément, s'il faut tuer ou blesser, un alexandrin habilement tourné fait mieux son affaire :

> « J'aime mieux Bergerac et sa burlesque audace
> Que ces vers où Motin nous morfond et nous glace. »

Les *Satires* touchent souvent à la grâce de l'ironie parfaite (notamment la IIIe, le repas chez un fâcheux, et la XIIe, contre les jésuites), et l'on n'a pas fait mieux dans le genre. Mais c'est avec l'*Art poétique* que Boileau gagnera ses galons d'instituteur mordant des poètes — à ceci près qu'il pataugea dans la Querelle* des Anciens et des Modernes : voulant cingler ces derniers par l'exemple, il commet l'*Ode sur la prise de Namur* (1693) dont la pesanteur lyrique fait ricaner ses adversaires et laisse circonspect son propre camp, qui se forcera pour crier au génie… Mais il achevait le 1er Chant de l'*Art poétique* sur ce quatrain imprudent :

> « L'ouvrage le plus plat a, chez les courtisans,
> De tout temps rencontré de zélés partisans ;
> Et, pour finir enfin par un trait de satire,
> Un sot trouve toujours un plus sot qui l'admire. »

BORDEL

Petite baraque de planches (bordes) : Villon* s'y logea chez la Grosse Margot :

> « Sous elle geins, plus un ais me fait plat,
> De paillarder tout elle me détruit,
> En ce bordeau où tenons notre état. »

L'étroitesse initiale du lieu le fit aussi surnommer alors « clapier » — par comparaison, peut-être, avec les cellules conventuelles où un évêque de Paris avait placé au XIIIᵉ siècle, pour le salut de leur âme, les putains Gila la Boiteuse, Edeline d'Enragée, Ysabeau l'Espinette... Dans ces maisons, on y passe — on y vit même d'après Richelet (1723) : « Nous avons appelé bordels, les lieux où les personnes qui mènent la même vie habitent. » Toulouse-Lautrec* ne manquera de planter chevalet et pinceau dans l'un des cent dix lupanars de la capitale. Fermer ou ne pas fermer, telle a toujours été la tolérante question à l'enseigne de la lanterne rouge : claque, bouge, clandé, boxon, bouclard, maison de prostitution, de débauche — tout ce petit commerce survécut aux nombreuses ordonnances de fermeture qui, dès 1272, entachèrent sa longue histoire. Au XIXᵉ siècle, on aimait à s'y rendre en bande, après souper : Musset*, Dumas*, Flaubert*, Nadar, Verlaine* furent des pratiquants assidus de ces hauts lieux ; Baudelaire* — « Le Poète Vierge » — ne montait pas, préférant sermonner du Lacordaire au salon. De mauvaises langues assurent que Proust* avait équipé, en mobilier familial, certaine maison mondaine où il venait renseigner son œil observateur sur les pratiques homosexuelles.

Borel (Pétrus — 1809-1859)

Dès la préface des *Rhapsodies*, son premier recueil de poèmes, Pétrus Borel affiche la couleur : « Je suis républicain, comme l'entendrait un loup-cervier : mon républicanisme, c'est de la lycanthropie ! », ce que Baudelaire* — qui l'évoquera affectueusement dans *Réflexions sur quelques-uns de mes contemporains*, au moment même où Borel mourait en Algérie dans l'indifférence absolue — comprit au plein sens de l'attitude : « Un républicanisme misanthropique fit alliance avec la nouvelle école, et Pétrus Borel fut l'expression la plus outrecuidante et la plus paradoxale de l'esprit des *Bousingots** ou du *Bousingo*. [...] Cet esprit à la fois littéraire et républicain, à l'inverse de la passion démocratique et bourgeoise qui nous a plus tard si cruellement opprimés, était agité à la fois par une haine aristocratique sans limites, et d'une sympathie générale pour tout ce qui en art représentait l'excès dans la couleur et dans la forme, pour tout ce qui était à la fois intense, pessimiste et byronien. » Et Pétrus Borel, toute sa précaire vie durant, incarna cette posture du Frénétique d'entre les Frénétiques et se baptisera « Lycanthrope » avant, — à la parution des *Contes immoraux* (1833) —, de revendiquer son vrai-faux nom : Champavert, comme si Lautréamont*, alias Ducasse, révélait s'appeler en vérité Maldoror. Se mettant lui-même — Champavert — en scène, mort, le Lycanthrope en prélude aux *Contes immoraux*, raconte la fiction vraie d'une enfance fabulée : « La volonté était développée chez lui au plus haut point, hardi, têtu, impérieux, le mépris des usages et des coutumes était inné en lui, il ne s'y ploya jamais, même dès son plus bas âge. Il avait en horreur les habits, et passa ses premières années entièrement nu [...]. » En tout cas, il est certifié que le Lycanthrope vint à Paris, s'exerça à la peinture dans le médiocre atelier d'Antoine Garnaud où il rencontra Devéria qui le conduisit à côtoyer le Cénacle qui allait se lancer dans la bataille d'*Hernani*, avec Gautier* et Nerval, et dont il fut l'un des membres les plus excités, l'on s'en doute. À la parution des *Contes immoraux*, c'est un (petit) déluge d'articles assassins : *La Mode* l'attaque directement : « Il fallait en vérité un siècle aussi fécond que le nôtre en aberrations et en folie de toutes sortes, pour qu'un écrivain jetât au visage du public un volume intitulé *Contes immoraux* », relayé par *Le Journal des femmes* : « Il n'y a pas dans ce gros volume une ligne à lire pour une femme de bon sens », et *La Charge* : « Nous apprenons à l'instant que l'auteur vient d'être conduit avec la camisolle (*sic*) de force dans une maison de santé ». Mais Pétrus Borel n'entend pas abdiquer ; il s'exile dans un village de Champagne et travaille péniblement à *Madame Putiphar* dans d'épouvantables conditions (« C'est assis dans une cheminée, au milieu d'une hutte de boue et de chaume... »). Épuisé, il se laisse convaincre par Gautier de prendre — ô paradoxe — un poste d'inspecteur de la colonisation à Mostaganem, et file à l'algérienne sans rencontrer plus de chance, quoique accompagné par la jeune fille de son ancienne maîtresse. On le destitue, puis on le nomme à Constantine : on le congédie à nouveau. Il se voit alors contraint, sous la canicule, de labourer son terrain. L'animal ne se rend pas cependant et refuse de se couvrir le chef : « Je ne me couvrirai pas la tête ; la nature fait bien ce qu'elle fait et ce n'est pas à nous de la corriger. Si mes cheveux tombent, c'est que mon front est fait à présent pour rester nu. » Le Lycanthrope meurt alors d'une insolation, hululant sa première et ultime devise : « Yo soy que soy. » Il connut peut-être une amère consolation : le critique Jules Janin avait cru l'injurier en le comparant à Sade*.

BOSSUET (Jacques-Bénigne — 1627-1704)

VOLATILE MELDOIS, pour les uns, qui le voyaient en aigle perché sur les chaires d'où il tonnait contre l'inconduite des puissants ; bovidé besogneux, pour ses condisciples du collège des jésuites* (ils le surnommaient *Bos suetus aratro*, le bœuf accoutumé à la charrue), l'abbé des trépassés reste l'un des plus solides organes de l'art oratoire de chez nous et ses *Oraisons funèbres* ne sont plus à vanter mais à lire pour y entendre le Grand Style, fait d'éloquence et de vigueur admonestatoire. On l'a injustement accusé d'avoir poussé le Roi à la révocation de l'Édit de Nantes* : il ne fit que suivre le mouvement, peu enclin, par nature, aux mesures coercitives. Mais il est assuré qu'il fut le pape d'un gallicanisme sourcilleux tout dévoué à la cause centralisatrice et autoritaire de Louis XIV, lequel se faisait remettre oraisons et sermons après les avoir ouïs, et les examinait à la loupe. Il y a, cependant, quelque injustice à voir en Bossuet un simple porte-voix de l'absolutisme ; d'ailleurs lui-même n'attachait d'importance qu'à ses textes théologiques et moraux — il en écrivit un bon nombre, dont le *Traité de la Concupiscence*, et des *Maximes et Réflexions sur la Comédie* où il attaque Molière* : « [...] qui remplit encore à présent tous les théâtres des équivoques les plus grossières, dont on ait jamais infecté les oreilles des Chrétiens... » N'empêche, malgré ses perpétuels combats apologétiques contre les quiétistes, les jansénistes, les cartésianistes, les casuistes ou encore les dévôts, l'Aigle de Meaux reste celui qui fronda les frondeurs, en public et sans relâche : ainsi, dans l'oraison funèbre de Marie-

Thérèse (1683), il clame : « Qu'il est rare, Chrétiens, qu'il est rare, encore une fois, de trouver cette pureté parmi les hommes ! Mais surtout, qu'il est rare de la trouver parmi les Grands ! »

BOULEVARD DU CRIME

Surnom donné au boulevard du Temple, dans la première moitié du XIXe siècle, en raison des nombreux meurtres qui s'y perpétraient, sur les scènes des théâtres le bordant.

BOURGEOISIE

« Ce qui me semble annoncer la fin de la bourgeoisie, c'est l'apothéose présidentielle de M. Thiers*, le représentant le plus complet de la caste. Pour moi, c'est comme si la bourgeoisie, avant de mourir, se couronnait de ses mains. » Edmond de Goncourt* inscrivit ceci dans son *Journal* peu après les événements de la Commune* ; et il ne s'avèrera guère perspicace avec cette prophétie. Ou alors il définit assez distinctement, et en creux, l'impossibilité de fixer les contours de ladite caste, laquelle se reconnaît prioritairement dans la formulation sociologique de « classe moyenne » — ce qui ne veut rien dire non plus de bien précis. Si la *burgensis* naît, dès le XIe siècle, avec le commerce dont elle épouse sans guère de scrupules tous les moyens et toutes les fins spéculatives (Saint-Simon, déjà, considérait la domination de Louis XIV comme « un long règne de vile bourgeoisie » que la vénalité des charges, rendue frénétique par les besoins de la guerre, avait institué ; d'où le bon mot attribué au chancelier de Ponchartrain : « Chaque fois que votre Majesté crée un office, Dieu crée un sot pour l'acheter »), il est certain que le XIXe siècle — lequel s'inaugure symboliquement avec la création de la Banque de France, en février 1800 —, saura, par ses victimes prolétaires ou aristocrates, d'esprit au moins, désigner en elle la caste à abattre, que Léon Bloy* croquera ainsi : « Le vrai Bourgeois, c'est-à-dire, dans un sens moderne et aussi général que possible, l'homme qui ne fait aucun usage de la faculté de penser et qui vit ou paraît vivre sans avoir été sollicité, un seul jour, par le besoin de comprendre quoi que ce soit. » Ailleurs il insiste : « Le Bourgeois est, par nature, déicide homicide, parricide et infanticide, mais glorieux. » Voilà qui fait réfléchir, et l'on peut donc tenir pour vrai, avec ce grand imprécateur, que personne ne veut en être — jamais au grand jamais ! Surtout pas les artistes qui seront toujours les contempteurs de cette incarnation de la viduité intellectuelle, telle que la résume Vigny, dans *Chatterton*, autre victime, sous les traits de John Bell : « La terre est à moi, parce que je l'ai achetée ; les maisons, parce que je les ai bâties ; les habitants, parce que je les loge ; et leur travail, parce que je les paie. Je suis juste selon la loi. » La Bohème* cherchera donc toujours à « épater le bourgeois » et — pourquoi s'en priver ? — à soutirer quelques provendes de sa native et supposée stupidité. Plus subtil et pervers, Baudelaire*, dans son *Salon* de 1846, s'adressera directement à elle, la bourgeoisie, en feignant de la défendre afin de la cultiver : « Aux Bourgeois, vous êtes la majorité, — nombre et intelligence ; — donc vous êtes la force, — qui est la justice [...]. Les aristocrates de la pensée, les distributeurs de l'éloge et du blâme, les accapareurs des choses spirituelles vous ont dit que vous n'aviez pas le droit de sentir et de jouir : — ce sont des pharisiens. Car vous possédez le gouvernement d'une cité où est le public de l'univers, il faut que vous soyez dignes de cette tâche [...]. Or vous avez besoin d'art. » A-t-il vraiment été entendu ?

BOUSINGOT OU BOUZINGO(T)

C'EST une brève et bruyante affaire de littérature, de politique et de jeunesse tapageuse. Faire du bouzin (du bruit) ou encore faire du bouzin dans un bouzin (un mauvais lieu, genre cabaret), le Petit Cénacle, constitué autour de 1830, s'y appliqua non sans ferveur sous la houlette lycanthropique de Pétrus Borel* : se trouvaient là Jehan du Seigneur, sculpteur ; Léon Clopet, Jules Vabre, L. M Louchai entre autres ; mais aussi Célestin Nanteuil, Gérard de Nerval, Théophile Gautier* : on fait la fête et un beau jour d'été, on se déshabille dans le jardin de la maison de Champavert, boulevard Rochechouart, que les voisins horrifiés réussiront à faire expulser. Cette coterie se constitua un peu en réaction au Cénacle, supposé subversif, qui s'était créé pour monter au créneau d'*Hernani* : Borel, Nerval et Gautier en étaient déjà, et non des moins assidus, mais également Vigny, Sainte-Beuve*, Lassailly. L'oncle Beuve, déjà chattemite et prudent, s'inquiète des excès du Petit Cénacle au point que Nerval lui écrit : « Il n'a pas été formé dans l'intention de parodier l'autre [...], mais seulement pour être une *association* utile et puis un public de choix où l'on puisse essayer ses ouvrages d'avance et satisfaire jusqu'à un certain point ce besoin de publication... ». D'ailleurs un livre est prévu, les *Contes du Bouzingo*, qui affirmera l'utilité de l'association : ne verront le jour que *La Main de gloire* de Nerval et *Onuphrius Wphly* de Gautier. Les émeutes de février 1832 portèrent les étudiants révolutionnaires dans la rue, et les journalistes, les baptisant Bouzingot, sans doute à cause de la dénomination argotique de leur chapeau de cuir vernis (bouzin), sèment la confusion... Arsène Houssaye*, témoin de cette agitation frénétique, certifiera que le « go » final fut ajouté pour trouver une rime à Hu... go !

BOVARY (LES)

EMMA & CHARLES, lequel (Baudelaire*) sut que : « Madame Bovary est restée un homme », lecture qui rencontra la proclamation de l'auteur : « Madame Bovary, c'est moi ! » En effet, comment vivre à Croisset si ce n'est en scrutant « le terrain de sottise, le milieu le plus stupide, le plus productif en absurdité, le plus abondant en imbéciles intolérants ? » (Baudelaire, encore). C'est oublier que la patronymie d'Emma viendrait de l'Orient romantique, d'un certain Bouvaret, tenancier de l'Hôtel du Nil où logea l'auteur en 1849, qui alimentera, pour le plus grand bonheur des gloseurs, le passage de Bovary à Bouvard : ou comment écrire quand le sublime a disparu — et pourquoi ? Flaubert* s'y esquintera pour, peut-être ne découvrir que ce que constata M. Canivet autopsiant Charles Bovary : « Il l'ouvrit et ne trouva rien. »

BRANTÔME (Pierre de Bourdeilles, seigneur de Brantôme — 1540 ?-1614)

« FAIRE L'AMOUR » et « dire le mot », voilà les deux mamelles de ce « bolide Gascon », pour parler justement de sa personne ainsi que le fera Paul Morand. Car le Seigneur de Brantôme fut un agité comme bien peu, et il courut l'Europe (et même le Maroc), toujours à l'affût d'une aventure guerrière ou non, prêtant son épée et son cœur à qui voulait l'une ou l'autre. Une malheureuse chute de cheval, en 1583, le cloua une année et demie au lit : elle en fit un mémorialiste estropié mais singulier, toujours friand de raconter les aventures d'alcôve de son temps. La postérité, bien secondée par un éditeur habile du XVIIe siècle, qui donna sous le titre *Les Dames galantes*, le second *Livre des Dames* (il y aura aussi un volume *Les Hommes*), n'a retenu que ce seul ouvrage parmi quantité d'autres. Mérimée en publiera treize tomes... Écrit avec entrain, humour et concision, ce ramas d'anecdotes, croustillantes pour l'époque, fera le bonheur de Tallemand des Réaux qui rectifiera, en les faussant parfois, certaines allégations hasardeuses du Périgourdin : ainsi, à propos des difficultés de paternité d'Henri II, Brantôme soutient-il que « M. le Dauphin, avoit son faict tors, et qu'il n'étoit pas bien droit, et que pour ce la semence n'alloit bien droite dans la matrice, ce que empeschoit fort de concevoir ». Tallemant, sans doute mieux renseigné (?), croit pouvoir écrire : « Le boyau par lequel la semence de l'homme doit entrer estoit tortu, de sorte qu'elle ne pouvoit passer », reportant sur Catherine de Médicis la stérilité momentanée du couple princier. Sur ce plan, Brantôme passe pour n'avoir pas connu de problème ; il tentera même vainement, et sous les prétextes les plus naïfs, d'épouser la veuve de son frère, laquelle, fort belle femme, était agrémentée d'une assez jolie fortune.

BRETON (André — 1896)

NÉ À TINCHEBRAY, dans l'Orne, pourquoi pas ? Poète mallarméen (il publie ses premiers vers dans *La Phalange*, en 1914) que Valéry impressionne —

adolescent, il le visite : « [...] Son œil d'un très beau bleu transparent de mer retirée. » Mais à cet œil se substitue bientôt le crâne fraîchement trépané d'Apollinaire* — bandé de sa devise : « J'émerveille » —, qu'avait précédé de peu, pour l'apprenti-médecin qu'il est alors, la rencontre décisive avec Jacques Vaché*, dans les couloirs de l'Hôpital de la rue du Bocage, à Nantes... L'inventeur de *l'umour* détournera le rebelle permanent d'une surréelle tentation papale.

Bussy-Rabutin (Roger de Rabutin, comte de Bussy — 1618-1693)

C'EST le « Vilain faiseur de filles » de sa chère cousine de Sévigné. Il ne la ménage pourtant pas dans son *Histoire amoureuse des Gaules* (1665), sous le nom de Madame de Cheneville : « Un sot éveillé l'emportera toujours auprès d'elle sur un honnête homme sérieux. » Ce « roman », imprimé à Liège sans nom d'auteur, fit scandale à sa parution par sa verdeur, son cynisme et sa malveillance mais il est plein de saillies et de verve. L'auteur, un peu naïf, porta lui-même au roi une copie édulcorée de sa prose : touché par cette délicate attention, Louis XIV le fit aussitôt embastiller, puis l'exila sur ses terres de l'Auxois. C'est que le souverain avait eu entre les mains la version originale de cette *Histoire amoureuse de France*, laquelle circulait sous ce nom à la Cour ; elle contenait le plus salace — dont ces « Alleluias de Roissy », d'un noble effet :

> Le Mazarin est bien lassé
> De f... un c... si bas percé,
> Qui sent si fort le faguena.
> Alleluia !

> La d'Orléans et la Vandy
> De servent de godemichis :
> De v... pour elles, il n'y a
> Alleluia ! ...

On imagine la colère du roi en lisant ces lignes où sa mère et sa belle-sœur sont brocardées. Lui-même, sous les traits de Théodat et Déodatus, a le privilège d'être ridiculisé dans cette « Pierre du scandale ».

C...

« **B**ELLE, cachez votre cela. Elle me dit : Qu'est-ce mon cela ? C'est votre minon. Qu'est-ce mon minon ? C'est votre petiot délectation. Qu'est-ce que mon petiot délectation ? C'est celui qui a perdu de l'argent. Qu'est-ce qui a perdu de l'argent ? C'est celui qui regarde contrebas. Qui est celui qui regarde contrebas ? C'est votre petit crot à faire bon, bon ? Qu'est-ce que mon petit crot à faire bon, bon ? C'est votre chose. Qu'est-ce que mon chose ? C'est votre c... » (Béroalde de Verville, *Le Moyen de parvenir*, vers 1625.)

CACOUACS

MAIS QUI SONT les dévots — et de quelle obédience ? — pour qui l'on publia un *Catéchisme des cacouacs*, voire même des *Mémoires pour servir à l'histoire des cacouacs*, sinon les encyclopédistes qui reprirent à leur compte ce sobriquet sonore (sans doute formé de cacou, qui désignait un bigot) donné par leurs adversaires.

CADOUDAL (Georges — 1771-1804)

HERCULE de la conspiration royaliste. Son signalement est affiché sur les murs de Paris : « Taille cinq pieds, quatre pouces, âgé de trente-quatre ans, n'en paraissant pas davantage, extrêmement puissant, très ventru ; beau teint, frais, blanc et coloré ; peau très mince, lisse et propre, point de taches, yeux gris expressifs, cheveux châtain clair assez fournis, à la Titus, coupés très court mais frisant excepté le devant où ils sont plus longs ; nez aplati du haut, assez large du bas, bouche bien dentée, très blanches (les dents) ; il lui en manque sur les côtés [1] mais cela ne paraît pas ; sourcils légèrement marqués et séparés ; cheveux rabattus sur le front ; la joue pleine, sans rides, barbe pas très épaisse ; favoris presque roux, assez fournis, mais pas tant larges ni longs ; menton renfoncé et court ; marche en se balançant, les bras tendus de manière que la main soit en dehors ; parlant bien sans accent, voix douce ; habit bleu à boutons jaunes ; cependant, il en a fait faire un autre dont on ignore la couleur, habit large à revers, collet de même, gilet noir de satin uni, et des gilets blancs piqués ; cravate blanche, chapeau rond, culotte de daim, des bottes à revers jaunes ; portant une paire de pistolets ; Georges ne souffre pas la fumée du tabac. » On n'est pas certain qu'il ait directement trempé dans l'attentat de la rue Sainte-Nicaise (24 décembre 1800 — 22 morts). Mais il fut capturé, non sans mal, en 1804, puis guillotiné. Bonaparte ayant tenté en vain de l'apprivoiser, Napoléon* autorisa la Faculté à exhiber son squelette pour l'édification des apprentis médecins.

1. Cadoudal, pour échapper aux policiers, s'introduisit chez un dentiste — engeance qu'il exécrait — et le força à lui en arracher (qui étaient saines).

CAFÉ

« RACINE passera, comme le café » : ce perfide adage — en vogue en 1669 à Paris, alors que l'ambassadeur de Mahomet IV offrait une tasse de « cahove » à tous ses visiteurs, en répandant le goût — ne cessera d'être démenti par les faits. Ainsi, est-ce du Café Foy que Camille Desmoulins, le 13 juillet 1789, incita les Parisiens à la prise de La Bastille ; du Café Procope que le peuple reçut la consigne d'assaillir les Tuileries, le 10 août 1792 ; au Café du Croissant que Jaurès* fut assassiné, le 31 juillet 1914. Preuves que cet endroit a toujours été « quelque chose comme le grand sympathique du système nerveux de chez nous » (L.-P. Fargue). Quand Diderot* rencontre, au Café de la Régence, le subversif neveu de Rameau*, les salons entérinent déjà l'axiome de Léon Daudet* : « Le café défait les gloires d'antichambre et de salon. » Lieu d'habitués — étudiants inspirés, artistes déchaînés, bourgeois pontifiants, politiciens manœuvriers — il se compose, au regard de Huysmans* « de desseins en jeu, de besoin de lucre, de repos aviné, de joies bêtes ».

CALVIN (Jean Cauvin, dit — 1509-1564)

NÉ DE PAPA PICARD, il commenta Sénèque après avoir fait le tour de France des chaudrons humanistes

(Paris, Orléans, Bourges, Collège de France). Atteint du syndrome de la Réforme*, il se fit prédicateur en Saintonge, mais l'affaire des Placards* (1534) le contraignit à déguerpir à Bâle où il rédigea les règles sévères de la bonne conduite calviniste. Il alla exercer ses talents à Strasbourg puis fut appelé à Genève* où il joua peu à peu un rôle politique éminent, jusqu'à imposer une véritable théocratie à cette cité jusque là libérale. La ville deviendra le refuge de milliers de réformés français, italiens ou allemands persécutés. Peu enclin au laxisme, cet aride doctrinaire fit bannir ou exécuter nombre de récalcitrants — dont l'humaniste et médecin espagnol Michel Servet qui chipotait sur le dogme de la Trinité. Calvin préconisait le prêt avec intérêts et voyait dans le travail — à chacun selon le rang que lui avait assigné la sacro-sainte prédestination — la suprême valeur terrestre de l'homme : ce qui en fait un allié substantiel du capitalisme naissant !

CAMEMBER (SAPEUR)

« HISTOIRE NATURELLE, véridique et compilatoire d'un sapeur qui portait la hache et le tablier à la fin du Second Empire » avertit l'auteur — Christophe (Georges Colomb, 1856) — en ouverture des hauts et petits faits de l'illustre troufion. Inventé dans les dernières années du siècle par le père de la *Famille Fenouillard* et du *Savant Cosinus*, Camember surgit en pleine effervescence nationaliste et militariste. En effet, le satiriste dessine les premières planches des aventures de son antihéros au lendemain de l'affaire Boulanger (1889), qui faillit bien amener au pouvoir le chef de la Ligue des Patriotes. Le brave sapeur incarnait alors la bêtise encasernée comme *Bouvard et Pécuchet*, publié dix ans plus tôt, symbolisait le ridicule de la bourgeoisie triomphante. Celle-ci n'est d'ailleurs pas épargnée par Christophe, et la plaidoirie de maître Bafouillet apporte là-dessus des lumières éclatantes : « La vie, hélas ! n'est qu'un tissu de coups de poignard qu'il faut savoir boire goutte à goutte... » Mais l'honneur de la Grande Muette est sauf à la fin puisque le sapeur épouse l'Alsacienne Mlle Victoire qui lui donne, pour commencer, huit garçons élevés dans la tradition des armes, en attendant « l'effectif d'une escouade sur pied de guerre ».

CAMISARDS (LES)

ILS METTAIENT des chemises blanches protestantes pour être mieux distingués (et pour se reconnaître la nuit). Le Troupeau de l'Éternel, excédé par les vexations perpétuelles et la révocation de l'Édit de Nantes* (1685), s'insurgea contre le Roi-très-Chrétien ; il prit le maquis cévenol aux premières heures du XVIIIe siècle. Ces religionnaires refusaient de choisir entre les galères, l'exil et la conversion forcée et firent la nique à l'autorité royale en battant la campagne languedocienne le fusil à la main. Versailles dépêchera ses dragons, sous la férule des maréchaux de Broglie et Montrevel, lequel se montrera particulièrement féroce et communiquera aux insurgés son goût pour l'excès*. Le mouvement du Désert se répandant très au-delà de sa terre d'origine, Louis XIV devra bientôt composer ; il renoncera aux dragonnades* et enverra l'habile Maréchal de Villars calmer le jeu. Le pasteur militaire des Camisards — le boulanger Cavalier — entendra raison... moyennant brevet de colonel et honnête pension.

CANARD ENCHAÎNÉ (LE)

JOURNAL HUMORISTIQUE, paraissant provisoirement les 10, 20 et 30 de chaque mois. Le premier numéro (contemporain de son frère *Le Crapouillot*) est daté du vendredi 10 septembre 1915, rédigé par Maréchal et illustré par H. P. Gassier. Adresse : 129 Faubourg-du-Temple, Paris ; Téléphone Nord 35-36. À gauche : « Coin ! Coin ! Coin ! »... « Enfin, *Le Canard enchaîné* prendra la liberté de n'insérer, après minutieuse vérification, que des nouvelles rigoureusement inexactes. » À droite, « Qu'en dites-vous ? »... « Mobilisons nos journalistes ! Ils seront, de par le monde, de merveilleux agents de propagande. Ils seront les missionnaires de la Pensée française. » Au centre, renvoyant le texte dans les marges, les aventures illustrées d'un journaliste docile, soumis aux ciseaux de Madame Anastasie, allégorie de la censure, laquelle n'empêchera pas les poilus de fortifier leur moral à la lecture de ce volatile patriotique — « Pan sur le bec ! »

CANNE

Prothèse du genre humain depuis la nuit des temps, symbole orné du pouvoir et de l'autorité, soutien du malade et du pèlerin, appendice vaguement phallique et menaçant à l'occasion, la canne (probablement de l'hébreu *kanch* qui donna le latin *canna*) entra vraiment sur la scène de la mode* et de la provocation quand Catherine de Médicis éprouva le besoin d'appuyer ses vieux jours sur quelque certitude : fureur aussitôt de cette nouvelle mode ; on n'apparaîtra plus que canne en main, qu'il s'agisse d'asseoir la représentation du pouvoir ou, dialectiquement, de le contester à l'instar de la Grande Mademoiselle qui n'hésite pas à mener la Fronde ralliée à sa canne enrubannée. Lully démontra quant à lui qu'il est possible d'en canner, la légende voulant que, dirigeant son orchestre en martelant le plancher avec violence, il se blesse d'un coup de canne au pied : l'orteil se gangrène, le pied suit. Lully refuse l'amputation, le compositeur trépasse... Le XVIIIe siècle révolutionnaire ne pouvait décemment être en reste : les Muscadins*, les Inc(r)oyables* produisirent des versions contondantes ou noueuses de l'objet tandis que les conservateurs l'embourgeoisent en la simplifiant (seul Talleyrand* en démesure la splendeur) : fût épuré et pommeau droit ou en T décoré de feuillage, telle celle que Robert de Montesquiou* fixe avec circonspection dans le portrait peint par Boldini, et qu'il agrémente de ce sonnet :

> « Robert de Montesquiou considère la canne
> Qui vient de Louis XV et d'Edmond de Goncourt* ;
> L'instrument tient du luth et de la sabarcane
> L'harmonie y murmure et le sarcasme y court. »

C'est que le XIXe siècle fêta la canne dans tous ses états, au point que Balzac* dans son *Traité de la vie élégante* s'amuse à transposer l'exergue virgilienne « *Mens agitat molem* » en « l'esprit d'un homme se devine à la manière dont il porte la canne » (« traduction fashionable », précise-t-il) ; on ne pouvait mieux se moquer des élégants* dont l'essentielle préoccupation consistait à savoir en jouer, ce que le même Balzac fustigera dans le dandysme* : on ne s'attardera pas sur le caractère de régression infantile qu'il attribuait au port de la canne (substitut du hochet ?) mais on retiendra plutôt celle, alors de facture courante, de Toulouse-Lautrec* qui contenait en son fût le petit verre, pour la route, et son flacon : il y a toujours un dieu — et une canne — pour les ivrognes.

CANULAR

DU LATIN *canula*, petit roseau, lui même dérivé de l'égyptien démotique *Kana*, canule de phragmite à usage médical dans la Basse Égypte. C'est en 1542, que le médecin Louis Olivier écrit à son confrère Rabelais*, sitôt la parution de *Pantagruel** : « Maître François, vous nous fistes là tel mirifique canular ! » — allusion à l'emploi courant de cet instrument, proche du clystère, pour pratiquer les lavements ou dilater le diaphragme. Depuis que les normaliens s'emparèrent du terme à la fin du XIXᵉ siècle, il appert que celui-ci a pris une connotation douteuse, synonyme de bizutage. On trouvera quelques exemples de canulars, de plus ou moins bon goût, dans ce *Portatif* : Comte de Saint-Germain, Hirsutes, Papesse Jeanne (la), Parnassiculet contemporain (le), Vrain-Lucas.

CARDINAL

« QU'ON PARLE MAL ou bien du fameux cardinal,
    Mes proses ni mes vers n'en diront jamais rien :
Il m'a trop fait de bien pour en dire du mal.
Il m'a trop fait de mal pour en dire du bien. »

Pierre Corneille.

CASANOVA (Giacomo, Chevalier de Seingalt — 1725-1798)

MÉMORIALISTE, écrivain, joueur, évadé, homme d'affaires, occultiste, impresario, pamphlétaire et amant incomparable : toute sa vie est placée sous le signe de l'amour et de la liberté, du plaisir et de la légèreté, de l'intelligence et de la ruse. S'il s'honore du titre de Chevalier de Seingalt, c'est à la suite d'une opération de logique langagière imparable et quelque peu subversive : l'alphabet appartenant à tous, chacun a le pouvoir de l'utiliser comme il le souhaite ; lui a donc *le droit* de s'attribuer ce titre que personne ne peut lui contester. Ces écarts de langue lui vaudront grâce et disgrâce : il amuse et séduit la Pompadour en s'étonnant à haute voix, lors d'une représentation, que les fenêtres du théâtre soient si mal « calfoutrées ». Présenté par Bernis* (il avait partagé les faveurs de sa maîtresse vénitienne) au contrôleur général qui cherche désespérément vingt millions pour achever la construction de l'École Militaire, alors que l'État ne s'est pas remis de la banqueroute de Law, Casanova lui propose de monter un système ingénieux et simple : il suffit d'amener les gens à jouer en faisant croire que « le roi peut payer cent millions » ; cela assurera, à coup sûr, une recette de cent cinquante millions puisque « celui qui portera au roi un écu de six francs en recevra cinq » : il venait de lancer la Loterie Royale. Homme de tous les jeux, Casanova cultive avec amour ceux des corps mais s'arrange toujours pour trouver un meilleur parti, voire un mari fortuné aux jeunes filles qu'il a initiées ; il lui arrivera de fournir en biches le Parc-aux-Cerfs de Louis-le-Bien-Aimé. Quant à ceux de l'esprit, s'il visite Voltaire*, qui l'agacera, il entend bien lui donner une leçon en lui récitant par cœur des pages et des pages de l'Arioste. Rousseau* le déçoit, « qui ne se distinguait au reste ni par sa personne ni par son esprit ». Dans ses *Mémoires*, le Prince de Ligne*, tempère d'un trait la légende du séducteur : « Ce serait un bel homme s'il n'était pas laid ; il est grand, bâti en Hercule ; un teint africain, des yeux vifs, plein d'esprit à la vérité, mais qui annoncent toujours la susceptibilité, l'inquiétude ou la rancune et lui donnent un peu l'air féroce. »

CAVAIGNAC (Louis Eugène — 1802-1857)

O N DOIT à ce général la terrible répression des insurgés de juin 1848, que Victor Hugo* consigne dans les *Choses vues*, et qui seront retranscrites dans *Les Misérables* (dont l'action se situe alors en 1832). Jouant la carte du pire, Cavaignac laissa se développer l'émeute pour mieux la réprimer avec la troupe et la

Garde Nationale. Outre les milliers de morts des barricades* et des exécutions sommaires de prisonniers, le général fit procéder à vingt-cinq mille arrestations. Lorsqu'il obtint les pleins pouvoirs (jusqu'aux élections de décembre), il ordonna à des déportations* massives.

CÉLINE (Louis-Ferdinand Destouches — 1894)

REJETON d'une ancienne famille de la petite noblesse du Cotentin, tombée en quenouille avec le temps, l'« enfant intelligent mais d'une paresse excessive » passera une partie de sa jeunesse dans le goulot du passage Choiseul, à Paris. Pas tant « prolo » qu'il l'a fait croire (ne mangeant pas que des nouilles à l'eau), le jeune homme ira perfectionner son allemand dans le Hanovre, son anglais à Rochester. Il se lancera dans le commerce, en 1910, avec un succès mitigé qui le fit s'engager pour trois ans chez les cavaliers lourds, en septembre 1912. Ça donnera *Casse-pipe* (« — Briga-dier ! c'est l'engagé !/— Qu'il entre ce con-là ! ») et, aussi, quelques notes — le *Carnet du cuirassier Destouches* : « Je suis de sentiments complexes et sensitifs la moindre faute de tact ou de délicatesse me choque et me fait souffrir... » Le soldat, attrapé par la guerre, reçoit le baptême du feu à Audun-le-Roman, ce qui paraît une prédestination... d'autant qu'il est blessé au cours d'une reconnaissance et a droit à sa première « une », en grande tenue, dans *L'Illustré national* de décembre 1914. Sa blessure lui vaut d'être affecté à l'administration militaire. Il est envoyé à Londres, puis réformé en septembre 1915. Il se marie l'année suivante, et part en Afrique comme surveillant de plantation. Il rompt son contrat et rentre en février 1917. Pendant la traversée, il écrit une nouvelle, *Des vagues...*

CHANSON

C'EST un vaudeville — c'est-à-dire une « voix de ville » — donc sentimentale, gaillarde, vineuse, martiale, railleuse, séditieuse, révolutionnaire. On en sourit ; elle se charge de faire rire — de Mazarin* (plus de 6 000 ponts-neufs contre le cardinal*), de Marie-

Antoinette* (dès avant la Révolution), de Napoléon* (Béranger* et son célèbre *Roi d'Yvetot*), de Louis-Philippe... Elle est l'organe populaire sans ornement, sans musique, qui « goualle » sur un tonneau, à la foire Saint-Germain tout contre la voix solitaire du prédicateur en chaire soumis au même dénuement. À la froideur du temple, elle préfère l'effervescence des cabarets, caveaux, ou cafés* chantants. Contrairement à la légende, les autorités ne redoutaient pas tant l'allant insurrectionnel de la chanson ; Sébastien Mercier, dans le *Tableau de Paris* (1781), relate : « Lorsqu'il y a quelques mécontentements parmi le peuple, la police fait doubler la musique des rues, et elle se prolonge deux heures plus tard que de coutume. Quand la fermentation s'accroît, alors la musique ambulante ne désempare pas des carrefours [...] et le peuple qui chante, qui joue librement, qui voit de nouvelles prostituées, oublie les fusils, ne les aperçoit plus, et tout étourdi ne songe qu'à la jouissance du moment. » La Révolution donnera, pourtant, à la chanson populaire, ses lettres de noblesse, faisant entendre, *à la Bastille*, l'étendue de son pouvoir. Plus prudente, la petite bourgeoisie pratiquera assidûment la verve satirique au *Caveau moderne,* où Béranger, Goffé et Desaugiers moquent l'Empire puis la Restauration. La vogue du café-concert, à partir de 1840 et jusqu'à la fin du siècle, procure au peuple un divertissement aussi bon marché que bon enfant, donnant raison à cet apophtègme voltairien : « Le peuple ne lit point, il travaille six jours de la semaine et va le septième au cabaret. » C'est là qu'il reprend, à l'entour de la Commune*, l'air et les paroles du *Temps des cerises* (de J.-B. Clément) et de l'*Internationale* (E. Pottier) —tubes indémodables ! C'est alors une génération de poètes de cabaret qui assure la relève, célébrés comme tel ainsi que le fut Béranger : Xanrof, Ponchon, Bruant... dont certains firent les belles nuits du célèbre *Chat noir* ou du *Lapin à Gill.* Enfin, pour ceux qui prétendent que la chanson est un art mineur, rappelons que pas moins de cent-vingt poèmes de Marot furent, au fil du XVIe siècle, musicalisés par quatre-vingts compositeurs, et fredonnés dans Paris.

CHARLUS (Palamède, baron de)

On LUI DOIT trois des phrases les plus caracté-
ristiques de Proust*, des plus belles, lorsque le
narrateur crayonne sa première apparition au Grand-
Hôtel de Balbec : « Le lendemain du jour où Robert
m'avait ainsi parlé de son oncle tout en l'attendant,
vainement du reste, comme je passais seul devant le
casino en rentrant à l'hôtel, j'eus la sensation d'être
regardé par quelqu'un qui n'était pas loin de moi. Je
tournai la tête et j'aperçus un homme d'une
quarantaine d'années, très grand et assez gros avec
des moustaches très noires, et qui, tout en frappant
nerveusement son pantalon avec une badine, fixait sur
moi des yeux dilatés par l'attention. Par moments, ils
étaient percés en tous sens par des regards d'une
extrême activité comme en ont seuls devant une
personne qu'ils ne connaissent pas des hommes à qui,
pour un motif quelconque, elle inspire des pensées qui
ne viendraient pas à tout autre — par exemple des fous
ou des espions. » Fou, sa famille, les Guermantes,
considère « Mémé » un peu comme tel ; fou d'orgueil et
de prérogatives mondaines que lui seul sait distribuer
au fil d'oukases où provocations, injustices, mépris,
condescendance s'entremêlent afin de mieux
dissimuler le Vice qui le jette dans d'horribles colères
auxquelles succèdent des relents d'affection mélancolique. Ainsi, le jeune narrateur, convoqué par le
baron, essuie-t-il quelques unes de ses tirades
paroxystiques : « Ne protestez pas pour les styles, cria-
t-il d'un ton de rage suraigu, vous ne savez même pas
sur quoi vous vous asseyez, vous offrez à votre derrière
une chauffeuse Directoire pour une bergère Louis XIV.
Un de ces jours vous prendrez les genoux de Mme de
Villeparisis pour un lavabo, et on ne sait pas ce que
vous y ferez. » Se délectant de représentations sadiques
imaginaires (« Vous pourriez peut-être arranger cela,
même des parties pour faire rire. Par exemple, une
lutte entre votre ami (Bloch) et son père où il le
blesserait comme David Goliath. Cela composerait une
farce assez plaisante. Il pourrait même, pendant qu'il y
est, frapper à coups redoublés sur sa charogne, ou,
comme dirait ma vieille bonne, sa carogne de mère.
Voilà qui serait fort bien fait et ne serait pas pour nous

déplaire, hein ! petit ami, puisque nous aimons les spectacles exotiques et que frapper cette créature extra-européenne, ce serait donner une correction méritée à un vieux chameau. »), Charlus, archétype de l'inverti, après être descendu jusqu'à fréquenter, à sa perte, l'ignoble « petit clan » des Verdurin*, achèvera sa tragédie dans un claque qu'il finance lui-même : « Et là, enchaîné sur un lit comme Prométhée sur son rocher, recevant les coups d'un martinet en effet planté de clous que lui infligeait Maurice, je vis, déjà tout en sang, et couvert d'ecchymoses qui prouvaient que le supplice n'avait pas lieu pour la première fois, je vis devant moi M. de Charlus »...

CHAT NOIR (LE) (cabaret et journal — 1881-1897)

CETTE FÉLINE ENSEIGNE abrita les ex-Hydropathes*, regroupés sous le sceptre de Rodolphe Salis, futur roi de la Butte Montmartre, et la plume rédactrice d'Émile Goudeau. Dans ce temps de troubles politiques, certains choisirent de ricaner, de boire, de danser sur les ruines plutôt que de prêter une nouvelle fois le flanc à la répression : une amnistie partielle des Communards exilés vient d'être votée, et pour fêter leur anéantissement le Sacré-Cœur* bombe peu à peu la colline, et la conduit sur la pente de la spéculation immobilière. Salis, peintre « de chemins de croix à quatorze francs », se voit sommé par son paternel de « faire du commerce » : qu'à cela ne tienne ! Il s'improvisera gentilhomme-cabaretier, mais littérateur aussi et chansonnier du 84, boulevard Rochechouart, comme l'évoquera Goudeau : « Ah ! Messeigneurs, gentilshommes de la Butte, manants de la plaine, croquants et tenanciers, arbalétriers, cranequiniers et tous les autres, ah !, quel cabaret ce fut dès le début, que celui que fonda Rodolphe Salis ! ! Tudieu ! Ventre saint-Gris ! Palsembleu ! » : le goût est au décorum louis-treizième, le cabaret du Chat Noir ne lésinera pas sur le genre. Au cœur de cet « Institut », de cette grotte montmartroise, poètes et musiciens rivalisent en absinthes, en déclamations, en canulars, en vers fréquemment morbides, en monologues gaiement cyniques : « Tudieu ! Messeigneurs ! Le piano gémissait tout le jour, et le soir, et fort avant dans la nuit ; on chantait en chœur les meilleurs refrains du répertoire populaire, et parfois on s'accompagnait en tapant sur des plateaux de zinc en guise de gongs ! Tudieu ! Quel calme ! » Le ton cependant n'est pas toujours sur le registre de la gaudriole : Maurice Rollinat, l'auteur des *Névroses*, interprète au piano son univers satanique et délétère, tout imprégné de la charogne baudelairienne, peuplé de morts-vivants, de néant de succubes :

> « Et froide, elle accueillit, raillant l'affreux martyre,
> Ses suprêmes adieux par un geste narquois
> Et son dernier hoquet par un éclat de rire »,

tandis qu'Edmond Harancourt — qui connaît un succès de bon aloi en publiant *La Légende des sexes, poèmes hystériques*, en 1883, avant que d'être... conservateur du Musée de Cluny — blasphème dans les quatre pages hebdomadaires du *Chat Noir* qui paraît pour la première fois en 1882 :

> « L'anus profond de Dieu s'ouvre sur le Néant,
> Et, noir, s'épanouit sous la garde d'un ange.
> Assis au bord des cieux qui chantent sa louange,
> Dieu fait l'homme, excrément de son ventre
> géant [...] »

50

Le Chat Noir, cabaret et journal, connaîtra les visites ou collaborations attendues de Verlaine*, Cros*, Nouveau* et, plus déconcertantes, de Mallarmé*, Debussy ou Samain : mais l'esprit du lieu s'incarne sans doute en l'impassible figure d'Alphonse Allais qui larde la vie du cabaret de fumisterie notoire, insérant dans le journal des poèmes et des proses qui élèvent la logique paradoxale de l'humour noir à l'apex de la provocation verbale : « Faire la charité, c'est bien. La faire faire par les autres, c'est mieux. On oblige ainsi son prochain sans se gêner soi-même » ; « Sarah Bernhardt fait couler des petits ruisseaux de larmes qui produisent des grandes rivières de diamant », etc. La veine populaire ne manquera pas de représentants : Aristide Bruant, qui imposera ses refrains de misère parisienne (« ru' Saint-Vincent », « À la Villette », « À Montmartre », « À Batignolles », « À la Bastille »...) ; André Gill qui peindra l'enseigne du « Lapin agile » avant que d'être interné à Charenton ; Jehan Rictus et Jean Richepin exalteront les Gueux* :

> « Venez à moi, claquepatins,
> Loqueteux, joueurs de musette,
> Clampins, loupeurs, voyous, catins
> Et marmousets, et marmousettes,
> Tas de traîne-cul-les housettes,
> Race d'indépendants fougueux !
> Je suis d'un pays dont vous êtes :
> Le poëte est le Roi des Gueux. »

« On m'en voudra peut-être de conter ces balivernes », confesse Goudeau, « Baste ! La vie n'est pas si drôle, pour qu'on ne se souvienne pas des heures où l'on s'est franchement amusé fût-ce aux dépens des affreuses Parques... »

CHATEAUBRIAND (François-René, vicomte de — 1768-1848)

L E ROYALISTE du triumvirat d'Auteuil, avec Lamennais* et Béranger* ; il s'y rendait le dimanche par « l'accélérée » depuis la rue du Bac où il gîtait. On y lisait et commentait les pages des *Mémoires d'outre-tombe* qui ne paraîtront, d'abord en feuilleton, qu'après la mort de leur auteur. Trublion de la vie publique, qui se crut le rival de Napoléon* [1], il fut sans cesse à l'affût d'un poste où montrer l'étendue de son génie chrétien et politique ; Chateaubriand recevra enfin son bâton de maréchal avec le portefeuille des Affaires étrangères, de décembre 1822 à juin 1824 : il n'y brillera guère. Ce légitimiste égocentrique et parfois loufoque se flattera d'avoir reconnu, parmi les ossements, le crâne de Marie-Antoinette* « au sourire que cette tête m'avait adressé à Versailles » ! Louis XVIII n'appréciait guère cet agité, toujours prompt à donner des leçons (et il en donnera quant à la liberté de la presse) : dans une lettre à Decazes, le roi le traite tout crûment de « Jean-Foutre ». Sur le tard de sa longue existence, il rédige un pur chef-d'œuvre, *La Vie de Rancé*, pour accomplir le vœu fait autrefois à son confesseur. L'égérie de ses vieux jours sera l'insaisissable Hortense Allart ; il lui écrit un soir de 1841 : « J'admire ma chatte qui va faire ses petits, et je suis éternellement votre fidèle esclave ; sans travailler, libre d'aller où je veux et n'allant nulle part. Je regarde passer à mes pieds ma dernière heure. » Sept ans plus tard, il inhume cette dernière heure avec les décombres de la monarchie française ; on enterre les deux en juillet 1848.

1. Napoléon, inaugurant un salon, cherche le portrait de Chateaubriand que Girodet exposait dans un recoin ; il demande à le voir : « Il a l'air d'un conspirateur descendu par la cheminée. »

Chic

« DE MODERNE FABRIQUE » (Baudelaire*). Aurait une origine commune avec chipoter et chicaner : il s'agit donc de peu de chose ! Au début du XIXᵉ siècle, le terme est en faveur dans les ateliers de peintre (on peut l'écrire alors « chique », selon Balzac*) où il caractérise le coup de main prompt et habile mais guère inspiré (d'où le désormais fameux « chiqué » des cours d'école). Théophile Gautier*, qui commença par tâter du pinceau, extirpa le mot des chevalets en l'adoubant du symbole labial de l'aisance élégante — ce qui fit sa fortune à partir de 1835. Pourtant Baudelaire, dans le *Salon de 1846*, ne voudra pas démordre de l'argot des ateliers : « Tout ce qui est conventionnel et traditionnel relève du *chic* et du *poncif*. » Dans cette querelle de lexicographe, il semble que l'Éléphant de la Présidente* piétina l'amant des « vampires sucrés » — ce qui ne fut pas très « chic » de sa part.

Cloots ou Clootz (Jean-Baptiste, baron de — 1755-1794)

IL DILAPIDA son immense fortune à travers l'Europe, tout en répandant ses théories d'égalitarisme fraternel. À la Révolution, ce noble allemand répudia son titre, son nom, sa terre-patrie et se fit appeler Anacharsis. C'est sous cette égide qu'il prononça quantité de discours et publia maints textes enflammés et utopistes qui lui valurent le surnom d'« Orateur* du genre humain ». Il voulut faire entrer Gutenberg au Panthéon. Hostile aux Girondins, ceux-ci l'affublèrent du sobriquet de « Parasite mécontent ».

Parmi ses formules véhémentes, il se présentait comme « l'Ennemi personnel de Dieu ». Lequel, sous l'apparence de Robespierre*, s'ingénia à le perdre. Il fut guillotiné avec les Hébertistes, au nom d'un complot imaginaire (mais en réalité, la Convention se méfiait du « traître Prussien »). Comme ses chers Girondins, qui chantèrent *La Marseillaise* jusque sous le couperet, cet illustre bavard, déclama des vers pendant qu'on le menait au lieu du supplice.

COLET (Louise Revoil, dite — 1810-1876)

ALPHONSE Karr*, dans son journal satirique, *Les Guêpes*, assure que la dame qui est enceinte, en cette année 1844, vient d'être enflée par une piqûre de cousin ; l'engrossée tente alors de poignarder le moqueur en pleine rue, pour défendre son honneur et celui du philosophe qui l'a mise en cet état — Victor Cousin. On aura fait, dans ce siècle misogyne, une réputation de bas-bleu* à celle qui fut l'égérie et la bonne fée de nombre d'écrivains (dont Musset*, Vigny, Hugo*). Si on lui reprochait son « tempérament », elle donnait raison aux contempteurs : ainsi, à un amant qui l'avait délaissée une quinzaine, elle lança : « Est-ce là, croyez-vous, de l'Hygiène ? » La poétesse commit, en laissant croire que Musset en était l'auteur, un quatrain décapant contre l'Académie*, qui fit scandale. Et mesquinement George Sand* romancera sa liaison avec l'auteur des *Caprices de Marianne*, dans un récit, *Elle et Lui*, qui provoquera en retour, *Lui et Elle* par le frère du poète ; Louise Colet rétorquera par *Lui*, où elle en profite pour dépeindre Flaubert* sous des dehors peu sympathiques. C'est que le Normand est l'affaire de sa vie, et leur liaison, aussi orageuse qu'épisodique, donnera à la littérature les grands moments épistolaires qu'échangeront les amants. Toujours ardents à montrer la rusticité de leur gros camarade, les Goncourt* donnent une petite idée de la qualité des ébats amoureux des tourtereaux ; ils narrent, à propos des femmes, comment : « [...] L'autre (Flaubert) étalant l'orgueil d'en avoir été battu en éprouvant toujours l'énorme désir de les tuer, en sentant, comme il finit par dire à propos de Mme Colet, craquer sous lui les bancs de la cour d'assises. » N'empêche que le

masochiste commence ainsi sa lettre du 2 août 1846 :
« Tu donnerais de l'amour à un mort. Comment veux-
tu que je ne t'aime pas ? Tu as un pouvoir d'attraction
à faire dresser les pierres à ta voix. Tes lettres me
remuent jusqu'aux entrailles. N'aie donc pas peur que
je t'oublie ! » On sourit en songeant alors au dernier
poulet rédigé, le 6 mars 1855 : « Madame, J'ai appris
que vous vous étiez donné la peine de venir, hier, dans
la soirée, trois fois, chez moi. Je n'y étais pas. Et dans
la crainte des avanies qu'une telle persistance, de votre
part, pourrait vous attirer de la mienne, le savoir-vivre
m'engage à vous prévenir : *que je n'y serai* jamais. J'ai
l'honneur de vous saluer. » Dix ans de passion et de
tempête... La dame, en fin de course pourtant, sera en
tête du « Comité des Femmes » placardé dans le Paris
insurgé de 1870. Et puis elle mourut, oubliée,
meurtrie, absolument démunie. On la comparait
souvent, pour sa liberté de mœurs et de penser, plus
que pour son talent d'écrivain, à George Sand — talent
très médiocre il faut bien le dire, n'étaient les prix
académiques que son vieux Cousin de protecteur lui
faisait obtenir —, mais sur un mode mineur, qui
permettait d'attaquer la maîtresse de Nohant, sans
trop se risquer.

54

COLETTE (Sidonie, Gabrielle, dite — 1873)

MALGRÉ son fort accent poyaudin, elle conquit vers
1906 le Moulin Rouge par ses qualités de mime-
strip-teaseuse, revanche sans doute de son mariage
avec le gros Willy qui l'avait savamment exploitée tout
au long de la série des *Claudine* et des *Minne*, aux
parfums aguicheurs. Après son divorce, elle se console
dans les bras de Mathilde de Morny. Son retour au
mariage hétérosexuel (Jouvenel) lui procure une
manière de sérénité mondaine qui se « ressource » dans
la Puysaie. Elle se fait caresseuse de chats « dans le
sens du poil », ce qui n'est pas si mal.

COLONNES INFERNALES (LES)

ELLES PRÉTENDIRENT supporter le temple de la
Révolution sous les coups des Chouans et des
Vendéens. Le général de La Tour d'Auvergne en fut le
prédécesseur lorsqu'il créa ce corps de 8 000 grena-

diers dans son régiment de l'armée des Pyrénées occidentales, où il s'illustra par sa vaillance extrême. Turreau de Linières baptisa de ce même nom les douze sections de soudards que le Comité de Salut public, sous l'impulsion de Philippeaux, lâcha sur le Pays nantais à la fin de l'année 1793. Elles reçurent l'ordre de saccager la région et d'y massacrer sans retenue, afin de soumettre les locaux par la terreur, et de les *républicaniser*. Le succès de l'entreprise, qui souleva toute la population, fut tel que ses stratèges seront promptement rappelés à Paris, et certains guillotinés.

COMBES (Émile — 1835-1921)

RIEN DE TEL qu'un ancien séminariste passé par la médecine pour faire un anticlérical militant ! Pour le moins radical, « Le petit père Combes » devint président du Conseil à soixante-six ans, en juin 1902 ; il se dépêche alors de faire voter par l'Assemblée, à la hussarde, la Loi de Séparation et les Inventaires qui conduisirent au divorce républicain de l'Église et de l'État, provoquant la rupture des relations avec le Saint-Siège (1904). L'abbé Mugnier, dans son journal, notera avec un rien de scepticisme : « Combes fait fermer je ne sais combien d'écoles, de pensions, tenues par des frères, des sœurs, et d'autres congréganistes. Le Sacré-Cœur, les Oiseaux, Sion, etc. Tout s'en va. Fin d'un monde ! Mais ce monde avait-il été vraiment fécond ? » Alors...

COMÉDIEN

UN PARADOXE. Décrété par Nicole, en 1666, « suppôt de Satan » — bien que Georges de Scudéry ait, dès 1635, décliné dans la *Comédie des comédiens*, toutes les qualités requises : « Enfin, il faut que toutes ces parties soient encore accompagnées d'une hardiesse modeste, qui, ne tenant rien de l'effronté, ni du timide, se maintiennent en un juste tempérament. Et pour conclusion, il faut que les pleurs, le rire, l'amour, la haine, l'indifférence, le mépris, la jalousie, la colère, l'ambition, et bref que toutes les passions soient peintes sur son visage, chaque fois qu'il le voudra. Or jugez maintenant, si un homme de cette sorte est beaucoup moins rare que le Phœnix ? »

COMFORT

C'EST la consolation de la bourgeoisie qui gobe ce mot, en pleine anglomanie (1815). Rimbaud*, lui, dans *Une saison en enfer* : « Je redoute l'hiver parce que c'est la saison du comfort. »

COMMUNE

ÉRUPTION POPULAIRE consécutive à la défaite de Sedan et au siège de Paris par les Allemands de Bismarck. Elle dura le temps des cerises, et si elle en eut la couleur, son goût fut des plus âcres, n'étaient les locataires des zoos qu'on mangea avec appétit. Ainsi, un grand restaurant proposa-t-il à sa carte un savoureux « chat flanqué de rats ». Adolphe Thiers* livra la ville au délire sanglant de ses Versaillais. Environ neuf cents morts côté légalistes, autour de trente mille côté insurgés, dont la plupart durant « La semaine sanglante » (22-28 mai). Paris aurait alors perdu quatre-vingt mille habitants : outre les cadavres, bon nombre de Communards partirent visiter les bagnes, et les bourgeois des beaux quartiers, affolés par la levée des miséreux, plièrent bagages sous la protection des Prussiens.

COMMUNISME

« AVIS AUX non-communistes :
Tout est commun même Dieu. »
        Baudelaire*, *Mon cœur mis à nu*.

CONSTANT (Benjamin — 1767-1830)

HOMME POLITIQUE et écrivain rare. Constant dans l'inconstance... On l'esquissera assez bien plus tard : « Un homme libre, d'une liberté que développe un esprit aigu et souple, dans le commerce des plus belles intelligences de l'Europe. Un homme libre, mais presque toujours enchaîné par les femmes, par le jeu, par des compromissions politiques. Il maudit ses chaînes ; mais vient-il par hasard à s'en tirer, de nouveau il se précipite à la servitude. » Sa longue relation à la fille du banquier Necker, Madame de Staël, en est l'affligeante illustration. Courageux en politique,

par-delà même ses revirements (il attaque Napoléon*
— *De l'esprit de conquête et de l'usurpation* (1803) —
avant de se mettre au service de l'Empereur pendant
les Cent-Jours), Constant est saisi d'effroi face à
Germaine qu'il n'arrive pas à quitter, harcelé par la
violence des scènes récurrentes dont Minette — c'est
ainsi qu'il la surnomme — le gratifie, au point que, par
faiblesse il songe à épouser Amélie Ricca rien que pour
trouver une raison valable qui justifierait la rupture.
En date du 8 mars 1803, il note : « Scènes sur scènes
et tourments sur tourments. Depuis trois jours,
Germaine est furieuse et me poursuit tellement
d'invectives, de larmes et de reproches que je passe
moi-même alternativement de l'indifférence à la fureur
et de la fureur à l'indifférence. C'est une relation
terrible que celle d'un homme qui n'aime plus et d'une
femme qui ne veut pas cesser d'être aimée », ce qui ne
l'empêche nullement d'ajouter cinq lignes plus bas :
« Une longue habitude de disposer de mon existence lui
fait croire sans cesse que je dois lui revenir. Le moindre
mot équivoque la trompe à cet égard, et comme je
l'aime encore véritablement... », etc. De cette faculté
d'indécision, que d'aucuns qualifieraient de faiblesse,
Benjamin Constant tirera en 1806 un petit chef-
d'œuvre, *Adolphe*, dont d'ailleurs il ne se préoccupera
guère (le livre ne paraît qu'en 1816) : jamais les
« intermittences du cœur » ne furent mieux exposées,
ni le poids du remords mieux analysé, sans la
mièvrerie, la complaisance larmoyante que l'époque
commençait à réclamer.

CONVULSIONNAIRES

SPASMOPHILES jansénistes qui exhibaient leurs
transes mystiques au cimetière Saint-Médard,
entre 1730 et 1732, sur la tombe du diacre Pâris. Ces
manifestations populaires, proches de l'hystérie
collective (miracles, conversions soudaines...) et
finalement peu conformes au rigorisme des Messieurs
de Port-Royal*, prirent une telle ampleur que
l'archevêque Beaumont ordonna la fermeture du
cimetière. Cristallisant le mécontement général contre
l'autoritarisme politico-religieux, le convulsionarisme
répondait aussi à la bulle papale *unigenitus dei filius*

(1713) qui entendait imposer l'ordre catholique romain dans le Royaume-très-Chrétien.

CORBIÈRE (Édouard-Joachim, dit Tristan — 1845-1875)

AU PHYSIQUE, il se trouve si mal en accord avec le prénom phantasmatique qu'il s'est choisi (il se nomme état-civilement Edouard-Joachim) qu'il fit son portrait à la plume — sorte de Saint-Sébastien hideux qui lui donnait raison ! Verlaine* le mit en tête de sa première triade maudite (« Le Dédaigneux et le Railleur de tout et de tous, y compris de lui-même » — avant Rimbaud* et Mallarmé*, ce qui n'est pas peu signifier, mais il est vrai que ses *Amours jaunes...*). Corbière se versifia sous des carcasses joyeusement grotesques : Bossu Bitor, Poète contumace, Renégat, Crapaud, Petit mort pour rire... Il compose aussi sa longue épitaphe, qui tombe sur ce distique :

> « Ci-gît, — cœur sans cœur, mal planté,
> Trop réussi, — comme *raté*. »

Vers la fin, le « léger peigneur de comète » fait un bon mot — expédié à sa mère depuis l'hôpital Dubois où il agonise : « Je suis à Dubois dont on fait les cercueils. »

COURBET (Gustave — 1819-1877)

DANS UN PROJET d'article inachevé, *Puisque réalisme il y a*, Baudelaire* note : « Quant à Courbet, il est devenu le Machiavel maladroit de ce Borgia, dans le sens historique de *Michelet**. » Le Borgia en question se nomme Champfleury (Jules Husson-Fleury dit), alors inventeur et prosélyte d'un courant qu'il se fatigue à défendre : le réalisme (« il rêvait un mot, un drapeau, une *blague*, un mot d'ordre, ou de passe, pour enfoncer le mot de ralliement : *Romantisme* », écrit encore Baudelaire dans le même article). Courbet est son homme, mieux son peintre. À l'occasion de l'expo-sition : « DU RÉALISME. G. Courbet. Exposition de quarante tableaux de son œuvre », Champfleury rédige une nouvelle fois un long article qui paraît dans l'*Artiste* du 2 septembre 1855 *(Du réalisme. Lettre à Mme Sand*)* dans lequel il revient sur les critiques, les injures adressées aux œuvres du peintre : « M. Courbet est un factieux pour avoir représenté de bonne foi des bourgeois, des paysans, des femmes de village de grandeur naturelle. Ç'a été là le premier point », surtout lorsque l'artiste s'avisa d'exposer l'*Enterrement à Ornans* : « Je dois dire que la pensée de l'*Enterrement* est saisissante, claire pour tous, qu'elle est la représentation d'un enterrement dans une petite ville, et qu'elle reproduit cependant *les* enterrements de *toutes* les petites villes. Le triomphe de l'artiste qui peint des individualités est de répondre aux observations intimes de chacun, de choisir, de telle sorte, un type que chacun croie l'avoir connu et puisse s'écrier : "Celui-là est vrai, je l'ai vu !". » Courbet, malgré son caractère, avait certes bien besoin de ce soutien pour surmonter la réception scandalisée, voire dégoûtée, qui accueillit la présentation de l'*Enterrement* au Salon de 1850 : Delécluze pose que : « jamais peut-être le culte de la laideur n'a été exercé avec plus de franchise », tandis que Chennevière attaque sur un autre plan, plus insidieusement politique : « Si la peinture démocratique consiste dans les tons les plus sales et les plus communs, modelant les formes les plus grossières et du choix le plus laid, je ne veux certes point nier que M. Courbet ne soit un peintre démocratique... Par l'exagération de la grossièreté et de la hideur de sa peinture, c'est la haine même de l'art que prêche M. Courbet. » Théophile Gautier*, lui-même, d'habitude plus ouvert à la nouveauté ironise cruellement sur le projet du peintre « parodiant à son profit le vers de Nicolas Boileau-Despréaux* : Rien n'est beau que le laid, le laid seul est aimable. Les types vulgaires ne lui suffisent pas ; il outre à dessein la grossièreté et la trivialité. Boucher est un maniériste en joli ; M. Courbet est un maniériste en laid »... Champfleury avait fort à faire pour imposer les réalisations du peintre qui, à chaque fois (*Les Casseurs de pierre*, *Les Baigneuses*, *L'Atelier du peintre*), suscitèrent semblables éloges, d'autant plus que les convictions pro-socialistes de l'homme, admirant Proudhon*, n'arrangeront en rien sa carrière picturale... Du côté privé, le réaliste suscita aussi quelques scandales. Commandé par l'érotomane Khali-Bey, *L'Origine du monde* connut la censure d'alcôve.

Maxime du Camp, qui tira le rideau la masquant, le détaille : « Une femme nue, vue de face, extraordinairement convulsée... Mais par un inconcevable oubli, l'artiste avait négligé de représenter les pieds, les jambes, les cuisses, le ventre, les hanches, la poitrine, les mains, les bras, les épaules, le cou et la tête... » Peu à peu reconnu, Courbet prend en 1871 le parti des Communards et comme il est alors Président des Artistes, et porte à ce titre la responsabilité de la sauvegarde des monuments parisiens, on ne tarde pas à transformer cet honneur empoisonné en scélérate indignité en lui imputant la destruction de la colonne Vendôme dont il devra payer de sa poche la reconstruction, non sans qu'il ait tâté auparavant de la prison à Sainte-Pélagie, en mémoire sans doute de la Légion d'honneur qu'il avait refusée. Ruiné, réfugié à Ornans, on le harcèle encore dans ses dernières années jusqu'à saisir ses tableaux... Elie Faure, qui le qualifiait pourtant de « peintre magnifique », écrira à son propos dans son *Histoire de l'Art* : « Chaque fois qu'on parle devant lui d'idéal, ou d'imagination, ou de beauté, ou de poésie, ou de mystère, il hausse ses grosses épaules, prend la brosse et peint un étron. »

COURIER (Paul-Louis — 1772 -1825)

60

S A VIE est une succession de provocations ; à commencer par son engagement dans l'armée, pour complaire à ses parents, alors qu'il n'a pas la moindre fibre martiale ; pour finir avec son assassinat mystérieux au fond des bois : règlement de compte politique ou domestique (deux de ses meurtriers auraient été amants de sa jeune femme) ; en passant par la grande tache d'encre dont il orna le manuscrit des *Amours de Daphnis et Chloé*, à Florence alors occupée par les troupes napoléoniennes : Courier était avant tout un fin lettré, très bon helléniste et néanmoins fameux tombeur de filles. Mais son talent le mieux estimé fut celui de pamphlétaire où il excella tant, et sous tous les régimes, au point qu'il lui valut de connaître plusieurs fois la prison. Se qualifiant de simple « vigneron de la Chavonnière », il pétitionnait, récriminait, tançait à longueur de lignes, souvent pour défendre les braves gens de Touraine contre les abus du pouvoir, en fier démocrate orléaniste. Ainsi prit-il fait et cause pour des villageois qu'on empêchait de danser le dimanche, et stigmatisa-t-il le célibat des prêtres (« [...] l'amour, qui, chez les hommes de sa robe, se tourne souvent en fureur. Un grand médecin l'a remarqué : cette maladie, sorte de rage qu'il appelle érotomanie*, semble particulière aux prêtres ») ; Courier railla l'intervention en Espagne ou l'achat du château de Chambord pour le duc de Bordeaux, bébé, avec l'argent public (« Ce qu'il faut pour régner, ce ne sont pas des châteaux, c'est notre affection ; car il n'est sans cela couronne qui ne pèse. »). Et il donna, dans le *Pamphlet des pamphlets* (1824) rédigé sous l'égide de Cicéron et de Pascal*, la synthèse de son art, fait d'efficace simplicité de langue et d'ironie mordante. « Le Français fait la révérence et sert ou veut servir ; il mourra s'il ne sert. Vous êtes, non le plus esclave, mais le plus valet de tous les peuples. »

COURTISANE

« CONTRE UNE VIEILLE COURTISANE

Votre tête ressemble au Marmouzet d'un Cistre,
Vos yeux au point d'un dé, vos doigts un chalumeau,
Votre teint diapré l'écorce d'un rameau,
Votre peau le revers d'un antique registre

Votre gorge pendante au bissac d'un belître,
Votre vieil embonpoint à celui d'un rameau,
Votre longue encolure à celle d'un chameau,
Votre bras au plomb coupé qui soutient une vitre,

Vous passez soixante ans, faux fourreau de hautbois,
Vous avez vu régner neuf Papes et cinq Rois,
Et vous êtes encor vêtue à la moderne !

Troussez votre paquet, vieille, c'est trop vécu :
On vous fera servir à Paris de lanterne,
Si vous pouvez souffrir un flambeau dans le cu ! »

Charles Timoléon de Beauxoncles,
Sieur de Sigogne (1560-1611), *Les Bigarrures*.

COUTHON (Georges Auguste — 1755-1794)

AVOCAT AU BARREAU de Clermont-Ferrand, sa carrière d'élu du peuple, aux premières heures de la Révolution, fut entrecoupée de séjours aux eaux curatives en raison d'une maladie articulaire qui l'avait rendu impotent et cloué à son fauteuil roulant. Avec Fouché*, il organisa la sanglante répression de Lyon en octobre 1793 — quoiqu'il ne fut pas alors l'extrémiste qu'il devint sous la pression de Robespierre*. Il sera de quelque manière l'âme damnée de l'Incorruptible dans les moments de la Terreur. Ainsi prononça-t-il du haut de la tribune de la Convention, où le député Maure l'avait hissé à bout de bras, le terrible rapport qui institua la Loi du 22 prairial. Celle-ci inaugura la Grande Terreur, à travers le Tribunal révolutionnaire réorganisé en vingt-deux articles édifiants, dont ceux-ci : « La peine portée contre les délits, dont la connaissance appartient au tribunal révolutionnaire, est la mort » (art. VII) ; « Tout citoyen a le droit de saisir et de traduire devant les magistrats, les conspirateurs et les contre-révolutionnaires. Il est tenu de les dénoncer dès qu'il les connaît » (art. IX) ; « La loi donne pour défenseurs aux patriotes calomniés des jurés patriotes ; elle n'en accorde point aux conspirateurs » (art. XVI)... Dans l'après-midi du 9 thermidor, alors que la situation est explosive, Couthon rejoint courageusement Robespierre retranché dans l'Hôtel de Ville. Il essaie de tempérer l'inflexible position de son ami face aux menaces. Lors de l'assaut, l'invalide conventionnel tente de se cacher sous une table avec son fauteuil roulant ; on le saisit et le précipite du haut d'un escalier, qu'il dégringole en se blessant gravement à la tête. Transporté à l'aube vers l'Hôtel-Dieu (alors Hospice de l'Humanité), il y est pansé. Transféré à la Conciergerie, il est ensuite convoyé jusqu'à la place de la Révolution avec les débris du Comité de Salut Public. Le représentant du Puy-de-Dôme a l'honneur d'être guillotiné le premier. Sa veuve recevra, quelques années plus tard, le reliquat de ses indemnités de député.

CRAVAN (Arthur, pseudonyme de Fabian Llyod — 1887)

MINA LOY, la sublime, l'aima follement, et seule, elle semble avoir saisi toute l'implexité du personnage, laquelle dépasse les fanfaronnades prédadaïstes du poète-boxeur-conférencier-neveu d'Oscar Wilde. Oui, il créa bien *Maintenant*, petite revue qu'il rédigeait et vendait dans une charrette de quatre-saisons, et au fil de laquelle il humiliait Gide*, injuriait Delaunay, Apollinaire* ou Marie Laurencin (« En voilà une qui aurait besoin qu'on lui relève les jupes et qu'on lui mette une grosse... quelque part pour lui apprendre que l'art n'est pas une petite pose devant le miroir »), tout en inventant une poésie libre, épique, moderne — le « prosopoème » qui anticipait les proses voyageuses de Cendrars. Oui, il fit scandale à Berlin (« Monsieur, vous êtes trop voyant ! »), à Paris, à New York par ses conférences où, ivre-mort, il entreprit un strip-tease avant que d'être menotté par la police. Oui, il affronta Jack Johnson (alors ex-champion du monde mi-lourd, sous le coup d'un mandat pour proxénétisme), à Madrid, pour un match exceptionnel qui devait durer vingt rounds, avant que Cravan ne soit mis K.-O. dès le sixième, à la fureur des spectateurs bernés. Oui, naturalisé anglais, possesseur d'un passeport russe, il déserta jusqu'au Canada avant, sous passeport mexicain, d'ouvrir une salle de boxe à Mexico, puis d'errer et de mystérieusement disparaître. Mais Mina Loy comprit le sens réel de la provocation qu'il incarnait au plus haut point, en retenant, par exemple, certaines de ses envolées : « On ne me fait pas marcher, moi ! Je ne marche pas pour leur art moderne. Je ne marche pas pour la Grande Guerre ! », et elle commente : « Tout ce qu'il disait semblait trop facile à dire. Il ne se reconnaissait aucune attache, refusait toute affiliation. Il envoyait bouler les objecteurs de conscience : "Mais je n'ai aucune objection à faire ! Ils peuvent tous se faire tuer si ça leur chante — je m'en lave les mains — mais qu'ils ne s'attendent pas à ce que je leur emboîte le pas. Enfin quoi, si leur folie collective leur disait qu'ils doivent faire le sacrifice de leur vie pour moi, je ne me donnerais même pas la peine de les en dissuader." »

CROS (Charles — 1842-1888)

I L AVAIT TOUT « pour réussir » ; il finira absinthé et misérable, reconnu seulement comme fantaisiste lunaire (la légende veut qu'il sortît un soir de chez lui en pantoufles pour n'y revenir que huit jours plus tard). Les monologues, saynètes et autres pièces divertissantes enchantèrent le cabaret du Chat Noir* où longtemps on se gargarisera de son hareng saur « sec sec sec ». Génie dilettante ou dilettante du génie, son éducation se passa fort bien d'école et de lycée — ce qui ne l'empêcha pas, dès seize ans, de manier hébreu et sanskrit puis, en 1877, d'inventer, avant Edison, le phonographe par un pli qu'il déposa à l'Académie le 16 avril, lequel, à sa demande pressante, ne sera ouvert que le 3 décembre : las, entre-temps, Edison a breveté son invention et Charles Cros est oublié. Et pourtant, son traité du *Procédé d'enregistrement et de reproduction des phénomènes perçus par l'ouïe* anticipait la découverte et son application : « En général, mon procédé consiste à se servir de ce tracé pour reproduire le même va-et-vient d'une membrane vivante et à se servir de ce tracé pour reproduire le même va-et-vient, avec ses relations intrinsèques de durées et d'intensités, sur la même membrane ou sur une autre, appropriée à rendre les sons et bruits qui résultent de cette série de mouvements [...]. Un index léger est solidaire du centre de figure d'une membrane vivante ; il se termine par une pointe (fil métallique, barbe de plume, etc.) qui repose sur une surface noircie à la flamme [...]. » ...Et il en sera de même quant au procédé de la photographie en couleur... Sans doute Cros préféra-t-il à la compagnie des austères savants, celle des Bohèmes de plus ou moins bonne réputation : Verlaine*, Rimbaud* — qu'il héberge en octobre 1871 —, Villiers de l'Isle Adam*, Germain Nouveau * ; c'est que lui aussi désire figurer en vitrine de Lemerre (l'éditeur qui compte, et son argent également) : il lui en coûtera l'édition du *Coffret de Santal* que la presse accueillera avec un silence parfait. Au moins ce livre lui servira-t-il à conquérir Nina de Villard qui tenait salon, à courtiser les personnalités qu'il admire alors puisqu'il dédie ses poèmes à tour de plume : à Arsène Houssaye*, Catulle

Mendès, Édouard Manet, Leconte de Lisle, Maurice Rollinat, Coquelin cadet, Théodore de Banville, Stéphane Mallarmé*... Partout et nulle part à la fois, on le trouve chez les Hydropathes*, les Zutistes*, les Vilains Bonhommes* où s'applique son goût certain de la satire, comme dans ce croquis d'*Intérieur* :

« Joujou, pipi, caca, dodo
« Do, ré, mi, fa, sol, la si do »
Le moutard gueule, et sa sœur tape
Sur un vieux clavecin de Pape.
Le père se rase au carreau
Avant de se rendre au bureau [...] »

Rien cependant ne contrariera la *Conclusion* qu'il avait prévue dans son *Coffret de santal* :

« Les âmes dont j'avais besoin
Et les étoiles sont trop loin.
Je vais mourir soûl, dans un coin. »

CUBISME

UN CERTAIN STYLE historien d'art dirait à peu près ceci : on admet aujourd'hui que le cubisme commence avec *Les Demoiselles d'Avignon* (1907) de Picasso... En effet ! Et les Avignonnaises, à la vertu légendaire, eurent bien raison de s'en offusquer — et doublement : c'est que l'artiste avait songé intituler primitivement sa toile *Le Bordel d'Avignon*, mais, las, il ne s'agissait pas d'un souvenir de l'ex-cité papale mais d'une maison close de Barcelone sise Carre d'Avinyo ; en tout cas, cela engendra un beau bordel* dans l'histoire de l'art... « Cubisme, ce mot dérisoire pourrait-il me dérober le sens prodigieux de la trouvaille qui pour moi se place dans sa production entre "L'usine, Horta de Ebro" et le portrait de M. Kahnweiler ? », s'interrogera André Breton*... Cubisme, ce mot dérisoire... De fait, à l'instar de l'impressionnisme, cette appellation contrôlée fut d'abord péjorative et, l'on s'en étonnera peut-être (moins si l'on sait qu'ils se détestaient amicalement, s'admiraient détestablement), sortie des lèvres ironiques de Matisse, lequel siégeant à la Commission du Salon d'Automne railla cette « peinture de cubes ».

C'était négliger bien vite l'héritage de Cézanne et, *via* Derain, la découverte et l'apport de l'art nègre qui conféra une beauté inédite aux visages des demoiselles susnommées, entre autres — mais jamais abstraite, ce qui, par réaction tardive, engendra nombre de croûtes. Cubisme, ce mot dérisoire : il y eut Braque, Gris, Léger un temps — et aussi une école cubiste : Gleizes, Metzinger ; mais est-il vraiment nécessaire de s'ennuyer ?

CYRANO DE BERGERAC (Savinien de — 1619-1655)

S ON CAS est une interminable provocation ; la longueur de son nom (qui semble une usurpation nobiliaire puisque les Cyrano accolent la terre de Bergerac, dans la vallée de Chevreuse, à leur patronyme de bourgeois parisiens enrichis), de son nez, de sa rapière, de sa susceptibilité, de son libertinage* (à la mode de l'époque), de ses utopies (dont la fusée pour gagner *L'Autre Monde*), de ses mazarinades, de la poutre qu'il reçut au sommet du crâne et qui le tua, de l'oubli dans lequel il tomba, jusqu'à un certain soir de décembre 1897, quand un inconnu marseillais — Edmond Rostand — remporta un triomphe avec les aventures romantiques de ce faux Gascon d'opérette. Et là, ça recommence : la longueur de la pièce, celle des tirades, de la liste des personnages, et du succès qui en fait rager plus d'un !

DADA

« D ADA RESTE dans le cadre européen des faiblesses. C'est tout de même de la merde, mais nous voulons dorénavant chier en couleurs diverses pour orner le jardin zoologique de l'art de tous les drapeaux du consulat [...] » : on identifiera dans ce passage l'un des manifestes de Monsieur Antipyrine, sorte de double de Tristan Tzara, la rhétorique agressive, insultante, autodérisoire, masochiste et complaisante qui emporta, à partir de 1916, les déclarations du mouvement Dada (dont la légende veut que le mot ait été choisi au hasard dans un dictionnaire) entre Zurich, Berlin, Paris, New York. La présentation de l'unique numéro de la revue *Cabaret Voltaire*, signée

Hugo Ball, qui fonde l'antiprojet Dada, précise le contexte en toute simplicité : « J'étais convaincu qu'il y aurait en Suisse quelques jeunes hommes qui voudraient comme moi, non seulement jouir de leur indépendance, mais aussi la prouver [...]. Le but est de rappeler qu'il y a, au-delà de la guerre et des patries, des hommes indépendants qui vivent d'autres idéals. » L'histoire de l'art et de la littérature fait le reste : d'un côté l'intelligentsia qualifiant Dada « d'insignifiant absolu » ou de « nihilisme de salon » ; de l'autre l'intelligentsia y déterminant l'attitude radicale de la pensée devant féconder toute la création moderne, surtout sur le modèle des provocations de Duchamp* et Picabia*. Mais on sait également que certaines figures, certains mouvements n'atteindraient pas un statut légendaire s'ils n'étaient portés jusque-là par quelques tenaces thuriféraires : le destin pré-dadaïste de Jacques Vaché* aurait-il revêtu un caractère à ce point fondamental si André Breton* ne l'avait pas mythifié ? Le même André Breton, commentant les manifestations scandaleuses de Dada, tente de fissurer la légende : « Il est clair qu'on exploite à satiété des méthodes d'ahurissement, de "crétinisation" au sens maldororien du terme, mais surtout des provocations sans danger qui ont été mises au point à Zurich ou ailleurs [...]. Dans les revues Dada, abus (pour le moins) de ces phrases venimeuses dirigées contre les uns et les autres, complaisance marquée pour des drôleries verbales très relatives ; si les programmes des manifestations [...] annoncent des "numéros" à sensation sous les titres les mieux choisis pour faire salle comble [...], leur réalisation, aux yeux de ceux qui y participent, est on ne peut plus piètre. » Enfin, portant le coup de grâce à ces exploits dadaïstes : « pauvres ruses de baraques foraines qui avaient été nécessaires pour appâter le public » : que reste-t-il de nos amours ? Cependant le manifeste écrit par Aragon* et lu au Salon des Indépendants rappelle la négation absolue que Dada veut porter : « Plus de peintres, plus de littérateurs, plus de musiciens, plus de sculpteurs, plus de religions, plus de républicains, plus de royalistes, plus d'impérialistes, plus d'anarchistes, plus de socialistes, plus de bolchéviques, plus de politiques, plus de prolétaires, plus de démocrates, plus de bourgeois, plus d'aristo- crates, plus d'armées, plus de police, plus de patries, enfin assez de toutes ces imbécillités, plus rien, plus rien, rien, *rien*, *rien*, *rien*.

De cette façon, nous espérons que la nouveauté qui sera la même chose que ce que nous ne voulons plus, s'imposera à nous moins pourrie, moins égoïste, moins mercantile, moins obtuse, moins immensément *grotesque*.

Vivent les concubins et les concubistes. Tous les membres du mouvement DADA sont présidents. »

DAMIENS (François Robert — 1715-1757)

L E 5 JANVIER 1757, l'ancien soldat devenu domestique attenta aux jours de Louis XV, armé... d'un canif. Ce maladroit, savamment torturé, connaîtra le 28 mars suivant, en place de Grève, un supplice soigné qui ne doit pas peu à l'impopularité croissante du « Bien-aimé » : main droite brûlée (« vexation » particulière aux régicides), corps tenaillé en divers endroits où l'on versa ensuite du plomb fondu, membres écartelés par quatre chevaux... Le patient mettra une heure et quart à mourir. Pendant ce temps, Casanova*, qui avait loué un balcon pour jouir en compagnie du spectacle, détourne courtoisement son regard pour ne pas gêner deux de ses invités, lesquels, deux heures durant, s'infligent un supplice autrement agréable.

DANDIN

« E SPÈCE DE SOT & de niais qui va regarder cà & là. Manière de benêt & de lourdaut qui a un air languissant & innocent », stipule Richelet dans son *Dictionnaire* (1728). Et il précise « *Homo insulsus, ineptus* ». Rabelais* le premier, dans le *Tiers Livre* (le juge Perrin Dandin), puis Racine (*Les Plaideurs*), La Fontaine dans *L'Huître et les Plaideurs* et Molière*, créant le personnage de Georges Dandin (« Georges Dandin ! Georges Dandin ! vous avez fait une sottise, la plus grande monde... » — en épousant Mademoiselle de Sottenville !) ont illustré cette figure de « Grand sot qui n'a point de contenance ferme, qui a des mouvements de pieds et de mains déshonnêtes » (Furetière). Les lexiques de l'ancien français désignent par ce terme une clochette, et Charles Nodier, spécialiste des onomatopées, le fait venir — après Étienne Pasquier — du mot « factice » *dindan* — bruit et mouvement que font les cloches. Entre le précieux magnifique et le cocu ridicule.

DANDYSME

POUR ÊTRE bien mis, il ne faut pas être remarqué : tel est l'axiome vestimentaire du dandysme brummellien, rapporté d'Angleterre par Barbey d'Aurevilly*. Axiome que les publicistes, les caricaturistes, les contempteurs bourgeois de l'originalité s'acharnèrent à renverser, faisant passer le dandysme pour, au mieux « un meuble de boudoir » (Balzac*), au pire, un excentrique dérisoire — se conformant, sans le savoir, à l'origine lexicographique brumeuse qui voudrait que l'on désignât par là de jeunes Écossais extravagants (de *Dundee*). En 1830, le mot est lancé par le *Journal des Débats* (à propos de Byron), par Balzac dans son traité de la vie élégante, où il raille la version parisienne de cette pause qu'affecteront Beauvoir, d'Orsay*, Seymour, Sue, et autres Beaux, Inc(r)oyables*, Lions* et raffinés... Mais le dandysme étant « une institution en dehors des lois » (Baudelaire*), bien subtil celui qui réussira à le codifier ; ainsi, pour Barbey, le dandy ne saurait être mélancolique (« Un homme mélancolique n'est aimé que d'une femme ») tandis que Baudelaire le compare (en 1860, il est vrai) à l'astre en déclin — « superbe, sans chaleur et plein de mélancolie ». En revanche, tous deux s'accordent sur un point : la démocratie avilissante ne peut susciter chez les êtres « déclassés, dégoûtés, désœuvrés » que la nostalgie d'une espèce nouvelle d'aristocratie que le travail et l'argent ne sauraient fonder, et dont l'orgueilleuse satisfaction est de produire de l'imprévu et de ne jamais être étonnée. Baudelaire mort, son disciple Mallarmé* transporte dans le mystère des lettres, en se béquillant de Villiers de l'Isle-Adam*, les ors fanés d'une certaine élégance. Le dandy, qui ne sera jamais un « jockey » ni un « fouetteur de chien » —

pour citer le mépris de Barbey — représente « le dernier éclat d'héroïsme dans les décadences » (Baudelaire).

DARIEN (Georges Hippolyte Adrien, dit — 1862)

VERS LA FIN DE SA VIE mouvementée, il trouvait que ça n'en finissait plus ; c'est qu'il n'avait pu convaincre les contemporains de ses élans anarchistes et libertaires, quoiqu'il fût assez clair là-dessus dans les feuilles d'échos qu'il créa ou auxquelles il collabora (dont *L'Ennemi du peuple*, en 1903). Son roman *Le Voleur* (1898) fait l'apologie de l'anarchisme « rocambolesque » ; *Biribi* (1889) est la dénonciation (« Ce livre est un livre vrai. *Biribi* a été vécu ») des bataillons disciplinaires d'Afrique du Nord. Quoique peu reçu — il arriva parmi d'autres charges contre l'armée —, le roman joua son rôle dans l'abolition de ces compagnies infernales, où l'on se faisait fort de redresser les « irréguliers » par l'humiliation la plus abjecte. Darien-Froissard : « Étant soldat, je suis un peu plus qu'une chose, puisque j'ai des devoirs, mais beaucoup moins qu'un homme, puisque je n'ai plus de droits. »

70

DAUDET (Léon — 1868)

GROS VENTRE et moustaches en guidon de vélo, le fils d'Alphonse se battit quatorze fois en duel. Il est le veneur anglophile de la médiocrité démocratique. Les grands écarts ne lui font pas peur : antisémite ardent mais défenseur de Schwob et de Proust* ; apprenti médecin mais contempteur ironique de la Faculté dans quelques livres cinglants ; pourfendeur de la bourgeoisie triomphante mais bourgeois confortable lui-même ; passionné de psychologie mais ennemi irréductible de Freud ; longtemps athée mais royaliste catholique à *L'Action française* (qu'il fonde avec Maurras*). Introduit partout — même dans les prisons où le conduira la polémique consécutive à la mort mystérieuse de son fils — Daudet est un faiseur de rois (Céline*, Claudel, Bernanos) qui laisse, avec ses souvenirs sur les « gendelettres », un long catalogue de rosseries. Et il y a tant de sulfure dans sa plume et son encre, que son nom n'est jamais prononcé sans effroi. Sa verve éreintante et sa méchanceté comique sont servies par une langue aux emportements joyeux — vertu qui ne masque pas les positions musclées du bretteur contre la République : « Mais quand vous aimez votre pays, vos compatriotes, et quand vous voyez saboter tout cela par un régime imbécile et bavard, qui ne tire parti de rien, qui oublie tout, qui ignore la préparation, la prévision, la compétence, comment demeureriez-vous inerte sans remords ? »

DAUMIER (Honoré — 1808-1879)

S ATIRISTE FÉROCE, il réussit par ses caricatures à dénoncer le caractère sinistre ou écœurant des hommes de pouvoir — des huissiers à Louis-Philippe. La représentation de ce dernier en Gargantua* lui vaut six mois de prison, en 1832. Il popularise le personnage de Monsieur Gogo, bourgeois opulent, satisfait et naïf, pâture des affairistes et des rapaces. Daumier, à cause de ses quatre mille lithographies, ne sera jamais reconnu pour le peintre expressionniste qu'il était, et ses tableaux — difficilement acceptés par les Salons — échappèrent aux critiques de Gautier* ou Baudelaire* ; ce dernier, cependant, notera à son propos : « La caricature, dès lors, prit une allure nouvelle, elle ne fut plus spécialement politique. Elle fut la satire générale des citoyens. Elle entra dans le domaine du roman. » Devenu pauvre et presque aveugle, Daumier se retira à Valmondois. Il y mourut, le 11 février 1879, dans la maison que Corot lui avait donnée.

DÉCADENTISME

L A DÉBÂCLE DE 1870, l'effondrement du Second Empire et la tragédie de la Commune peuvent être tenus pour les parrains de cette pensée, dont Paul Bourget tentera de formaliser le principe dans sa *Théorie de la décadence* (1881). Ce n'est pas une mince affaire, et s'il établit un parallèle entre la dégénérescence physiologique et la décadence des mœurs ou du goût — se référant au déclin de l'Empire romain — le problème reste intact. La perception de la déliquescence, en matière d'art, se déploie dans deux directions opposées ; l'une négative : elle dénonce le dépérissement des valeurs (Baudelaire* ou Huysmans* pourraient l'illustrer) ; l'autre positive : elle propose des solutions et ouvre des voies (Mallarmé*, Rimbaud* ou Montesquiou*). Sans doute le dandysme*, posture inséparable du déclin de l'époque, tient-il de ses deux options par son aspect « chant du cygne » et par son côté somptuaire. Mais ce que l'on a appelé « décadisme » ou « décadentisme », à la fin du XIXe siècle est plutôt proche de l'anarchisme puisque s'en sont réclamées des petites écoles aussi éphémères que tonitruantes : les Hydropathes*, les Hirsutes, les Zutistes*, les Jemenfoutistes ou les Vilains bonshommes*. Il s'agissait de réactiver la profession de foi romantique de Gautier* — l'Art pour l'Art —, formule certes ancienne, mais soudain vivifiée par le renouveau d'une bohème* à la mode des années 1830. On se moquait de tout ce qui s'interposait entre l'artiste et son art, et principalement le confort* bourgeois, manifestation bêtasse du Progrès honni. Les cafés* et les cabarets jouent alors le rôle de cellule d'agitation, de mauvais esprit et de revendication libertaire. En peinture, Gustave Moreau et Odilon Redon (ami de Mallarmé et illustrateur des *Fleurs du mal*), peuvent être embrigadés dans cette aventure spirituelle qui ne fut pas une école non plus qu'un mouvement mais la transition vers le symbolisme* — sorte de pêle-mêle où se retrouvèrent les artistes les plus dissemblables, les héros les moins confraternels : l'aristocratique Des Esseintes et le déliquescent Adoré Floupette* — le plus célèbre aède du mouvement !

DÉCIMATION

PRENDRE dix troufions supposément récalcitrants ; en choisir un au hasard (le moins hasardeux, quant à faire) ; fusillez-le « pour l'exemple » devant ses petits camarades — que vous renverrez ensuite méditer la belle manière de regonfler le moral des troupes. En mai 1917, les poilus refusèrent de servir encore de chair à canon, après les absurdes, sanglantes et inutiles offensives du Chemin des Dames (lancées par Nivelle*) : les autorités militaires ordonnèrent une manière de décimation des régiments du front.

Dégoût

Voir ce qui précède.

Delacroix (Eugène — 1798-1863)

Du diariste et peintre classique dit « romantique », Baudelaire*, son parfait laudateur, saisit l'essence insaisissable : « Eugène Delacroix était un curieux mélange de scepticisme, de politesse, de dandysme*, de volonté ardente, de ruse, de despotisme et enfin d'une espèce de bonté particulière et de tendresse modérée qui accompagne toujours le génie. » Mais comme ici-bas le génie se compense toujours de quelque tare, le même Baudelaire défend le Maître : « J'ai entendu des gens le taxer d'égoïsme et même d'avarice » — ce qu'il explique ainsi : « Delacroix était fort économe ; c'était pour lui le seul moyen d'être, à l'occasion, fort généreux », ce que le génie ne saurait contredire lorsqu'il s'agit de prolonger la séance d'un modèle : « Aujourd'hui Émilie — *Due chiavature... ossia una prime, poi una...* 5 Fr. » (*Journal*, le 31 mars 1824.) C'était, certes, débourser plus cher que pour George Sand*, comme le rapporte Viel-Castel qui un jour lui demanda :

> « — Avez-vous été l'amant de Mme Sand ?
> — Mais oui. Comme tout le monde. »

Il fut néanmoins affecté par la façon dont la « grosse bête » se débarrassa de Chopin malade, un de ses meilleurs amis, ce pour quoi, comme Proust* avec Céleste Albaret, il préféra s'entourer plus tard de l'affection dévouée de Jenny, une sorte de servante au grand cœur. On voulut l'opposer dès son *Dante*, son *Sardanapale* à Ingres : la couleur contre la ligne, la passion contre la raison, l'impression contre le canon. Un certain Lassalle-Bordes recueillera ces confidences révélatrices :

« Ingres. — Delacroix ? C'est un homme de génie, mais ne m'en parlez pas !
Delacroix. — Ingres ? C'est un homme de talent, mais n'en dites rien. »

DÉMOCRATES

« POURQUOI les démocrates n'aiment pas les chats, il est facile de le deviner. Le chat est beau : il révèle des idées de luxe, de propreté, de volupté, etc. » Baudelaire* (*Mon cœur mis à nu*).

DÉPÊCHE D'EMS

LE TRÔNE D'ESPAGNE est l'enjeu de cet affront. La Prusse, alors en plein essor, lorgne la succession espagnole. En digne successeur des rois de France*, Napoléon III redoute l'encerclement géographique. Il fait pression sur Guillaume 1er qui prend les eaux à Ems, et obtient gain de cause. Fort de cette concession, il pousse son avantage jusqu'à exiger une manière de serment solennel. Pour prix de cette arrogance, l'ambassadeur Benedetti se voit, par trois fois, fermer la porte de l'empereur allemand, conduit à l'intransigeance par Bismarck. Lequel manipule — en l'écourtant — une dépêche de son souverain qu'il rend publique, ainsi libellée : « Sa Majesté a refusé de recevoir l'ambassadeur et lui a fait dire par l'aide de camp de service qu'elle n'avait plus rien à lui communiquer. » C'est la guerre. Les eaux d'Ems auront raison des coliques néphrétiques de « Napoléon-le-Petit ».

DÉPORTATION

VOYAGE AU LONG COURS, et d'une durée certaine, organisé généralement par le pouvoir politique pour se débarrasser des importuns. On déporta Manon Lescaut en Louisiane, des Montagnards aux Antilles ou en Guyane, des socialistes en Algérie, des Communards en Nouvelle-Calédonie, le Capitaine Dreyfus* à l'Ile-du-Diable. Ces vacances, au goût particulier, étaient aussi connues sous le nom de « Guillotine* sèche ». On prenait son billet dans n'importe quel tribunal, les bagages et les fers étaient mis sous douane à l'île de Ré où l'on embarquait le déporté à bord de son paquebot. Que diable allait-il faire dans cette galère ?

DESCARTES (René — 1596-1650)

ON A ESTAMPILLÉ, adjectivé les Français à sa méthode — trop d'honneur ! : « La Méditation que je fis hier m'a rempli l'esprit de tant de doutes, qu'il n'est plus désormais en ma puissance de les oublier. Et cependant je ne vois pas de quelle façon je les pourrai résoudre ; et comme si tout à coup j'étais tombé dans une eau très profonde, je suis tellement surpris, que je ne puis ni assurer mes pieds dans le fond, ni nager pour me soutenir au-dessus. » Chaque citoyen n'aurait-il jamais éprouvé cela ? On retrouve bien là le poncif rationnel de l'esprit français, revendiqué par ceux qui n'ont approché le philosophe que de loin...

DES PÉRIERS (Bonaventure — 1515 ?-1543 ?)

ESPRIT PÉTILLANT et bourguignon qui mit un malin plaisir à contrevenir aux bulles papales, et autres décrets, arrêtés et interdits sorbonnards. Protégé par Marguerite de Navarre, il s'autorisa toutes les imprudences et les impertinences que sa liberté et sa fibre humaniste exigeaient de lui. Il signe, d'un clin d'œil en forme de distique, sa présence dans le groupe des traducteurs français de la Bible — dite d'Olivétan — et rime un rondeau, sur l'avarice, où il brocarde une lame que l'Harpagon* veut monter en couteau ; à la fin, il écrit :

> Ainsi vous en prend-il, humains,
> Qui nous avez entre vos mains,
> Hormis qu'on put le fil bailler
> Au tranchant qui ne veut tailler ;
> Mais à vieillesse évertuée
> Vertu n'est plus restituée.

Ce que disant, il se jettera — un peu plus tard, à vingt-huit ans sonnés — sur son épée. Qui, du coup, le tua.

DICTIONNAIRE

MANIAQUERIE CLASSIFICATOIRE et arme de guerre — l'un n'excluant pas l'autre comme on en jugera à propos de Bayle — qui viendrait du vieux français *dictionneur* : commentateur. S'il faut remonter au déluge lexicographique, admettons que Robert Estienne soit le Père et le Saint-Esprit du genre, avec son *Dictionaire francoys-latin*, de 1539, où il ordonne pas loin de 10 000 mots. À l'aube du XVIIᵉ siècle, le promoteur du tabagisme et par ailleurs juriste, Jean Nicot, conçoit le premier ouvrage monolingue : *Thresor de la langue françoyse tant ancienne que Moderne*. La querelle* est lancée. La neuve Académie* obtient le droit léonin d'édicter seule le code du bon usage de la langue, mais les futurs « immortels » s'adonneront, sous la houlette première de Vaugelas, avec une telle célérité à leur tâche que deux transfuges tenteront l'aventure dans leur coin : Richelet et Furetière — pendant que Moreri s'attelle, dans son *Grand Dictionnaire historique* (1674), à cataloguer les noms propres. Le premier fera paraître, à Genève* par prudence, un *Dictionnaire françois contenant les mots et les choses...* en 1680 ; il y recensait les termes courants d'une langue en pleine évolution. On brûla aussitôt 1 500 exemplaires de son chef d'œuvre, qu'il aurait fait précéder, quelques années auparavant, d'un dictionnaire burlesque, introuvable jusqu'à ce jour. Antoine Furetière, lui aussi membre bientôt exclu de l'Académie, proposa, en 1690, un *Dictionnaire universel* qui a le mérite d'une grande liberté de ton, et qui propose la définition d'une variété de mots propres à esquisser une morale quotidienne assez éloignée de la pruderie du temps. Le protestant Bayle, versant dans une manière d'athéisme voilé, se montre un ardent partisan du quant-à-soi en matière de vérités établies au travers du *Dictionnaire historique et critique*, publié, avec compléments, entre 1695 et 1706, au Refuge de Rotterdam, où le « libertin » enseigne alors la philosophie. Dans l'édition, datée de 1726, de l'œuvre réactualisée de Richelet, la Bibliothèque liminaire des grands hommes du temps fait une infime place à ce concurrent : « J'aurois bien des choses à dire, mais je me trouve ici trop resserré »... (mais Estienne n'y est guère mieux servi, qui a droit à deux lignes ne citant pas même son lexique franco-latin). L'année précédente (1694), l'Académie montre enfin les fruits de ses cogitations tatillonnes : *Le Dictionnaire de l'Académie françoise, dédié au Roy* et, dit une vignette, À L'IMMORTALITÉ. La première mouture de ce « grand'œuvre » — qui comptera huit versions à partir de 1694 — brille par sa platitude et l'ennui de ses définitions. Non tant que le *Dictionnaire de Trévoux* (1701) dans quoi les pères jésuites, cramponnés au passé d'une langue trop vivante à leur goût, dénoncent, par l'exemple sectaire ou l'oubli, les aventures intellectuelles de l'époque. Voltaire*, soupçonnant la relative lourdeur de la grosse machinerie encyclopédique des Lumières (il a mis « une poignée de plâtre à l'immortel édifice »), réunit certaines de ses contributions à ladite, et publie anonymement son *Dictionnaire philosophique portatif*, en 1764. Le succès de ce *vade mecum* pensant (auquel on reprochera plus de vivacité que de rigueur) est immense — nonobstant l'avertissement de l'auteur qui répute son ouvrage conçu pour « des personnes éclairées [...] le vulgaire n'est pas fait pour de telles connaissances ». La Révolution revisitera cet élitisme et Littré, médecin (non agréé) positiviste et républicain, retroussera ses manches pour rédiger son monumental *Dictionnaire de la langue française* qui paraîtra entre 1857 et 1877. Son projet est net : « Il embrasse et combine l'usage présent de la langue et son usage passé, afin de donner à l'usage présent toute la plénitude et la sûreté qu'il comporte. » Pourtant, l'érudit ne se hasarde pas aux étymologies mais asseoit l'évolution des mots sur une avalanche de citations puisées aux meilleures sources qui rend souvent la nomenclature indigeste. Une anecdote situe bien l'idée que certains contemporains avait de l'homme et de son œuvre ; Émile, trouvant son épouse en galante compagnie, plutôt que de s'indigner glose : qui, de lui ou de l'infidèle, doit se déclarer « surpris » ? « Qui est pris sur le fait » dit quant à lui Pierre Larousse, dans l'un des quinze tomes de son *Grand Dictionnaire universel* (1864-1876). Boursier de l'Éducation nationale puis directeur d'école, son affaire est donc liée à la pédagogie ; aussi embrasse-t-il, avec beaucoup de liberté, les connaissances les plus contemporaines qu'il malaxe dans le chaudron d'un savoir encyclopédique où la norme est de battre en brèche les archaïsmes de tout poil. D'une manière sans doute plus objective que le *Dictionnaire des idées reçues* de Flaubert* — l'humour en moins — ou que l'*Exégèse des lieux communs* de Bloy* — mais sans la véhémence cynique du polémologue — mot qui n'a pas les honneurs du *Dictionnaire des synonymes* de Lafaye (1858, 1 442 pages avec le supplément !), qui se veut le continuateur de Condillac et Guizot, déjà penchés sur la question. Pour « Provoquer » : voir affronter, agacer, braver, défier, exciter, harceler, inciter.

Et consulter *Le portatif de la Provocation* !

DIDEROT (Denis — 1713-1784)

C A N'EST PAS pour *Les Bijoux indiscrets* (1748), qui ne sont tout bien pesé qu'une petite grivoiserie, que « Diderot-Socrate » — comme le nomme Voltaire* dans une lettre à Mme du Châtelet — entre ici. Mais pour avoir rédigé plus de mille articles de *L'Encyclopédie**, et s'être avoué matérialiste athée dans sa *Lettre sur les aveugles à l'usage de ceux qui voient*, récompensé par cinq mois d'emprisonnement à Vincennes (1749). Au demeurant, il ne démérite en rien de ce *Portatif* avec *La Religieuse*, *Le Neveu de Rameau** ou *Jacques le fataliste* (tous posthumes) où s'impose, sous une alacrité de plume très neuve, un goût incorrigible pour la tolérance, la liberté de conscience et de parole. Au contraire de son ami Voltaire, sa vie ne démentira guère ses options provocatrices.

DIEU

RESTE à écrire.

DOLET (Étienne — 1509-1546)

OU L'ART d'accumuler les gaffes. Imprimeur, traducteur, meurtrier (par inadvertance, semble-t-il), épigrammatiste, évadé, hérétique et lexicographe. On le dira même fils secret de François 1er ! Il n'en fallait pas tant pour déplaire à la Sorbonne* qui le fera brûler place Maubert. Sur le chemin du supplice, il fait un bon mot — ou deux puisque la postérité lui attribue, selon l'idée que l'on tient à se faire de l'humaniste : *Non dolet ipse Dolet, sed pro ratione dolet* (« Dolet n'est pas dolent pour lui-même mais pour la raison »), et *Non dolet ipse Dolet, sed pia turba dolet* (« Dolet n'est pas dolent pour lui même mais pour la multitude pieuse »).

DON JUAN

D U DORIMON (*Le Festin de Pierre ou le Fils criminel*) de 1659 à l'Apollinaire* de 1914 (*Les Trois Don Juans*), pas moins de soixante versions françaises du séducteur (en théâtre, en poème, en roman) épouseront les passion du temps, les obsessions de chacun. Dumas* Père le fit « ange », Levavasseur « barbon », Baudelaire* l'envoya « aux enfers », Viard envisagea sa « vieillesse », Ferrant son « mariage », Laverdant le fit « converti », Montegut le transporta « à Lesbos », Loriot-Lecauday & Bussy « au cloître », Dumur & Josz « en Flandre »... De quoi bien remplir une vie ! Entre temps, les gloseurs autopsièrent la légende du Burlador : on l'interprète blasphémateur lorsque, *via* Le Commandeur, il met Dieu* au défi ; subversif, quand il bouleverse l'ordre social en s'amusant à proposer le mariage à deux paysannes ; assoiffé d'absolu s'il cherche à étendre ses conquêtes à d'autres mondes ; vaguement parricide quand il souhaite le trépas le plus proche à son géniteur ; lâche, lorsqu'il fuit la blessure vive d'Elvire, etc. : portrait-robot du provocateur né. Mais peut-être ne s'agit-il là que des conséquences de l'expansion naturelle de sa puissance érotique ; expansion qui a sans cesse besoin d'abandonner ce qui est acquis au profit de ce qui reste à conquérir — et sans doute à seule fin d'éviter, de s'éviter l'ennui. En fait, Don Juan ne fuit pas, ne s'enfuit pas : il s'en va tout simplement. Suprême provocation !

DRAGONNADES

M ODE PARTICULIER de conversion au catholicisme, pratiqué sous Louis XIV. Le principe consistait en l'occupation, par un dragon, du logis d'un huguenot. Cette version syncrétique du sabre et du goupillon dans la maison du diable donna, paraît-il, quarante mille apostasies. On doute de la capacité théologique des « missionnaires bottés » mais non des brimades et vexations qu'ils firent endurer à leurs hôtes réformables.

DREYFUS (AFFAIRE)

COMPLOT fin de siècle, peut-être allemand, destiné à ébranler l'unité nationale, alors toute tendue vers la récupération de l'Alsace-Lorraine, indûment accaparée par l'ogre germanique — lequel profita des crises néphrétiques de Napoléon III pour envahir la patrie. Dans le rôle des méchants : trois Français de fraîche date (et donc douteux) venus d'horizons aussi divers qu'incertains. Pilotés par un diplomate d'outre-Rhin, ils abusèrent le haut état-major, encore tout commotionné par l'ampleur de sa déconvenue de 1870. Ces personnages peu recommandables (surtout le Hongrois Esterházy) mirent le pays à feu et à sang du fait que (de leur fait) le capitaine Dreyfus (un juif alsacien) avait été envoyé au diable (à son île, en tous cas) pour une étourderie du capitaine Henry — qui, preuve de son honorable innocence, se suicidera. Et voilà qu'un « intellectuel » naturaliste du nom de Zola* (d'origine italienne, ami, par-dessus le marché, du « grand peintre avorté » (dixit) — Cézanne) se laisse convaincre d'accuser, par voie de presse* (ce qui est le comble de la manipulation la plus éhontée), les défenseurs de l'ordre public de s'être monté le bourrichon national. Dans cette affaire, beaucoup n'y verront que du (petit) bleu. Le père-la-vertu obtiendra gain de cause un moment — car la justice immanente frappera nos ennemis peu après sous les espèces d'une grande et belle guerre. Moralité : ils n'auront jamais l'Alsace et la Lorraine.

DRUMONT (Édouard — 1844-1917)

IL ATTEND la mort de Victor Hugo* pour publier son pamphlet, La France juive, qui va connaître cent-cinquante éditions pendant la seule année 1886. Ennemi juré du capitalisme, ce socialiste déshumanisé continuera de prêcher la « bonne nouvelle » dans La

Libre Parole, à partir de 1892 — journal qui finira entre les mains des catholiques ultra, faute d'avoir pu fusionner avec *L'Action française*. L'antisémite forcené racontera sa vision de la Commune* dans *Mon vieux Paris* (1878) qui marque son entrée en littérature. L'événement le plus singulier de son existence assez tranquille n'est pas le refus de l'Académie* de le recevoir dans ses rangs (il voulait y représenter la gent journalistique) mais la persécution qu'il endura de la part d'un certain clergé (lui qui se désignait comme « un curé laïque ! ») : il fut tout bonnement accusé d'être Israélite de très-très lointaine souche (du temps des Croisades) : c'était là une version particulière de l'arroseur arrosé. S'ensuivit — à propos des mots *juif* et *israélite* — une querelle de linguistes du meilleur goût. Le vilipendé consacrera deux forts volumes, *La Dernière Bataille* (1890) et *Sur le chemin de la vie* (1914), à contester — extraits de naissance ancestraux à l'appui — son appartenance à « l'engeance maudite ». Il ne trouva meilleure excuse que la misérable condition de ses pères — puisqu'il est bien certain que tout juif est un Rothschild, relayant un poncif couramment partagé, notamment par Edmond de Goncourt*, un admirateur du polémiste : « S'il est insupportable et même un peu méprisable quelquefois par l'étroitesse de ses idées en tout, au moins, Drumont est un homme qui a la vaillance d'esprit d'une autre époque et presque l'appétit du martyr. » Le même, peu après, toujours dans le *Journal* : « À moi, qui depuis vingt ans crie tout haut que si la famille Rothschild n'est pas habillée en jaune, nous serons très prochainement, nous chrétiens, domestiqués, ilotisés, réduits en servitude, le livre de Drumont m'a causé une certaine épouvante par la statistique et le dénombrement de leurs forces occultes. » Georges Darien*, dans *Les Pharisiens*, entreprit de régler son compte au terrorisme antisémite qui régnait alors dans le milieu littéraire (son propre éditeur, Savine, en tête) et ne manqua pas de dresser un portrait de l'Ogre, alias Drumont : « Un drôle, au moral et au physique, le plus grandiose échantillon de crétinisme illuminé qu'il fût possible de rencontrer, un maraud, un bélître, un castrat, un virtuose du tam-tam, le traboulaire de la calomnie, saltimbanque sacrilège, syphilitique de la bêtise et de l'envie qui crevait ses bubons sur un tas d'immondices plus repoussants que le fumier du lépreux biblique, Judas hispide, maquignon du catholicisme, mercanti de plume, proxénète de l'envie, Jonas de contrebande, frauduleusement déposé sur le bitume par un hoquet imprévu du Grand Collecteur, coquine éhontée, sans scrupule et sans dégoût, gueuse offrant aux rabais ses plus ignobles complaisances, faisant sur le boulevard la retape des convictions en rut. » Voilà qui est dit, une fois pour toutes.

DUCHAMP (Marcel — 1887)

J OUEUR D'ÉCHECS et comique franco-américain dont les facéties, les jeux verbaux plus ou moins fins, vont subtilement transformer l'art du siècle naissant. Rrose Sélavy qui pensait que « la moiteur du cul n'engendre pas forcément la culture du moi » cesse très tôt de peindre après avoir exposé à New York, en 1913, un retentissant *Nu descendant un escalier*. Considérant que la pratique de la peinture relève de la « masturbation olfactive », qu'elle engendre une répétition inadmissible et que, par ailleurs, l'art passe d'un état d'ésotérisme à une réalité exotérique et commerciale, il invente le *ready-made*, provocation même, qu'il s'amuse en sus à expliciter de la manière la plus fantaisiste, avec le plus grand sérieux : « J'avais chez moi une roue de bicyclette, dans mon atelier, en 1913. J'ai pensé à un feu de bois. Et j'ai pensé : quand on fait tourner cette roue de bicyclette, seule, ça rappelle un mouvement : le mouvement du feu, du feu de bois. Qu'est-ce que l'agréable du feu de bois ? C'est le mouvement du feu dans la cheminée. Et j'ai comparé les deux, je veux dire, dans mon esprit (tout ça se passait dans mon esprit). Et j'ai pensé, moi qui n'avais pas de cheminée, à remplacer ma cheminée par une roue qui tourne. Donc, j'ai mis ma roue sur un tabouret et, à chaque fois que je passais, je la faisais tourner. » : chapeau Marcel !

DUCLOS (Charles Pinot — 1704-1772)

I L SERA maire de sa ville natale, Dinan. Mais celui dont Stendhal* disait : « Je ne trouve pas d'esprit plus analogue au mien » et qui, selon Sainte-Beuve*, « s'est dépensé en causant » (de « cette voix de gourdin » qui amusait tant Grimm) fut une sorte de moraliste libertin* assez prisé en son temps, et même assez redouté. Il réussit le tour de force d'être à la fois protégé de Louis XV et ami des encyclopédistes. Ses *Considérations sur les mœurs* (1751) sont pleines de notations piquantes et d'analyses judicieuses et hardies de la société qu'il fréquente — la meilleure ! Les *Mémoires pour servir à l'histoire des mœurs de ce siècle* (1751), manière de repentir sur les libertés des femmes dont il avait passablement joui — « Je les aimais toutes, et je n'en méprisais aucune... » —, passe en revue les belles du temps par type, nationalité et compétences diverses... Dans *L'Histoire de Madame de Luz* (1741), le triple viol de l'héroïne, narré avec délectation, fera exiger de ses contemporains « une édition augmentée de nouveaux viols ». Pour ne pas se compromettre avec les encyclopédistes, le Breton s'acharna à la quatrième édition du *Dictionnaire de l'Académie française* — aréopage dont il fut le secrétaire perpétuel. On a vu en Duclos, un sage précurseur de Sade*.

DUEL

S ANS REMONTER au déluge romain (d'où viendrait le mot, dérivé de *bellum* : « guerre »), l'honorable habitude de s'entretuer sur le pré connut une telle vogue aux XVIe et XVIIe siècles que Richelieu dut mettre le holà à l'épidémie de duels qui saignait la noblesse : le sang bleu était réservé à l'ost royal ! Mais l'oukase cardinalice, s'il atténua la fureur agonistique, ne fit pas disparaître la coutume : pour un rien, mais discrètement, les beaux Messieurs tiraient l'épée. Bien avant les aventures de l'ombrageux Cyrano*, version Rostand, Brantôme* avait illustré le haut fait en un *Discours sur les duels* (1578), précédé des *Duels célèbres* — récits d'un connaisseur ! Et jusqu'au XIXe siècle sonné, on s'envoya des témoins à la première occasion ; le premier sang des armes blanches n'étant plus de mise, on régla les affaires d'honneur au pistolet ; le patelin Sainte-Beuve* lui-même s'adonna au rite, sans dommage ; moins tant que le jeune prodige des mathématiques — Évariste Galois *— qui y laissa la vie ; ou encore le journaliste Henri Rochefort* qui se battit douze fois en duel tout au long de sa vibrante carrière.

DUMAS (Alexandre Dumas Davy de La Pailleterie, dit Alexandre Dumas — 1802-1870)

ẾTRE NÉ la même année que Hugo* ou avoir été graphomane surpayé mais toujours ruiné (on lui offrait, à la ligne de journal, le salaire horaire de l'ouvrier parisien !) ne justifie pas amplement son rang chez les provocateurs. Métis, Dumas descend d'un général mulâtre de la Révolution et d'une esclave noire de Saint-Domingue, qui lui léguèrent épaisse lippe, chevelure bouclée, plus un goût prononcé pour les « nègres » (on lui en attribue quelques dizaines — du compilateur de bibliothèque à l'alter ego cosignant des pièces). C'est qu'il écrivait « au galop » et submergeait la presse* de romans-feuilletons à succès, qu'il réunissait ensuite en volume. Émule de Shakespeare, de Walter Scott — de Schiller même —, il rencontra tôt la gloire au théâtre. Deux anecdotes illustrent l'appétit de vie frénétique de ce Gargantua* des lettres : la prise, par Dumas soi-même, de la poudrière de Soissons, pendant la Révolution de 1830, narrée dans les *Mémoires* tel un avatar des *Trois Mousquetaires* ; le débauchage, à Tunis où il était l'hôte du Bey pendant l'hiver 1846, du sculpteur attitré de cette Excellence, pour qu'il vienne exercer son talent dans son palais baroque de Monte-Cristo, près de Saint-Germain-en-Laye. Il vient d'essuyer un violent pamphlet d'Eugène de Mirecourt : *Fabrique de romans, Maison Alexandre Dumas et Cie.* Un jaloux, sans doute, exaspéré par la prolixité bonne gagneuse d'Alexandre. Lequel, quittant Tunis avec son artiste, endure une seconde violence — atmosphérique cette fois. Pour fortuné qu'il aura été, Dumas n'en finira pas moins aux crochets de son fils naturel — l'auteur de la fameuse dame à la fleur pâle...

ÉLÉGANCE

L À OÙ LA SCIENCE rejoint la mode, par la simplicité et la transparence du cœur, de l'âme et de l'esprit — tel Brummell démontré par Barbey d'Aurevilly* : « Il resta mis d'une façon irréprochable ; mais il éteignit les couleurs de ses vêtements, en simplifia la coupe et les porta sans y penser. » Manière absolue de n'être *presque* plus remarquable.

ÉMEUTE

P LUS QU'UNE AGITATION POPULAIRE, qu'un trouble de l'ordre public ou qu'une sédition mais moins qu'un soulèvement, une insurrection ou qu'une révolution, l'émeute — qui procède étymologiquement d'*exmovere* (remuer, déplacer, ébranler) — entre au XVIIIe siècle dans la langue, chargée de l'âcre odeur qu'on lui connaît à présent et que ledit siècle finissant se chargera d'illustrer pleinement. Pourtant La Fontaine : « Mars autrefois mit tout l'air en *émute* » (*Les vautours et les pigeons*) ; mais c'était pour rimer avec « dispute »... Dans son *Dictionnaire des Synonymes* (1869), B. Lafaye précise : « L'*émeute* se forme dans la rue, et commence par un rassemblement sans dessein préalable, sans chef, et se dissipe comme un feu de paille ; elle se borne d'ordinaire à des cris, ou si on s'y bat, c'est à coups de poing, de pierres ou de bâtons. » Ce n'est pas vraiment ainsi que l'entend Auguste Barbier dans « l'Émeute » de ses *Iambes* insurrectionnelles : « L'émeute aux mille fronts, aux cris tumultueux... »

ENCYCLOPÉDIE (L')

E XCROISSANCE lexicographique ou « Rond de sciences » selon Du Bellay, qui va voir chez les Grecs pour trouver l'anamnèse. À croire d'Alembert présentant *L'Encyclopédie* des Lumières — qui reste la figure tutélaire du genre, n'était la tentative du R. P Etienne Binet avec son curieux *Essay des merveilles de Nature, et des plus nobles artifices* (1632) —, cette somme veut dresser : « Le tableau général des efforts de l'esprit humain dans tous les genres. » Rien que ça ! Sur une trentaine d'années (1751-1780) et sous la houlette précautionneuse de Diderot*, 35 tomes du sous-titré *Dictionnaire raisonné des sciences, des arts et des métiers, par une société de gens de lettres* verront le jour chez l'imprimeur Le Breton : 17 volumes de texte, 11 de planches, 5 de suppléments variés et 2 de tables. Le premier livre est orné d'une dédicace au comte d'Argenson, ministre de la Guerre, ancien lieutenant général de la Police et fondateur de l'École militaire ; nos esprits forts prirent donc les précautions nécessaires à la sauvegarde de leur monstre combattant. D'un prix élevé — il ne rebute cependant pas les 4 300 souscripteurs recensés — et mal protégé de la contrefaçon (le privilège royal était de pure forme en la matière), elle sera aussitôt copiée en Italie et en Suisse, et des versions abrégées s'imprimeront dans toute l'Europe. Raillés par les envieux ou les jaloux, les encyclopédistes exciteront épigrammatistes et satiristes — dont Gilbert (*Le Dix-huitième siècle*) :

« Mais Perrault, plus profond, Diderot nous l'apprit,
Perrault, tout plat qu'il est, pétille de génie :
Il eût pu travailler à l'Encyclopédie... »

Persécutés par les jésuites*, les jansénistes et toutes sortes d'esprits bouchés, condamnés par Rome, les encyclopédistes — on les surnomme les Cacouacs* — auront maille à partir avec l'autorité royale : elle fera supprimer plusieurs fois le privilège d'imprimerie, exigera le remboursement des souscripteurs (qui refuseront), décrétera de peine de mort les auteurs « séditieux » et imposera à l'éditeur la présence de trois censeurs attentifs. À telle enseigne que D'Alembert, lassé de ces péripéties (et surtout des retombées de l'article « Genève », sur le théâtre), passera la main en 1759, laissant Diderot mener l'entreprise à son terme. Au total, une soixantaine de collaborateurs — dont le Chevalier de Jaucourt, qui engloutit sa fortune et son temps « à moudre des articles » : il rédigea une petite moitié des soixante mille sujets traités !

ENRAGÉS (LES)

FACTION ultra des mouvements révolutionnaires que son absence de représentation à la Convention radicalisa. Menés par Jacques Roux*, Charles Varlet et Marie-Joseph Chalier, ce mouvement authentiquement « sans-culotte » s'insurgea contre les combinaisons politiques des courants qui s'opposaient à la direction des affaires. Animés d'une manière de pureté égalitariste (« Les terres appartiennent à tous également »), les Enragés exigeaient tout et tout de suite pour les miséreux (« Le commerce et le droit de propriété consistent à faire mourir de misère et d'inanition ses semblables » ; « Les riches seuls ont profité depuis quatre ans des avantages de la Révolution » — Jacques Roux). On arrêta et on guillotina les principaux Enragés à partir de l'été 1793.

ÉON (Charles Geneviève Louis Auguste André Thimotée de Beaumont, chevalier d' — 1728-1810)

EN FEMME : teste sa métamorphose chez la duchesse de Mecklembourg.
En homme : capitaine de dragon au régiment du maréchal de Broglie.
En femme : lectrice-espionne à la cour de Russie.
En homme : ministre plénipotentiaire à Londres.
En femme : le reste de sa vie, sur ordre du ministre Maurepas, à partir de 1763.
L'acte de baptême du mystérieux homme-femme coupe court à toutes les supputations par sa qualité authentifiée de « fils de ». Il semble que ce soit Beaumarchais* qui, par contrat, l'engagea à ne plus quitter le rôle et l'habit de chevalière...

ÉPIGRAMME

DE SEXE FÉMININ pour Larousse, Thomas Sébillet répute la chose masculine dans son *Art poétique françois* de 1548 : « Je commenceray a l'Épigramme comme le plus petit et le premier œuvre de Pöésie : et duquel bonne part dés autres soustenue rend tesmoignage de sa perfection et élégance. Or appelle-je Épigramme, ce que le Grec et le Latin ont nommé de ce mesme nom, c'estadire, Pöéme de tant peu de vers qu'en requiert le titre ou superscription d'œuvre que ce soit, comme porte l'étymologie du mot, et l'usage premier de l'épigramme, qui fut en Grèce et Italie premièrement approprié aus bastiments et edifices, ou pour mémoire de l'auteur d'iceus, ou pour merque d'acte glorieus fait par luy. » Le sens et l'usage en ont glissé depuis, comme l'on sait. Dès le XVIIIe siècle, notamment, l'épigramme devient une pointe que manieront avec entrain, cruauté et bonheur, Ecouchard-Lebrun, Guichard, Piron*, Rivarol*, Voltaire*, parmi tant d'autres.

Cy est le corps Jane Bonté, bouté :
L'esprit au ciel est par bonté monté.

Marot (XVIe siècle)

Je te rends ton livre, Mélite ;
Quoique fort long, je l'ai tout lu ;
Si tu veux que nous soyons quitte,
Rends-moi le temps que j'ai perdu.

Saint Pavin (XVIIe siècle)

Que me veut donc cette importune ?
Que je la compare au soleil ?
Il est commun, elle est commune :
Voilà ce qu'ils ont de pareil.

Théophile de Viau (XVIIe siècle)

VISITE CONTRAINTE
Une fois l'an il vient me voir ;
Je lui rends le même devoir ;
Nous sommes l'un et l'autre à plaindre,
Il se contraint pour me contraindre.

Gombaud (XVIIIe siècle)

DÉFENSE DE LA HARPE
Non, La Harpe au serpent n'a jamais ressemblé ;
Le serpent siffle et La Harpe est sifflé.

SUR UNE TRAGÉDIE DES STUART
Ton drame est triste et froid ; tes vers sont désastreux,
Ah ! le sort des Stuart est d'être malheureux !

Ecouchard-Lebrun (XVIIIe siècle)

ÉROTOMANIE

LES VIERGES À L'ENFANT, les Charités, les flagellations, les supplices des saints et des saintes, les frasques de Zeus, la nudité « honteuse » d'Adam et Ève, les Suzanne au bain, les Vénus anadyomènes, les motifs historiques, l'orientalisme peignent la manie érotique des seins, des corps, du coït, des fesses, des sexes d'homme et de femme, de l'orgie soumise, de l'orgie active — monomanie morcelée de l'Éros. Tous ces prétextes bibliques, antiques, guerriers et exotiques configurent l'obsession majeure qu'il conviendrait de voiler si l'on écoutait Louise, prostituée que Baudelaire* conduisit au Louvre et qui s'étonnait que l'on exposât de pareilles nudités. Sans doute n'avait-elle pas tort, pressentant que la disparition des prétextes conduisait à la pornographie*.

EXCÈS

ANTIDOTE DE L'ENNUI et poste d'observation privilégié du jugement sur le monde : c'est la pratique du trop, témoin de la grande Santé et du grand Appétit, contre le peu, le médiocre, la rétention, le manque... L'excès est la condition *sine qua non* de l'estimable — même lorsque les comportements et les personnages excentriques frôlent le ridicule*, voire l'entretiennent au plus grand bonheur des pratiquants de la morale édifiante et des répétiteurs de lieux communs.

EXIL

C'EST EN HOMME qui avait bien médité la question (il encourait la chose en publiant, mais à Genève soi-disant, son *Dictionnaire*) que Pierre Richelet définit l'Exil. « C'est l'ordre par lequel une personne est envoïée par un pouvoir absolu, & pour quelque faute, hors de son païs, ou en quelque misérable lieu, pour y être un certain espace de temps... » À ne pas confondre donc, selon le lexicographe, avec le bannissement qui est réputé perpétuel. L'histoire est pleine de gens déplacés, proscrits, ostracisés, déportés, et, du simple confinement en un lieu bien gardé à l'envoi, fers aux pieds, dans une colonie de peuplement, on n'en finirait pas de dénombrer les condamnés au départ. Mais les poètes, portés souvent à la contestation, en tâtèrent physiquement (de Villon* — « Rigueur le transmit en exil/Et lui frappa au cul la pelle... ») à Marot ou Hugo* — (« La voix de Guernesey ») ou psychologiquement. C'est sans aucun doute Théodore de Banville qui versifie le plus évidemment cet état de relégation intérieure, avec ses *Exilés* (1867), où il revisite l'histoire pour montrer le drame des individus supérieurs affrontés au mépris de la foule des sots : ils sont ainsi obligés à une solitude invivable, pâture du guignon*, jouet du maudisson ! Mallarmé* et Verlaine* recueilleront la leçon de Banville, et les poètes, toujours prompts au martyre, habiteront de l'intérieur dès lors « en quelque misérable lieu »...

FANATISME

« C'EST de prononcer *oui* ou *non* sur n'importe quoi. Il n'y a pas d'autre définition. » C'est l'avis d'un connaisseur — Léon Bloy*, *Exégèse des lieux communs*.

FAUVISME

SOUVENT, ces bêtes véhémentes que sont les artistes savent l'art de reprendre à leur compte un sobriquet péjoratif, une appellation moqueuse ou injurieuse pour qualifier leurs travaux novateurs que la critique et le public conspuent : le fauvisme n'y échappe pas, et les fauves, assimilés dépréciativement aux affichistes, s'emparèrent du mot de Louis Vauxcelles jaugeant, au Salon d'Automne de 1905, une statuette d'Albert Marque : « Donatello chez les fauves ! » La mode était lancée — qui fit court feu. Regroupés un temps autour de Matisse, le lion placide, on vit rugir les couleurs de Vlaminck, Derain, Friesz, Puy, Camoin, Manguin et autres Dufy et Van Dongen. Il leur fut reproché de ne pas composer mais de jeter des pots de peinture à la face du public, ce qui, après tout, n'est pas une mauvaise idée. Dès 1907, chacun partit suivre sa propre piste, en quête d'autres traces (de peinture).

FÉNELON (François de Salignac de La Mothe — 1651-1715)

SANS DOUTE le plus précoce des illustres sermonnaires ensoutanés puisqu'il prêcha dès l'âge de quinze ans — un an plus tôt que son concurrent Bossuet*, l'Aigle de Meaux. Sa faible constitution le détourna d'aller courir le Huron au Canada, comme il en forma le projet. Il eut alors à mater pendant huit ans la très rétive personne du Duc de Bourgogne, petit-fils de Louis XIV ; mission qu'il accomplit à la stupéfaction générale mais au dépit de Saint-Simon qui n'aimait guère l'onctueux précepteur. Le roi lui-même ne goûtait pas les tendances libérales du futur archevêque, et les détesta même lorsqu'elles s'affichèrent ouvertement à la parution subreptice des *Aventures de Télémaque* (1699). Compromis par les pâmoisons dévotes de Mme Guyon — adepte du « pur amour » —, Fénélon fut aussitôt exilé dans le Nord. Il opposa alors, aux reproches de déviance quiétiste de « l'Aigle de Meaux », les mœurs pieuses et compatis-santes aux pauvres du « Cygne de Cambrai ». Dans la Querelle* des Anciens et des Modernes, le prélat réussit le tour de force de prendre hardiment fait et cause pour les deux camps (*Lettre sur les occupations de l'Académie* — dont il était), tout en laissant percer un goût immodéré pour la simplicité des mœurs gréco-latines : manière détournée d'attaquer à nouveau la rigidité de l'étiquette versaillaise.

FÉNÉON (Félix — 1861)

SUR DÉNONCIATION on trouva, dans son bureau du ministère de la Guerre, six détonateurs et du mercure : il fut aussitôt arrêté comme anarchiste. Ce mouvement faisait alors sauter des bombes dans tout Paris (on est en 1894), et F. F. — il initialisait ainsi maintes des nombreuses critiques qu'il donnait alors aux revues — collaborait à deux feuilles libertaires : *L'En dehors* et *Le Père peinard*. Le Président du tribunal s'étonnant du prétexte avancé par l'inculpé (il assurait que son père avait ramassé les explosifs dans la rue), Fénéon répondit : « Le juge d'instruction m'a demandé pourquoi je ne les avais pas jetés par la fenêtre au lieu de les emporter au ministère. Vous voyez que l'on peut trouver des détonateurs dans la rue ! » Mallarmé* vint dire au procès tout le bien qu'il pensait de l'accusé, et écrivit dans la presse : « Il n'y avait pas, pour Fénéon, de meilleurs détonateurs que ses articles. Et je ne pense pas qu'on puisse se servir d'arme plus efficace que la littérature. » Le présumé coupable fut pourtant acquitté, bien que la littérature — justement, et sans oublier la peinture —, lui permît encore de faire sauter les verrous du conformisme. Il est le vrai découvreur, le promoteur et le laudateur, dans les colonnes de *La Revue indépendante*, de *La Vogue* et de *La Revue Blanche* (qu'il dirigea), des œuvres de Rimbaud*, Seurat, Gide*, Signac, Jarry*, Toulouse-Lautrec*, Matisse, Apollinaire*, Dostoïevsky, Van Dongen, Tolstoï, Ibsen, Strinberg... — qu'ils fussent symbolistes ou non, puisque lui même, sous l'éventail de Mallarmé, se rattachait à cette nébuleuse incertaine. On lui doit d'avoir fait dire à Forain une des plus étonnantes définitions de Rimbaud : « C'était un grand chien. »

Il invente pour le journal *Le Matin*, entre 1905 et 1906, la brève d'information où le fait divers le plus dramatique se trouve porté aux extrêmes limites de l'humour noir, de l'ironie mordante et du jeu de mot laid — ce sont les *Nouvelles en trois lignes*, grand moment de la pensée anarchiste, dont Fénéon abreuve le quotidien à l'indignation des victimes et de leurs proches, à l'effarement des lecteurs :

> — À Clichy, un élégant jeune homme s'est jeté sous un fiacre caoutchouté, puis, indemne, sous un camion, qui le broya.
> — Des rats rongeaient les parties saillantes du chiffonnier Mauser (en français Ratier) quand on découvrit son cadavre à Saint-Ouen.
> — Un négociant de Courbevoie, M. Alexis Jamin, qui en avait assez de sa maladie d'estomac, s'est fait sauter la cervelle.

FERRY (Jules François Camille — 1832-1893)

RÉPUBLICAIN, qui connaîtra pas mal de surnoms plus ou moins gracieux, il se fit connaître par un pamphlet contre l'éventreur de Paris : *Les Comptes fantastiques d'Haussmann* (1869), qui valurent le renvoi du baron. Entré dans la carrière politique à la chute de l'Empire, le voilà maire de Paris ; on le charge de l'approvisionnement de la capitale, avec un succès patent, si l'on en juge au sobriquet que lui décernent ses administrés : Ferry-la-Famine. Mais s'il a quelque droit à l'estime républicaine pour ses déclarations — « mon but est d'organiser l'humanité sans dieu et sans roi » —, pour ses réformes de l'Éducation nationale (laïcité, gratuité pour le primaire, ouverture de l'enseignement secondaire aux jeunes filles...), le colonisateur s'avérera particulièrement réactionnaire, féru qu'il était de certitudes humanistes, ainsi qu'il le clame à la Chambre, le 28 juillet 1885 : « Et je vous défie [...] de soutenir jusqu'au bout votre thèse qui repose sur l'égalité, la liberté, l'indépendance des races inférieures [...]. Messieurs, il faut parler plus haut et plus vrai ! Il faut dire ouvertement qu'en effet les races supérieures ont un droit vis-à-vis des races inférieures [...]. Elles ont le devoir de civiliser les races inférieures. » Il lança donc les armées de la démocratie à l'assaut de la Tunisie, du Congo, de Madagascar et du Tonkin. Dans ce coin d'Indochine, les autochtones reçurent les soldats de la Liberté à coups de fusil : ce fut le désastre, à Lang-Son, du corps expéditionnaire du général de Négrier (février 1885). Son repli sonna également la chute du cabinet Ferry, dès lors flanqué du surnom de Ferry-Tonkin. Lequel acheva sa carrière dans les pantoufles de la présidence du Sénat.

FIGARO

TYPE DU VALET FRONDEUR (dans *Le Mariage de Figaro* de Beaumarchais*, 1784), un rien vantard, un rien raisonneur, un rien naïf. Il prolonge la tradition de l'inversion maître-valet de quelques répliques aux échos révolutionnaires : « Qu'avez-vous fait pour tant de biens ? Vous vous êtes donné la peine de naître et rien de plus. Du reste, homme assez ordinaire ; tandis que moi, morbleu ! perdu dans la foule obscure, il m'a fallu déployer plus de science et de calculs pour subsister seulement [...]. » Et comme en France, tout finit par des chansons, on rappellera que celle qui clôturait la pièce s'achevait justement par ses mots : « Tout finit par des chansons »... en attendant la Carmagnole. Quant à la fortune du nom, avant que de se faire le porte-voix quotidien de la bourgeoisie, *Le Figaro*, fondé en 1826, fut un hebdomadaire satirique et frondeur...

FLAUBERT (Gustave — 1821-1880)

TOUJOURS AIMABLES pour leurs petits camarades, les Goncourt* disent du Normand : « Il n'y a pas chez lui la fantaisie abracadabrante d'un poète *haschiché* ou la retrouvaille d'un voyant dans les humanités mortes. » C'est tenir pour rien la correspondance de l'inventeur du « gueuloir » (qu'ils n'avaient pas lue) et le précoce auteur de *La belle explication / de la fameuse constipation* — hors-d'œuvre de neuf ans que n'aurait pas renié Charles Bovary*, et qui commence ainsi : « La constipation est un resserrement du trou merdarum. » Plus tard, s'acharnant à corriger un poème « obscène […], ignoble […], laid […], tout bonnement cochon » de Louise Colet*, le « Pauvre Caraphon » anticipe la révolution rimbaldienne : « Il faut couper court avec la queue lamartinienne, et faire de l'art *impersonnel*. Ou bien, quand on fait du lyrisme individuel, il faut qu'il soit étrange, désordonné, tellement *intense* enfin que cela devienne une *création*. »

FLIC

ALTÉRATION du mot *friquet* par lequel on désignait un mouchard. Ce sera aussi, d'après Émile Chautard, un terme utilisé par les « voleurs juifs » qui « exprime proprement le claquement de fouet et de la main (en français *flic-flac*) et traduit à peu près la même notion que le mot *cogne* ». Autrement dit, un poulet, un roussin, un bourre, une vache, un condé, une pince, les rapers, les pandores, la maison poulaga, la maison j'tarquepince : la police, représentée individuellement ou globalement.

FLOUPETTE (Joseph Chrysostome Adoré — 1860-1899)

INSURPASSABLE POÈTE décadent que *Le Figaro**, agacé par le succès éhonté de ses *Déliquescences* (1885), tenta de réputer fictif. Mais la préface à la seconde édition, rédigée par son ami d'enfance Marius Tapora, apporta toutes les garanties propres à faire taire les médisances. On y suit pas à pas le chemin de gloire d'Adoré Floupette, de Lons-le-Saulnier à Paris où son père l'envoie étudier le droit, de l'amour juvénile pour les coléoptères à l'inflammation pour les romantiques, les parnassiens et les naturalistes — comme en témoignent les poèmes dont Marius Tapora livre les plus beaux fleurons. Mais la grande affaire de Floupette c'est *Le Symbole* et son sanctuaire — *Le Panier fleuri* — café* où le nouveau Parnasse s'abreuve de bocks autant que des dernières œuvres des « Maîtres de l'avenir » : Arsenal et Bleucoton ; c'est là que le désormais célèbre décadent déclama sa fameuse « Symphonie en vert mineur », dont le scherzo chute sur cette strophe :

> « Ah ! comme vite s'en alla,
> Par la porte, à peine entr'ouverte,
> Mon âme effroyablement verte,
> Dans l'azur vert de ce jour-là ! »

Le Grand Larousse le consacre l'année même de sa mort.

FORNERET (Xavier — 1809-1884)

X. F. DIT (PAR LUI-MÊME) « l'Homme noir blanc de visage » suscita bien des polémiques, des procès avant d'entrer dans la légende des petits romantiques, des frénétiques et d'y tenir un des rôles principaux, tout enrobé de mystère. Lorsqu'en 1854, X. F. s'avise de publier *Rêves*, il essuie en retour cet article dans *La Revue de la Côte d'Or* : « Au moment où nous mettons sous presse, nous apprenons que M. le Directeur de la Grande Chartreuse (asile d'aliénés près de Dijon) vient d'envoyer deux de ses aides à la poursuite d'un de ses malades récemment échappé [...]. SIGNALEMENT : Taille moyenne, cheveux à la mal content, front déprimé, yeux incertains, nez long, teint maladif, chapeau grotesque, manteau idem, pantalon idem, bottes idem, canne idem. Signe particulier : fêlure au cerveau. » Puis à la suite d'un des nombreux procès que l'Homme noir blanc de visage intenta (dont l'un à l'une de ses compagnes qu'il accusa d'avoir voulu l'empoisonner ; un autre à sa mère dont il mettait en doute la raison, lui supposant une volonté de le spolier), un autre journal, après avoir supposément brûlé les œuvres de l'auteur, en envoyait les cendres à fin d'analyses, et publiait le compte rendu suivant : « Messieurs, les cendres que vous nous avez fait l'honneur de nous adresser contiennent les substances suivantes :

Imagination	1 scrupule
Galimatias	2 kg 3 hl
Absence	1 grain
Cauchemars	5 kg
Noir animal	1 myriagramme
Esprit	0 "

C'est toute sa vie durant (ou presque) que X. F. défraya la chronique de Beaune, sa ville natale, à destination de laquelle sans doute il écrivit cet aphorisme : « Une petite ville est un gros trou, [...] et ses grandes idées un petit rat » ; et, toute sa vie durant (ou presque), il se ruina à Paris, à Dijon en cherchant à devenir un Homme de Lettres reconnu, c'est-à-dire, pour l'époque, un dramaturge joué. En 1859, Charles Monselet, enfin, immortalise X. F. dans *Le Figaro** et par là rappelle les frasques qui lancent l'Homme noir dans la légende littéraire : « [...] il aimait le velours, les manteaux ; il portait un chapeau d'une forme particulière et une canne* blanche et noire. On racontait de lui des choses étranges : qu'il habitait une tour gothique où il jouait du violon toute la nuit [...]. » Mais la véritable provocation de ce frénétique, ce sont ses livres aux titres énigmatiques : *Sans titre*, suivi de *Encore un an de Sans titre* ; *Vapeurs ni vers ni prose*, aux liminaires, quand il ne s'agit pas d'*Après-fin*, hermétiques et transparents : « Par bonheur, pas toujours/mais penser c'est frémir » ; à la recherche typographique extrêmement raffinée : pages imprimées uniquement au verso, ou poème en rouge, à l'enseigne d'éditeur fantaisiste : « Prix 0/Aucun éditeur, rue du Vouloir n°... » (pour *Broussailles de la pensée*) ; à la réclame insolente : « Le nouvel ouvrage de M. Xavier Forneret n'est livré qu'aux personnes qui envoient leur nom à l'imprimeur, M. Duverger, rue de Verneuil, et après examen de leur demande par l'auteur » ; mais surtout, surtout ces livres où il invente le poème aphorisme : ni pure poésie (il en écrit par ailleurs), ni vraiment prose mais incertaine fusion... Fusion transfigurée par l'usage permanent d'une rhétorique symbolique : majuscule, recours à l'allégorie, à la comparaison de termes éloignés qui ont pour tâches de densifier, de dramatiser ou de faire résonner ce poème-aphorisme telle une vérité première dévoilée par l'esprit frémissant du poète. La vapeur nocturne exhale alors son fumet d'étrange, d'excentrique, de bizarre ou de merveilleux : « Les murs du Paradis sont en cœur de femmes ; c'est le bonbon que suce Dieu* » ; « Les minutes d'Hôtel sont les ailes sans l'oiseau » ; « La bouteille éclate, — le Vin coule ; — le Crime naît, et l'Amour vient »...

FOUCHÉ (Joseph — 1759-1820)

MIEUX QUE TALLEYRAND*, il incarne l'habileté politique mais il a, sur le Prince de Bénévent, l'avantage ambigu d'être allé au charbon. Fouché a beaucoup de sang sur les mains. Et lorsque Napoléon* reprochera à l'ancien prêtre d'avoir voté la mort du roi, il répondra avec ce cynisme qui lui va bien : « C'est le premier service que j'ai rendu à votre Majesté. » Tout le monde se méfiera de lui, jusqu'à Robespierre* (dont il aurait voulu épouser la sœur) qui adressera à la Convention un discours véhément contre le bourreau de Lyon et du Pays nantais : « Je commence par déclarer que l'individu Fouché ne m'intéresse nullement... » Il passera donc dans le camp des Thermidoriens puis jouera contre eux. Il servira ensuite le Directoire tout en faisant des avances au futur Louis XVIII. Il manigancera contre le tout frais empereur qui le disgraciera deux fois puis le rappellera, car Fouché est un homme de réseaux et d'influence. Tout en pourchassant mollement les royalistes (ce sera toujours sa tactique pour ne pas compromettre son avenir), il ménagera si bien ses arrières que Louis XVIII, aussitôt sur le trône, l'appellera au ministère de la Police. Mais Fouché finira par se prendre les pieds dans l'écheveau de ses retournements : en janvier 1816, il est banni pour avoir montré peu de zèle à persécuter ses anciens amis. D'aucuns assurent qu'il est resté jusqu'au bout un Jacobin convaincu (son amitié active pour Babeuf en serait le témoignage). Et en bon contempteur des nantis, il accumula un énorme magot.

FOUQUET (Nicolas — 1615-1680 ?)

Louis XIV voulut la peau de cet écureuil (c'était son emblème) dont la devise était *Quo non ascendo*. Aussi grimpa-t-il jusqu'en haut — la surintendance — et tomba-t-il jusqu'en bas — la forteresse de Pignerol, où il survécut vingt années et voisina avec Lauzun* auquel il causait par un trou façonné dans le mur. Le munificent donna une fête splendide en son château de Vaux (cent douzaines d'assiettes d'argent, un service en or massif...) qui exaspéra le royal soleil levant dont la jeunesse pauvre s'indignait de tant de luxe. Le bourgeois fut la pâture d'un autre bourgeois ascendant, Colbert, qui organisa sa perte malgré les protections et les éloges de tout ce que le royaume comptait de brillant. Son procès, fondé sur des pièces trafiquées et des pressions de témoins, répondait au tripotage plus ou moins correct de fonds publics ; il dura trois bonnes années. Le roi voulait sa mort, le tribunal son bannissement : il écopa — une première — de la prison à vie. Grand connaisseur des secrets d'État, le marquis de Belle-Île fut identifié au Masque de fer, ce qui n'est pas glorieux pour un homme aussi argenté.

FOURIER (François Marie Charles — 1772-1837)

« Le seul de vous qui ait le sens commun, c'est un fou, un grand génie, un imbécile, un divin poète bien au-dessus de Lamartine* de Hugo* et de Byron ; c'est Charles Fourier le phalanstérien qui est à lui seul tout cela : lui seul a eu de la logique, et a l'audace de pousser ses conséquences jusqu'au bout. — Il affirme, sans hésiter, que les hommes ne tarderaient pas à avoir une queue de quinze pieds de long avec un œil au bout... » Lorsque paraît *Mademoiselle de Maupin*

(1836), en préface de quoi on trouve cet éloge de Fourier, l'utopiste achève sa petite vie de caissier parisien aux habitudes horlogères (il est né à Besançon), peu en harmonie avec les échafaudages chimériques de son esprit — c'est le cas de le dire puisque Fourier conjecture le devenir du monde à partir de « l'harmonie mesurée » des douze passions primitives (dont il nomme les trois dernières, la Cabaliste, la Papillonne, la Composite). Au débouché de savants calculs, ces « moteurs » se fondent en une treizième et ultime passion « pivotale », *l'unitéisme*, qui rend l'homme apte à la vie sociale idéale, d'autant plus parfaite que l'expansion des passions n'est jamais négative (*Traité de l'association domestique et agricole*, 1822). Cette sorte de numérologie spéculative, on la retrouve dans l'édification du système phalanstérien, imaginé (hasard ?) en pleine Révolution pour « mettre le genre humain en attraction industrielle ». S'opposant radicalement à la condamnation biblique : « Tu gagneras ton pain à la sueur de ton front », Fourier rêve un monde où l'homme prendrait plaisir au travail... C'est pourquoi le premier phalanstère, organisé en Roumanie en 1844, fut frappé d'interdiction pour son « esprit d'insurrection français » !

FRANC-MAÇON

O BSESSION occidentale du complot, de la corruption et de l'entrisme.

Voir Juif.

FRONDER

D E FRONDE, engin souple et léger qui sert à lancer des pierres. Lors des troubles qui émaillèrent la minorité de Louis XIV, le Parlement en révolte, soutenu par la faction noble hostile à Mazarin*, fut comparé aux gamins de Paris qui s'amusaient à la fronde dans les fossés de la Capitale.

FUTURISME

L E 20 FÉVRIER 1909, coup de semence à la une (!) du *Figaro** : F. T. Marinetti, ce d'Annunzio plus héraldique que nature, expose les principes batailleurs de son *Manifeste du Futurisme* :

> « 1. Nous voulons chanter l'amour du danger, l'habitude de l'énergie et de la témérité. [...]
> 4. Nous déclarons que la splendeur du monde s'est enrichie d'une beauté nouvelle : la beauté de la vitesse. Une automobile de course avec son coffre orné de gros tuyaux tels des serpents à l'haleine explosive... une automobile rugissante, qui a l'air de courir sur de la mitraille, est plus belle que la *Victoire de Samothrace*. [...] »

Ou encore, plus provocateur :

> « 9. Nous voulons glorifier la guerre, — seule hygiène du monde — le militarisme, le patriotisme, le geste destructeur des anarchistes, les belles Idées qui tuent, et le mépris de la femme [...]
> Viennent donc les bons incendiaires aux doigts carbonisés !... Les voici !... Et boutez donc le feu aux rayons des bibliothèques ! Détournez le cours des canaux pour inonder les caveaux des musées ! Oh ! Qu'elles nagent à la dérive, les toiles glorieuses !... À vous les pioches et les marteaux !... Sapez les fondements des villes vénérables ! »

Habile comme aucun autre dans l'art de la réclame, Marinetti a pris soin de faire précéder le *Manifeste* par une présentation rédigée dans un style héroïco-lyrique qui tranche avec la rudesse des mots d'ordre : « Nous avions veillé toute la nuit, mes amis et moi, sous des lampes de mosquée dont les coupoles de cuivre aussi ajourées que notre âme avaient pourtant des cœurs électriques [...]. » Sous l'enseigne de la revue *Poesia*, dont il était le *direttore*, Marinetti, dès le début du mois de février 1909, avait préparé le terrain en adressant à l'intelligentsia européenne ce même *Manifeste*, en demandant un jugement et une « adhésion totale ou partielle » : en France, les réponses oscillèrent souvent entre amusement et agacement ; Jules Romains, par exemple : « À quel groupe encore n'ai-je pas voué mon exclusif amour ? J'attends avec impatience que mon ami Canudo fonde l'*École Tragiste*, que Mme Hélène Picard fonde le *Vulvisme* pour m'en déclarer le tenant [...]. Je déplore que le *Pragmatisme*, l'*Unanimisme*, l'*Électromagnétisme* ne soient pas des écoles. J'en serais l'élève depuis longtemps [...]. Oui, mon cher poète, soyons *Futuristes* ; brûlons, démolissons, renversons les villes, puisque c'est là votre programme littéraire. À ce propos, ne trouvez-vous pas que le Tremblement de Terre de décembre dernier a fait un acte non équivoque de *Futurisme* ? » Jacques Copeau, lui, prenant l'affaire plus au sérieux, réplique dans la *NRF* d'août 1909 et s'insurge contre la personnalité grandiloquente de Marinetti : « Il n'y a pas à réfuter les idées de qui ne pense pas. L'agitation de M. F. T. Marinetti n'atteste qu'une grande indigence de réflexion ou une grande soif de réclame. De deux choses, l'une : ou ce jeune poète est sincère et nous lui devons une pitié souriante, ou il se gausse et nous éprouvons comme un devoir l'obligation de faire le silence sur son indécente mystification. Assez de naïfs s'indigneront de ses vaines menaces, assez de complaisants flagorneront sa fausse énergie. » Il en faudrait davantage pour décourager la frénésie futuriste avide de manifestes en tous genres ; aucun territoire ne sera épargné — poésie, peinture, musique, cinéma, danse, photographie : « C'est le dynamisme de notre conscience élastique entièrement réalisé. Le moi intégral chanté, peint, sculpté indéfiniment dans son perpétuel devenir », écrit encore Marinetti qui reçoit à Paris le soutien inconditionnel d'Apollinaire*, toujours sur la brèche de la nouveauté radicale. En mars 1914, le père du futurisme fait paraître *Zang Toumb Toumb*, composition motlibriste, chant typographique d'une guerre qui, par ailleurs, ne tardera pas. S'en suivront quelques confusions entre art et politique...

GALOIS (Évariste — 1811-1832)

C OURBE EXCEPTIONNELLE — exceptionnellement brève — que la vie d'Évariste Galois, mathématicien surdoué, républicain fervent, provocateur élégant et fièrement solitaire, farouchement fidèle à ses convictions, comme il l'écrivit au seul ami de sa courte carrière : « Il me manque pour être savant, de n'être que cela. Le cœur chez moi s'est révolté contre la tête ; je n'ajoute pas comme toi : c'est bien dommage. » Né en

1811 d'un père maire de Bourg-la-Reine (qui se suicidera suite à une cabale menée par le curé), le jeune Évariste connaît l'illumination des mathématiques à l'âge de quinze ans alors qu'il est élève du Collège Louis-le-Grand. Il semble s'ennuyer bien vite de l'enseignement de ses professeurs et décide de se présenter seul au concours de Polytechnique. Échec prévisible. Il y revient l'année suivante, préparé cette fois-ci, et à la stupeur de tous échoue une nouvelle fois bien qu'il ait déjà présenté un article aux très sérieuses *Annales des mathématiques* et soumis un mémoire à l'Académie des Sciences... qui fut égaré. Il opta donc en 1829 pour l'École Normale, bastion rigoriste : prière deux fois par jour et confession tous les deux mois. Ce joug sous lequel ployaient les gentils étudiants, qui n'étaient pas là pour se former une conscience politique mais préparer un avenir de fonctionnaires obéissants, contribua-t-il à l'inscription d'Évariste Galois à la Société des Amis du peuple ? On peut le supposer, d'autant mieux qu'il fut le seul et ne manqua pas bientôt de contester le directeur de l'École, libéral bon teint dévoué à la cause de Louis-Philippe : « Il est si beau d'appartenir au régime de l'École qui a produit MM. Cousin et Guigniault. Tout en lui annonce les idées les plus étroites et la routine la plus complète. » (*La Gazette des Écoles*.) Il s'agissait de fustiger l'attitude dudit directeur lors des journées de juillet 1830 et l'article signé par « un élève de l'École Normale » connut bientôt sa réplique : après qu'une quinzaine d'élèves eurent assuré le directeur de leur « reconnaissance pour la manière aussi noble dont il a défendu nos intérêts, pendant tout le cours de son administration, et dans les moments les plus critiques pour l'École », le jeune génie est promptement exclu, privé de la sorte de ses moyens de subsistance. Qu'à cela ne tienne ! Évariste Galois ouvre « un cours public d'algèbre supérieur ». Le 9 mai 1831, pour fêter l'acquittement des artilleurs de la garde nationale, un banquet fut organisé par la Société des Amis du Peuple, Alexandre Dumas* (qui filera par la fenêtre) siégeait à la table d'honneur. On toasta pas mal. Levant d'une main, un verre ; de l'autre un couteau, Galois déclara : « À Louis-Philippe, s'il trahit ! » Grand désordre. Dès le lendemain, il est arrêté et conduit à la prison de Sainte-Pélagie (Nerval l'y croisera une nuit) : il y consumera sur plusieurs mois son passage à la vingtième de ses années. Au cours de son procès, ses réponses furent aussi nobles qu'insolentes :

> « — Je voulais provoquer à une pareille action dans le cas où Louis-Philippe trahirait, c'est-à-dire dans le cas où il sortirait de la légalité pour resserrer les liens du peuple.
> « — Comment concevez-vous cet abandon de la légalité de la part du roi ?
> « — Tout nous engage à porter nos prévisions jusque là.
> « — Expliquez votre pensée.
> « — Je veux dire que la marche du gouvernement peut le faire supposer, sans torturer beaucoup le sens, que Louis-Philippe pourra trahir un jour.
> — Vous supposez donc dans l'esprit et les intentions du roi une mauvaise foi calculée ?
> — Oui, monsieur le Président. »

On l'acquitta cependant. Allait-il pouvoir enfin développer ses théories sur la résolution des équations algébriques ? La mort, par la femme, veillait : une soubrette quelconque entraîna un duel avec un ancien ami patriote. La veille, il travailla à son mémoire de mathématiques qu'il accompagna de cette note : « Il y a quelque chose à compléter dans cette démonstration. Je n'ai pas le temps. » Il laissa également trois lettres dont celle-ci — *À tous les républicains* —, d'une puissante dignité :

> « Je prie les patriotes mes amis de ne pas me reprocher de mourir autrement que pour le pays. [...]
> Adieu ! j'avais bien de la vie pour le bien public.
> Pardon pour ceux qui m'ont tué, ils sont de bonne foi. »

GANDIN

C'EST à Théodore Barrière, illustre dramaturge du XIXe siècle qui se battit en duel avec le critique Monselet, que l'on doit l'heureuse destinée de ce mot. Dans sa pièce à succès, *Les Parisiens de la décadence* (1855), il affuble de ce nom l'un de ses personnages qui caractérise un nigaud ridiculement élégant. Sans doute le terme vient-il du patois dauphinois. Sans doute fit-il le détour par le boulevard de Gand (notre actuel boulevard des Italiens) où les mondains d'alors se donnaient rendez-vous : « Ils ont de larges chapeaux hauts de forme gris ou jaunes et portent des pantalons comme les sans-culottes. » (Héron de Villefosse, *Histoire de Paris.*) Les Goncourt* fustigeront aussitôt cette « génération de gandins ».

GANT

S'IL VIENT du francisque *want*, il désignait alors les moufles. Nos anciens Francs y attachaient une telle importance qu'on en offrait une paire lorsqu'un seigneur remettait une terre entre les mains d'un affidé : c'est un usage qui dura mais, au Moyen Âge, ce fut le vassal qui donnait un gant à son suzerain pour gage de reconnaissance d'une tenure. Le tombeau du pharaon Toutankhamon prouva que l'attrait pour la chose ne date pas d'hier puisqu'on y retrouva une paire de gants d'écaille, sans doute destinée au tir à l'arc. Chez les dandys, cette partie de la vêture était l'objet d'un soin particulier : ainsi Beau Brummell portait-il (à ce que veut la légende) « des gants qui moulaient ses mains comme une mousseline mouillée. Mais le dandysme* n'était pas dans la perfection de ces gants qui prenaient le contour des ongles, comme la chair le prend, c'était qu'ils eussent été faits par quatre artistes spéciaux, trois pour la main et un pour le pouce ». Et Nadar, décrivant sa rencontre avec le jeune Baudelaire* au Jardin du Luxembourg, note ceci : « À la main, gantée de rose pâle — je dis de "rose"... » (Couleur du remède : « Beaucoup d'amis, beaucoup de gants. — De peur de la gale. » *Mon Cœur mis à nu.*)
Du côté des expressions : « Perdre ses gants » fut un temps la belle manière d'évoquer la virginité disparue d'une jeune fille ; « jeter son gant », pour un chevalier attestait le défi, la provocation ; « prendre des gants », c'est ce que ne fit pas Charles X lors de son sacre*, recevant l'hommage du pair Chateaubriand* ; « mettre les gants », suffit à résumer la vie d'Arthur Cravan*.

GASTRONOMIE

D E TOUJOURS les hommes ajustèrent leur ventre à l'air du temps. Villon* qui le dit au *Testament* —

> « [...] les autres mendient tout nus
> Et pain ne voient qu'aux fenêtres... » —

fait de son œuvre un long menu des jeûnes endurés par ceux que le destin confronte trop souvent aux appels glougloutants de l'intestin. Narquois, il illustre subséquemment le défaut de « repues franches » en invoquant le premier grand officier de bouche du royaume — Taillevent, cuisinier de Charles V et auteur d'une bible culinaire : *Le Viandier* (on se régalait alors de la chair vaseuse du héron !). Les premiers temps de La Renaissance apportant — comme bien on panse — une ère de prospérité, on ne songe plus qu'à outrepasser le raffinement des tables princières en des bâfreries interminables dont Rabelais* se fera l'échotier. Il gavera la littérature de l'époque nouvelle jusqu'à la nausée, introduisant même le culte de Maître Gaster et de ses Gastrolâtres, au *Quart Livre*, comme si le Moyen Âge n'avait été qu'un interminable carême dont on rompait le cours pendant que d'autres contestaient la férule de l'Église, ordonnatrice de privations rituelles et saintes aux dépens exclusifs des ouailles — les moines replets et paillards, les évêques rassasiés tenant telle réputation bien avant le coquin Abstracteur de Quintessence. Le siècle XVIIᵉ s'opiniâtra aux choses de la table et commença à porter haut les couleurs de l'art culinaire et de son étiquette (on songe là à Vatel — chef de gueule de Fouquet* puis de Condé — se passant sa broche à rôtir dans le cœur, faute d'avoir reçu à temps la marée). Mais ce passe-temps était encore le domaine réservé des puissants et de leurs venaisons ; ainsi Boileau*, dans la IIIᵉ *Satire*, ricana-t-il à l'envi des bourgeois singeant la gourmandise des Grands : c'est le comique repas chez un fâcheux, où est attesté, déjà, que la bombance donne au Français des opinions affermies sur les destinées publiques :

> « Le vin au plus muet fournissant des paroles,
> Chacun a débité ses maximes frivoles,
> Réglé les intérêts de chaque potentat,
> Corrigé la police, et réformé l'État... »

La Révolution mit sur le pavé les maîtres-queux de l'aristocratie qui avaient atteint, aux fourneaux des hôtels particuliers, les sommets du raffinement, baptisant du nom de leurs maîtres quelques merveilles alimentaires : Soubise, Praslin, Richelieu, ou encore Contades à qui l'on doit le premier foie gras d'Alsace. Nombre d'entre eux, pour survivre, ouvrirent alors des restaurants. Ceux-ci fleurirent dès l'aube du XIXᵉ siècle, flanqués des pensées gastronomiques de Brillat-Savarin (1755-1826) et Grimod de la Reynière (1758-1837) — dépositaires de la grande tradition de la Table qu'ils honorent, l'un dans la *Physiologie du goût,* l'autre dans le *Manuel des Amphitryons* — pour ne citer que leurs plus célèbres ouvrages, héritiers de maints traités savoureux. Le restaurant, donc, devint vite l'*axis mundi* de la vie sociale, à Paris comme en province. Il s'en ouvrit pour toutes les bourses, pour tous les tempéraments, et selon son humeur, le désir que l'on avait de côtoyer un tel, ou le caprice stomacal d'un soir, on allait *Au Rocher de Cancale* (si l'on aimait les huîtres), chez *Carême* (pour son turbot et ses pâtisseries), aux *Frères Provenceaux* (maître ès-bouilla-baisse), chez *Very* (et ses mille manières d'accommoder le veau de Pontoise) ... On se répartissait aussi bien par catégorie d'intérêts et, la mode aidant, les étudiants investirent le *Café Turc,* les élégants *Beauvilliers,* les généraux d'empire le *Café Riche...* Ces bons endroits faisaient les délices des gens de plume qui s'y retrouvaient pour ripailler et discuter à perte de vue — ce dont témoignent leurs œuvres : romans (de Balzac* à Zola*), journaux intimes (de Stendhal* aux Goncourt*), essais plus ou moins dandies (Barbey*, Huysmans*) qui résonnent de toasts portés et de bruits de fourchettes. Dans Paris assiégé, en 1870, il se trouva quelques belles tables pour rassasier encore — grâce aux zoos — les appétits raffinés ; et pendant que la populace poursuivait les rats, les gastronomes dévoraient un ragoût de girafe ou une trompe d'éléphant en ravigotte, agrémentés des plus fameux bordeaux. Mais la fréquentation des lieux restaurateurs comportait, outre l'embonpoint, quelques risques : le conventionnel Le Peletier de Saint-Fargeau y fut assassiné pendant qu'il déjeunait, Jean Jaurès* pendant qu'il soupait.

GAUGUIN (Paul — 1848-1903)

C ET ÉCRIVAIN MAJEUR du XIXᵉ siècle (*Noa Noa, Avant et après, Racontars de rapin*) modela le concept de dandy-sauvage, à l'image d'Oviri, la sanglante statuette. En 1901, déjà très malade — le cœur fatigué, les jambes rongées par l'eczéma — il installe sa case sur l'île de Fatu-Hiva, plus épris d'indépendance que jamais. Là, il donnera davantage encore libre cours au double sauvage qui toute sa vie le hanta : sa révolte contre la bêtise, la fausse pruderie, les vices cachés, les vexations infligées aux Marquisiens par les fonction-naires coloniaux et les missionnaires s'exacerbe ; Koke (nom donné par les Maoris à Gauguin), muni de son code civil, arpente les plages odorantes de Fatu-Hiva et encourage les Marquisiens à ne pas envoyer leurs enfants à l'école catholique (le nombre des élèves chute de trois cents à soixante-dix), à l'exemple de sa vahiné de quinze ans, Marie-Rose Vaeho, qu'il épouse en 1901 ; il les incite à refuser de payer des impôts sur des routes imaginaires et rédige une pétition ; dans le jardin qui entoure sa « Maison du jouir », il plante deux sculptures : la première intitulé « Père Paillard » figure Monseigneur Martin pourvu d'une paire de cornes, tandis que la seconde représente « Sainte Thérèse », du nom de la bonne qui passait pour la maîtresse du prélat... Les Autorités s'énervent et font comparaître « ce mauvais Français de basse qualité » pour diffamation à l'encontre du brigadier Guicheney. Avant le pourvoi — qui n'aura pas lieu pour cause de décès de l'inculpé —, Gauguin se voit condamner à trois mois de prison ferme et cinq cents francs d'amende : « toutes ces préoccupations me tuent », écrit-il dans sa dernière lettre. On épluchera plus tard les relevés de la SCO (Société Commerciale de l'Océanie) qui gérait la misère du dandy-sauvage : « Or les comptes de la SCO nous le montrent dépensant par an une moyenne de 5 500 francs or, et cela alors qu'il vit seul, sans charges de famille, dans un des endroits du monde où les tentations et les besoins sont réduits au minimum ». Mais le pire est à venir : « Voici les commandes de boissons alcoolisées achetées par lui à la succursale d'Atuona de la Société Commerciale :

En 1901 (trois mois et demi) : vin rouge, 134 litres et demi ; absinthe, 12 litres ; rhum, 35 litres [...]

En 1903, enfin (quatre mois) : vin rouge, 202 litres ; absinthe, 10 litres ; rhum, 10 litres ; alcool non spécifié, 5 litres ; bière, 80 bouteilles.

On reste étonné devant cette grande consommation représentant en vins et spiritueux », poursuit notre comptable, « en 1902, un quart de litre d'alcool pur à 100° ; en 1903, un tiers de litre, soit l'équivalent de plus d'un demi-litre quotidien de cognac. S'attaquant à un organisme fatigué, cet abus d'alcool a dû hater la fin de l'artiste », conclut, magnanime, le perspicace.

GAUTIER (Théophile, dit Théo, le bon Théo, l'Éléphant — 1811-1872)

POUR AVOIR TENTÉ de se jeter par la fenêtre (après s'être fait précéder de ses jouets) à l'âge de cinq ans, lâché le pinceau pour la plume, osé classer Villon* (dans ses *Grotesques*, 1834) parmi les poètes « du second ordre », ricané de la camarde (dans *La Comédie de la Mort*, 1838), aimé Carlotta Grisi mais fait deux enfants à sa sœur Ernesta, écrit un poème sur la main de Lacenaire*, envoyé à La Présidente* maints billets, lettres et poèmes cochons, accepté la Légion d'honneur, reçu une pension de Napoléon III, tenté par trois fois (mais en vain) d'obtenir son fauteuil à l'Académie*, ledit Gautier est condamné à figurer en bonne place dans ce *Portatif*.

GAVROCHE

C'EST la version littéraire du galopin malicieux des trottoirs de Paris, grâce à Victor Hugo*. Le fils de Thénardier, qui apparaît aussi bien comme le propre fils idéal du romancier, incarne la liberté même, l'intelligence, la générosité et l'héroïsme sentimental du peuple ! Du coup, la mort inévitable du jeune gouailleur est l'une des pages anthologiques des *Misérables* (... « le nez dans le ruisseau, c'est la faute à Rousseau* »). Évidemment, de Richepin à Rictus, de Daumier* à Poulbot, le petit coureur des rues se verra croquer sous les traits moins vertueux du vernaculaire Titi : garnement effronté et roublard — bref,

« corrompu pour ainsi dire à la mamelle » pour reprendre la définition d'Eugène Sue à propos de Tortillard, « son » Gavroche des *Mystères de Paris*.

GENÈVE

CE CHEF-LIEU de canton portuaire n'a pas toujours été le symbole de la tranquillité. République ascétique du calvinisme et du moralisme rousseauiste, sa comparution dans *L'Encyclopédie** des Lumières fera scandale. Il faut avouer que d'Alembert — l'auteur de l'outrage — s'autorise à lui conseiller le libre exercice du théâtre : pour une cité aussi respectable, cela revient à introduire le diable dans ses murs, puisqu'il est entendu que les spectacles provoquent, consubstantiellement, « le goût de la parure, de dissipation et de libertinage que les troupes de comédiens* répandent parmi la jeunesse ». En France, cette même année 1757, la corporation comédienne est tout juste tolérée et n'a pas droit à l'inhumation en terre consacrée. Devant cette suggestion (« Une petite république aurait la gloire d'avoir réformé l'Europe sur ce point »), les pasteurs s'indignent et protestent hautement. Rousseau* expédie une missive à d'Alembert où il réitère les oppositions morales de sa bonne ville, à propos de Molière* : « Il fait rire, il est vrai, et n'en devient que plus coupable, en forçant, par un charme invincible, les sages même de se prêter à des railleries qui devraient attirer leur indignation. » Le Conseil d'État en profite pour révoquer le privilège d'imprimerie accordé à *L'Encyclopédie*, le 8 mars 1759. Lassé par cette polémique, la cheville ouvrière du *Dictionnaire raisonné* passe la main à Diderot*, qui achèvera le travail.

GIDE (André — 1869)

MAIRE de La Roque-Baignard (Calvados), fondateur de revues (dont la *N.R.F.*), juré de Cour d'assises et voyageur parfois repentant (Algérie, Tunisie, Allemagne, Italie, etc.). Pour lui, « Je » n'est pas un autre, malgré l'ultime conseil de son maître Oscar Wilde : « Mais, dear, promettez-moi : maintenant n'écrivez plus jamais JE. » Tandis que le neveu du dandy déchu, Arthur Cravan*, le voyait ainsi : « Son ossature n'a rien de remarquable ; ses mains sont celles d'un fainéant, très blanches, ma foi ! Dans l'ensemble c'est une toute petite nature. M. Gide doit peser dans les 55 kilos et mesurer 1,65 m. environ. Sa marche trahit un prosateur *qui ne pourra jamais faire un vers.* »

GIL BLAS

TYPE DU VALET faussement naïf — que mettra à la mode espagnole *La Vie de Lazare de Tormès* (1554) —, le héros de Lesage incarne le genre picaresque français par sa façon légère et optimiste de traverser les mondes, d'en révéler les travers (ruses, filouteries, tics, amoralités...), pour finalement s'établir dans la peau d'un honnête bourgeois. Parce qu'ayant servi tous les maîtres, Gil Blas de Santillane s'impose comme un être libre ; c'est sans doute pourquoi Auguste Dumont titra le journal qu'il lança, en 1879, du nom de l'aventurier. Le *Gil Blas* vivra à peine plus d'années que Lesage n'en mit à peaufiner les quatre tomes de son roman — 32 ans (de 1715 à 1747). Parmi les nombreux collaborateurs, le directeur recruta d'illustres plumes : Barbey*, Maupassant, Mendès, Rochefort*, Vallès, Villiers*... Le succès de ce périodique « blagueur », littéraire et mondain, tenait en partie aux échos organisant la rumeur : ruses, filouteries, tics, amoralités des mondes parisiens.

GLOIRE

ÊTRE CONNU de ceux qu'on ne voudrait pas connaître. » (Nathalie Barney.) Ou encore : « Sa gloire passera, les navets resteront. » (Rivarol*, à propos des *Jardins*, de l'abbé Delille.)

GOBINEAU (Joseph Arthur de — 1816-1882)

DE COURONNE COMTALE, il ne sera besoin que pour les nécessités du mariage et de la carrière diplomatique — bien que le prochain chef de cabinet de Tocqueville (nommé ministre des Affaires étrangères en 1849) soit de bonne naissance, mais pauvre et d'une famille fort instable. L'histoire des idées l'emportant sur la littérature, ce furent ses extravagances eugéniques déguisées en théorèmes scientifico-mystiques qui lui assurèrent — hélas ! — une durable notoriété : les 860 pages de l'*Essai sur l'inégalité des races humaines*. Ce monstrueux pavé, écrit entre 1850 et 1854, est avant tout le réceptacle épique d'une boulimie de connaissances plus ou moins fiables, tournoyant autour de la certitude que le métissage est la promesse prochaine de la disparition des hommes — sauf au ressaisissement rapide de la race blanche, seule apte à gouverner le bien de l'humanité, et, parmi ces Blancs, l'Arian est le morceau de choix : « L'Arian est donc supérieur aux autres hommes, principalement dans la mesure de son intelligence et de son énergie... » Mais le ressort principal qui meut Gobineau (outre les mésaventures conjugales endurées dans sa jeunesse et qui lui donnèrent tôt le goût de l'ordre monarchique, version féodale), c'est la haine de la démocratie alliée à un pessimisme natif : « L'homme est un animal méchant par excellence. » N'empêche que *Les Pléïades*, les *Nouvelles asiatiques* ou même la romantique *Mademoiselle Irnois* assurent au père du regrettable « gobinisme » une place honorable dans la littérature.

GONCOURT (LES) (Edmond — 1822-1896 & Jules — 1830-1870)

CETTE COUPLE constituée d'un prochain veuf acariâtre (Edmond) et d'un ex-quadragénaire vindicatif et souffreteux (Jules) partage son goût japonisant et naturaliste tout autant que sa bonne (Rose, qui servit de modèle à *Germinie Lacerteux*, 1862). Maintes illustrations de « l'Écriture artiste », chère aux duettistes, encombrent ce *Portatif*, et témoignent de la fraternelle dilection pour l'assassinat journalier considéré comme la plus noble preuve de l'amitié. Alphonse Daudet — presque seul — échappe à cet exercice, chez qui et sur qui le vieil Edmond gâtifie (jusqu'à en mourir), tout en rêvant d'inscrire annuellement son nom sur un bandeau de gloire — supposé couronner « le meilleur volume d'imagination en prose »...

GRANDGOUSIER & GARGAMELLE, GARGANTUA & BADEBEC, PANTAGRUEL

QUINTETTE DE GÉANTS et famille régnant sur les Dipsodes (les Assoiffés) et autres Utopiens. Son histoire est narrée par Rabelais* qui tira les noms des trois premiers héros, en les déformant parfois, de la continuation populaire des aventures burlesques de la Table ronde et, notamment, des *Grandes et inestimables croniques du grand et énorme géant Gargantua*, paru à Lyon en 1532, lors d'une exceptionnelle sécheresse. C'est ainsi que Gargantua (« Que grand tu as ! — *supple* le gousier »), naissant par l'oreille gauche de Gargamelle, « ne cria comme les aultres enfans : "Mies ! Mies !", mais à haulte voix s'escrioit : "À boyre ! à boyre ! à boyre !", comme invitant tout le monde à boyre ». Formidables baffreurs, buveurs, pisseurs et batailleurs, ces joyeux compagnons forment la cohorte d'une manière d'ultime carnaval héroïco-comique par quoi s'éteint le Moyen Âge ; et la quête de la Dive Bouteille est un décalque dérisoire de celle du Graal. Pantagruel, éduqué selon les préceptes de l'humanisme naissant, garde pourtant, à l'aube des premières guerres de religion, le goût de la fête, celui de l'aventure et, par-dessus tout, la passion salutaire de l'irrévérence.

GUERRE

REMUEMENT de piétaille, valetaille, victuailles, bordels de campagne et autres charrois. Le Français, né guerrier paraît-il, s'y adonna avec plus ou moins de bonheur tout au long de sa vieille histoire... Guerre folle (1485) ; Guerres d'Italie (1494-1559) ; Guerres de Religion (1562-1598) ; Guerre de Trente Ans (1618-1648) ; Guerre de Dévolution (1667-1668) ; Guerre de Dix ans (1686-1697) ; Guerre de Succession d'Espagne (1702-1714) ; Guerre de Succession d'Autriche (1740-1748) ; Guerre de Sept Ans (1756-1763) ; Guerres révolutionnaires (1792-1800) ; Guerres napoléoniennes (1804-1815) ; Guerres de conquêtes, à partir de 1830 (Algérie, Tonkin, Cochinchine, Madagascar...) ; Guerre de Crimée (1854-1855) ; Guerre d'Italie (1859) ; Guerre du Mexique (1863-

1867) ; Guerre de 70 ; La Grande Guerre (1914...), fermement dénommée la Der des der...

Accessoirement : Guerre en dentelles, Guerre en jupon, Guerre d'usure, Guerre de position, Guerre éclair, Guerre sainte...

GUEUX

« ALLEZ, allez, dans la terre
J'tez vot'blé ! Mais quel guignon*
Faudra m'couper mon quignon [1]
Sans vot'pain d'propriétaire.

      Qui qu'est gueux ?
      C'est-il nous
      Ou ben ceux
      Qu'a des sous ?

Allez, allez fait'vot'meule !
Moi, c't hiver j'y f'rai mon pieu,
Et p't'-êt'que j'y foutrai l'feu
En allumant mon brûl'-gueule. »

Jean Richepin
La Chanson des gueux

1. C'est sans doute par défi que le mot procède (selon Larousse) du latin *coquus* — cuisinier. Avec, peut-être le sens de marauder vers les offices à la recherche d'un quignon, ainsi qu'on peut l'entendre dans cet exemple saint-simoniste : « Montchevreuil était gueux comme un rat d'église » ! ou encore, dans la langue populaire, « Gueuser son pain ».

GUIGNOL

À L'ORIGINE, sorte de *Canard enchaîné** lyonnais, né du chômage d'un canut pendant la Révolution : Laurent Mourguet (1769-1844). Lassé des pitreries de Polichinelle, et ayant usé les ficelles de la farce à l'italienne, l'ancien ouvrier, un temps reconverti dans l'arrachage de dents, s'adonna à la marionnette à main et inventa premièrement le personnage de Gnafron — grande gueule cordonnière et avinée. Il lui créa un compère — Guignol (à l'origine nominale incertaine) — qui se fit l'écho des mécontentements, revendications, sarcasmes et autres plaisanteries lestes qui couraient les quartiers populaires, entre Saône et Rhône. Sous le Second Empire, le fondateur ayant passé la main, un certain Victor-Napoléon Vuillerme-Dunand amplifia tellement la satire sociale que les textes, souvent improvisés jusque-là, durent être soumis à la censure. Avec la République, Guignol passa à la bourgeoisie ! Les séances de marionnettes étaient très courues par la fine fleur lyonnaise mais le castelet, à présent policé, perdit peu à peu son âme. Devenu conventionnel (quoiqu'il naquît, on l'a dit, pendant la Convention), Guignol tomba alors dans l'escarcelle des amuseurs d'enfançons.

GUIGNON

« DANS CES DERNIERS TEMPS, un malheureux fut amené devant nos tribunaux, dont le front était illustré d'un rare et singulier tatouage : *Pas de chance !* [...] Il y a, dans l'histoire littéraire, des destinées analogues, de vraies damnations, — des hommes qui portent le mot *guignon* écrit en caractères mystérieux dans les plis sinueux de leur front. » Baudelaire*, préfaçant Edgar Poe, résume de la sorte l'étrange cicatrice jamais cautérisée qui zébra le visage de la littérature du XIXe siècle, — et sans doute, encore une fois, sous l'influence « romantique » de Chateaubriand*, lequel, narrant sa naissance, ne ménage pas les éléments de la malédiction : « J'étais presque mort quand je vins au monde. Le mugissement des vagues, soulevées par une bourrasque annonçant l'équinoxe d'automne, empêchait d'entendre les cris [...]. Il n'y a pas de jour où, rêvant à ce que j'ai été, je ne revois en pensée le rocher sur lequel je suis né, la chambre où ma mère m'infligea la vie. » Voilà. La vie n'est pas donnée mais infligée —, et par quelle douleur ! La malédiction rien moins que divine, pèse dès le berceau, comme Baudelaire continuera de le fabuler :

« Lorsque le Poëte apparaît en ce monde ennuyé,
Sa mère épouvantée et pleine de blasphèmes
Crispe ses poings vers Dieu qui la prend en
pitié [...]. »

114

Mais bien avant le glorificateur du spleen, le XVIIᵉ siècle usa du mot, d'une manière ludique cependant, pour désigner la poisse aux tables de jeu. « Le grand dadais » de Lamartine*, comme le baptisait Chateaubriand, cultivera les terres de René* :

> « Quel crime avons-nous fait pour mériter de naître ?
> L'insensible néant t'a-t-il demandé l'être,
>   Ou l'a-t-il accepté ?
> Sommes-nous, ô hasard !, l'œuvre de tes caprices ?
> Ou plutôt, dieu cruel, fallait-il nos supplices
> Pour ta félicité ? »

Cette perpétuelle lamentation, proprement romantique — quand l'esprit rompt avec la libertine froideur des nerfs —, se déroule toujours sur un fond métaphysique abâtardi par l'usage complaisant de la sensibilité, comme si l'Ange de la Mélancolie, entouré des débris du savoir, négligeant l'horizon, ne considérait plus que son nombril existentiel. Ce que l'on appelait alors « mal du siècle » ou, pour les jeunes filles, « délectation morose », fut couronné par ce guignon qui vint hanter les destinées que les poètes se complurent à vouloir ostensiblement marquées du châtiment de l'au-delà ; sans doute afin de réclamer ici-bas un sort privilégié, comme le prescrit le Docteur-Noir de Vigny. Leurs œuvres ne sauraient « se résumer infailliblement par les deux mots qui ne cessent jamais d'exprimer notre destinée de doute et de douleur :
                POURQUOI ET HÉLAS »,
deux mussitations théâtrales que le pauvre Nicolas Gilbert n'eut pas le temps d'émettre « car il ne put en dire davantage : son menton tomba sur sa poitrine, et ses deux mains broyèrent à la fois la croûte de pain et la plume du Poète » *(Stello)*. Frappé par Saturne, l'astre mélancolique, Verlaine* se reconnaîtra : « bonne part de malheurs, bonne part de bile », et en tirera toutes les complaisances : puisque le poète est « maudit », qu'il s'autorise toutes les revendications, toutes les libertés, tous les excès — et qu'on l'aime et le vénère encore le prince déchu ! Mallarmé*, conscient d'inaugurer la vie du poète-fonctionnaire, où le quotidien médiocre est assumé, mettra un terme au pathos épique de la malédiction : le charmant causeur

des prochains Mardis douillets écrira son *Guignon* par lequel la figure des « poètes maudits » est strangulée :

> « Ces héros excédés de malaises badins
> Vont ridiculement se pendre au réverbère. »

Reconnaissons, il est vrai, cher Gérard, qu'il est plus héroïque de calligraphier quelques quatrains de circonstance sur des éventails et des œufs de Pâques...

GUILLOTINE

S I ON NE PRÊTE QU'AUX RICHES, on donna le nom de « la machine à décoller » à un homme qui n'avait pas mérité un tel honneur. Joseph Guillotin, médecin devenu député, n'est que l'initiateur d'une loi proposant un supplice égalitaire, rapide et, pour ainsi dire, indolore. Un sien confrère, Antoine Louis, mit au point l'engin qu'il expérimenta sur des moutons puis sur des cadavres. D'ailleurs, sa trouvaille (copiée sur un modèle en vogue au XVIe siècle) fut un temps nommée « la louison ». L'expérimentation grandeur nature de la « veuve » basculante se fit sur la personne d'un condamné de droit commun — le sieur Peletier (Nicolas Jacques), en Place de Grève, le 25 avril 1792. Commence alors une sinistre déambulation de la guillotine à travers Paris, où elle coupe à tour de têtes en différents endroits. On estime à environ trois mille cinq-cents le nombre des raccourcis pendant la Révolution. Son père putatif faillit goûter aux bienfaits de la machine à lui injustement attribuée : la chute de Robespierre* l'en priva. C'est un facteur de clavecin allemand qui emporta le premier marché de construction de « la monte-à-regrets » ; il y fallait un expert en précision.

HARPAGON

E. V.V.N.V.V.E., telle est la formule magique de l'Avare (*Ede ut vivas, ne vivas ut edas*), autrement dit par Molière* : « Il faut manger pour vivre et non vivre pour manger. » Sans doute le comédien* de l'Illustre Théâtre trouva-t-il quelques figures de l'actualité pour façonner son personnage. Ainsi le conseiller de Chamrond, si ladre qu'on fit un fameux recueil de ses mesquineries : il aurait recommandé, pendant la cérémonie funèbre de sa seconde épouse, qu'on veillât de près aux tréteaux qui portaient le cercueil car on lui en avait volé deux lors de l'enterrement de sa première femme. Tallemand des Réaux, de son côté, rapporte les exploits du lieutenant criminel Tardieu, dont l'épouse arborait « Une robe de velours pelée faitte comme on les portoit il y a vingt ans, un collet de mesme aage, des rubans couleur de feu repassez, et de vieilles mouches toutes effilochées. Elle n'a point d'enfans ; cependant sa mere, son mary et elle n'ont pour tous valets qu'un cocher : le carosse est si meschant et les chevaux aussy qu'ils ne peuvent aller ; la mere donne l'avoine elle-mesme ; ils ne mangent pas leur saoul. Elles vont elles-mesmes à la porte... » On retrouve traits pour traits ces détails dans la farce de Molière.

HAUSSMANN (Georges Eugène, baron — 1809-1891)

OU L'ÉVENTREUR du Paris populaire ; il réalisa, à partir de 1860, les grands axes orientés favorables aux manœuvres de l'artillerie, en détruisant le lacis des ruelles tortueuses et réputées insalubres, mais surtout propices aux barricades*. La bourgeoisie* prendra rapidement ses aises au long des avenues nouvellement percées, et étalera son luxe*, des grands magasins à l'Opéra, des théâtres aux restaurants. Ouvriers, artisans, journaliers furent donc repoussés vers les communes récemment annexées par la capitale, en attendant de franchir les murs anciens et de gagner les banlieues. L'urbanisme haussmannien excitera la révolte communarde, tout en facilitant la répression versaillaise.

HÉBERT (Jacques René — 1757-1794)

PUBLICISTE EXCESSIF, il dirigea le fameux *Père Duchesne*, brûlot destiné « aux pauvres bougres », et qui se targuait de « jurer avec ceux qui jurent ». Aussi hurlait-il sans cesse à l'insurrection et au meurtre par des tournures de grand style (« Foutre !... ») qui lui valurent le surnom d'« Homère de l'ordure ». Hébert, produit comme témoin au procès de Marie-Antoinette*, inventa (sans doute) l'odieuse accusation d'inceste dont la « veuve Capet » se serait rendue coupable au Temple. Le défenseur de la reine déchue — Tronson du Coudray — parla pourtant de lui en ces termes, dans le cours de sa plaidoirie : « Le patriote Hébert, boulevard inexpugnable du sans-culottisme en sentinelle... » Mais lorsque sa victime passe à la guillotine, le boulevardier dépeint, dans sa gazette, « la plus grande de toutes ses joies, ayant vu de ses propres yeux la tête du *Veto* femelle séparée de son foutu col de grue ». On sait que d'autres partagèrent cette joie lorsque notre « Homère » passa à son tour sous le couperet. Peu avant sa mort il avait épousé une jeune religieuse. Elle fut quand même foutrement décapitée.

HÉRÉSIE

DE CEUX QUI LA PRATIQUENT, Bossuet* écrit : « Le propre de l'hérétique, c'est-à-dire de celui qui a une opinion particulière, est de s'attacher à ses propres pensées. » Voilà donc la grande affaire : s'opposer à l'orthodoxie de toute religion par l'intime conviction d'être soi-même dépositaire d'un fragment, hardiment commenté, des dogmes révélés. Le christianisme allumera autant de bûchers qu'il pourra, prononcera autant d'anathèmes et d'excommunications qu'il voudra, il n'arrivera jamais à éteindre la flamme entêtante du libre arbitre. En 1762, l'abbé Morellet publie la première traduction française d'une manière de bible* de la répression ecclésiastique : l'*Abrégé du Manuel des Inquisiteurs* (du Grand Persécuteur Nicolas Eymerich, XIVe siècle), où il décrit l'arsenal répressif dont usa le Saint-Office au cours de son histoire. Succès immédiat du livre, salué par les Lumières. Dès lors, la messe est dite (si l'on ose) pour le tribunal inquisitorial. Il ne lui reste plus qu'à dresser le catalogue interminable des manquements à la Loi, et constater qu'en dépit de ses ardents efforts, le christianisme n'est qu'une longue suite de disputes, procès*, conciles et synodes destinés à couper la tête de l'hydre sacrilège — il en pousse toujours une autre. C'est que, si l'on en croit André Suarès parlant de

Péguy, « L'hérésie est la vie de la religion. C'est la foi qui fait les hérétiques. Dans une religion morte, il n'y a plus d'hérésies ».

HOMOSEXUALITÉ

Il AURA FALLU ATTENDRE 1869 pour qu'un médecin (évidemment !) hongrois du nom de Benkert forge ce néologisme à consonance répressive ; mais déjà, en 1862, l'ineffable bourgeoisie*, en la personne de Louis Canler (chef du service de la Sûreté, évidemment...) s'était empressée de classifier pseudo-scientifiquement les « antiphysiques », les « tantes », les « tapettes » en différents types identifiables. L'auteur recensait alors les « persilleuses » (« Les *persilleuses* se reconnaissent encore à la manière dont elles ou *ils* cherchent par leur maintien à imiter autant que possible la démarche de la femme, dont les individus affectent en outre tous les goûts et tous les caprices ») ; les « honteuses » (« les *honteuses* rejettent et écartent avec le plus grand soin tout ce qui pourrait les faire reconnaître. Du reste, comme ils sont habillés comme tout le monde, rien ne pourrait les trahir, si ce n'est leur voix féminine. Cette catégorie est composée de personnes appartenant à toutes les classes de la société, sans aucune exception ») ; les « travailleuses » (« La troisième classe est entièrement formée d'individus appartenant à la grande famille des ouvriers et ne vivant que du produit de leur travail ») ; les « rivettes » (« Il faut à l'observateur, pour les deviner, la plus grande attention jointe à la plus grande habitude. On en rencontre à tous les degrés de l'échelle sociale. Pour satisfaire leur penchant, ces individus s'adressent de préférence à la jeunesse ») : où l'on constate une fois de plus que l'idéologie du progrès s'accorde à merveille avec la naissance de la police moderne. Il est alors bien loin le joli temps où l'on se gaussait malicieusement des dorelots, des bougres, des mignons, des anticonistes, des lesbins, ultramontains et autres culistes, lesquels, à l'exemple de Théophile de Viau, faisaient « vœu désormais de ne foutre qu'un cul ». Certes, tout n'était pas rose au ciel des ballets bleus, d'autant que l'Église, s'appuyant tant sur l'Ancien que sur le Nouveau Testament, menaçait d'hérésie* le « vice italien » (le « mal » vient toujours de l'étranger, évidemment) : « L'homme qui couche avec un mâle comme on couche avec une femme : c'est une abomination que tous deux ont commise ; ils seront mis à mort ; leur sang est sur eux » prescrit le *Lévitique* (XX, 13) tandis que l'*Épître aux Romains* (I, 27) promet la colère de Dieu aux membres de la « confrérie » qui, « abandonnant les relations naturelles avec les femmes, se sont enflammés de désir les uns pour les autres, ayant d'homme à homme des rapports infâmes, et recevant en leur personne le juste salaire de leur égarement ». Ils sont loin les beaux jours d'Henri III flatté par ses mignons* ; de Louis XIII, poussé par son amant dans le lit de la Reine pour qu'il y accomplisse son devoir ; de Monsieur, frère de Louis XIV, qui après avoir laborieusement engrossé par trois fois la Princesse Palatine souhaitait offrir à son fils Philippe, comme précepteur, le Marquis d'Effiat qui n'était autre que son amant, non sans que la Princesse ne s'en plaignît au Roi : « Enfin, il me semble étrange qu'on veuille donner pour gouverneur à mon fils un drôle... qui a toujours sa chambre au Palais-Royal pleine de putains et de jeunes garçons. Il donnerait, ma foi, de beaux exemples à mon fils ! » Certes, si l'on pardonne à moitié aux Grands, — non sans les éborgner au passage, à l'exemple de Pierre de L'estoile, de Ronsard (ce dernier, cependant, jugera prudemment préférable de publier son anathème *post-mortem*) :

> « Il me déplaît beaucoup qu'une nouvelle mèche
> Offusque le flambeau du naturel amour ;
> Je m'attriste d'ouïr ce qu'on dit à la cour :
> Mon visage d'ennui s'enjaunit et dessèche.
>
> Le Roi, comme l'on dit, accole, baise et lèche,
> De ses poupins mignons le teint frais, nuit et jour ;
> Eux, pour avoir argent, lui prêtent tour à tour
> Leurs fessiers rebondis, et endurent la brèche [...] »

ou encore, plus gaillardement, comme Saint-Amant :

> « Les bougres que mon cœur abhorre,
> Ces infâmes pêcheurs d'étrons,
> Qui, dénués de toute audace,

N'osent assaillir qu'une place,
Qui, sans tour et sans parapet,
Ne se défendent qu'à coup de pet ; [...] » —,

si l'on pardonne, donc, à moitié aux Grands, dont on fustige davantage la corruption que le goût, d'autres « bardaches », sous l'impulsion de l'Église soutenue par la Chambre ardente créée à cet effet par Louis XIV, connaissent le bûcher pour crime de sodomie. C'est que la bourgeoisie montante veille : il faut procréer, peupler la France de bras pour faire marcher l'industrie et l'armée. On mettra donc les « invertis », les « hommes femmes », comme Proust* les nomme, sinon au ban de la société, du moins dans la geôle de la culpabilité ou de la honte. On remarquera, à ce titre, que la phrase la plus longue du petit Marcel, à notre connaissance, court sur plus de quatre pages du *Contre Sainte-Beuve* et traite, comme par hasard, de *La Race maudite* qu'il compare... au peuple d'Israël : « persécutée comme Israël et comme lui ayant fini dans l'opprobre commun d'une abjection imméritée [...] » —, sans évoquer l'atroce destin de l'archétype Charlus* entiché de petites gouapes, tel Jean Lorrain* recevant Robert de Montesquiou* à déjeuner : l'amphytrion ne cesse de s'absenter au cours du repas sous prétexte d'épreuves à corriger, « J'ai plutôt l'impression qu'il va en subir », commente Montesquiou...

HOUSSAYE (Arsène Housset, dit — 1815-1896)

I L N'EN FUT PAS mais son fils, oui ; aussi écrivit-il une *Histoire du quarante et unième fauteuil de l'Académie française*, parue en 1845. Le directeur de *l'Artiste*, bientôt administrateur de la Comédie-Française et dandy à ses heures (Baudelaire* lui dédicace *Le Spleen de Paris*), dresse l'inventaire des grands oubliés de l'Académie* dans un recueil à la mode de ces vies exemplaires chères aux Anglais : c'est un ramas aussi fantaisiste qu'érudit. La liste est longue, sidérante et donne à penser : Descartes*, Molière*, Pascal*, Saint-Simon, La Rochefoucauld, Diderot*, Rousseau*, Rivarol*, Constant*, Balzac*, Béranger*, Michelet*, Gautier*, Dumas Ier*, Sand*... Le redresseur propose même Louis XIV (par Bossuet* interposé) ou

Napoléon*. Dufresny, chansonnier prodigue et charmant — prétendument fils d'Henri IV —, resta à la porte de l'assemblée, ce qui n'empêche pas Houssaye de lui prêter un discours de réception à laquelle, d'ailleurs, il aurait oublié de se rendre ! Piron*, lui, ne rata pas l'élection, mais Louis XV la récusa en souvenir d'une lointaine *Ode à Priape* qui fit scandale. Pendant qu'on examinait son cas, le vénérable Fontenelle, sourd comme un pot, aurait chevrotté : « S'il l'a faite, il faut bien le gronder ; mais, s'il ne l'a pas faite, il ne faut pas le recevoir. » Mâchonnant sans cesse ce mot de Bergerac : « Il faut que je meure pour qu'on ne m'enterre pas », Piron se consola en rédigeant son épitaphe :

> Ci-gît Piron, qui ne fut rien,
> Pas même académicien.

Avec le temps et le succès, les éditions s'augmentèrent d'une liste dialoguée pour fournir au 42e fauteuil ; Houssaye, précurseur, n'oubliera pas les dames (une trentaine), non plus que le répertoire, siège par siège, des Immortels depuis la fondation ; et là, on est renvoyé à la crasse ignorance où nous tient un savoir arbitraire car la liste est longuette des célébrités d'un temps. Pour finir son travail, l'Arsène imprima le discours de réception qu'Edmond About (1828-1885) prononcerait si l'Académie...

Hugo (Victor — 1802-1885)

Léon Bloy* n'est pas le moins prompt à dire tout le bien qu'il pense du vieillard, auquel on écrivait, peu avant sa mort : « Monsieur Victor Hugo, en son avenue ». Il le cloue sans relâche sur son *Pal,* et plus particulièrement dans un article furieusement intitulé « Causerie sur quelques charognes » : « Vieux faisan », « gâteux et sempiternel apoplectique de la popularité »... À peu de là, Jules Renard, qui n'est pas un enfant de chœur, note à la journée du 24 août 1889 : « Les écrivains qui n'aiment pas Victor Hugo me sont ennuyeux à lire, même quand ils n'en parlent pas. » Quant à la génération montante, qui cherchait les faveurs de ce Pantagruel* du Progrès, les encouragements insipides et dupliqués de l'épistolier savaient flatter leur jeune vanité — « Vous ferez de grandes choses ! » Le héros, panthéonisé dans la grisaille, coupe la France en deux : d'un côté les zélateurs commotionnés, de l'autre les contempteurs plus ou moins aigris, qui ne pardonnent pas à l'idole d'être à la fois une conscience mondiale et le producteur d'une œuvre gigantesque (par sa diversité et son abondance, en tous cas). Mais aussi — et surtout pour ces pères-la-morale —, l'épicier qui fait ses comptes chaque soir dans les marges et le vieillard lubrique arrêté deux fois au Bois de Boulogne pour « outrage public à la pudeur ». Victor Hugo aurait affirmé ceci : « Jusqu'à quatre-vingts ans j'ai cru que c'était un os », ce qui donne du corps à l'accusation de « vieux dégoûtant », assénée par son gendre le trouvant en chemise dans l'escalier de service.

HUYSMANS (Joris-Karl — 1848-1907)

IL AURA TÂTÉ de tout : du naturalisme sous le haut-patronnage de Zola* ; du décadentisme* modélisé sur Montesquiou* (ô la tortue aperçue par Mallarmé* chez le comte !) ; de l'occultisme satanisé et vaguement succubé — voire de la messe noire — encouragé par le très douteux pseudo-thaumaturge Boullan, ex-abbé de son état, l'enquête de l'auteur l'ayant conduit à continuellement porter sur lui un scapulaire, ainsi que le rapporte Goncourt* : « On cause de Huysmans, qui se dit malade, inquiété par des espèces d'attou-chements frigides [...]. Lorrain*, qui nous donne ces détails sur Huysmans, affirme que l'auteur de *Là-bas* porte maintenant sur lui un scapulaire contenant une hostie tachée de sang » ; puis du catholicisme, en bon converti, sous la surveillance de l'abbé Mugnier. Cela donnera des livres raffinés : *À Rebours*, *Là-bas*, *La Cathédrale*. Il était par ailleurs un observateur railleur et un tantinet méprisant du paysage urbain, du café* par exemple dont « la clientèle se recrute parmi des vieilles gens, surtout parmi des savants et des artistes, voire même parmi des prêtres. Forcément les excentriques et les maniaques abondent dans cette petite caste d'individus réunis et qui s'isolent dans une passion unique ». Cela justifie-t-il le jugement de Goncourt sur ce « Hollandais putréfié de parisianisme »

— ainsi que Huysmans le qualifiait lui même : « Il m'a toujours fait l'effet d'un mystificateur, et je me demande s'il n'a pas voulu *le mettre* au public, et devant son gobage *naïf*, se donner simplement la satisfaction de dire tout bas, dans sa barbe poivre et sel, avec un sourire méphistophélique : "Elle est bien bonne, bien bonne !" » ?

HYDROPATHES

Secte littéromane qui fréquentait peu « l'eau pure des chefs » que la Bible* recommande. Le poète Émile Goudeau, au nom prédestiné, en est le fondateur ; Charles Cros*, l'âme. Érigé en club, l'éphémère mouvement (octobre 1878-printemps 1880) se réunit dans des cafés* et, vu le nombre grandissant des adeptes, on eut du mal à trouver un lieu qui pût accueillir jusqu'à trois cents énergumènes. Lassés du Parnasse académique, les Hydropathes s'affirmaient les tenants de l'art en action ; et s'ils eurent un fugitif porte-voix bi-hebdomadaire (*l'Hydropathe*), ils ne croyaient en vérité qu'à la manifestation naturelle et publique de l'artiste. D'où les lectures interminables et arrosées auxquelles se soumettait l'impétrant : elles tenaient lieu de programme et de manifeste. Le principe fondateur du club disposait qu'« Il n'y a qu'une Cour de cassation, qu'on appelle la Postérité, mais elle ne se réunit que rarement du vivant de l'auteur ». Coppée, Laforgue, Moréas, Nouveau* fréquentèrent les tintamarresques séances hydropathiques.

IMPORTANTS (CABALE DES)

Conspiration de la noblesse, menée par le duc de Beaufort — petit-fils naturel d'Henri IV, surnommée « le Roi des halles » — pour faire chasser Mazarin* après la mort de Louis XIII. Ce parti de « mélancoliques », opposé à la guerre* avec l'Autriche et l'Espagne, entend restaurer un pouvoir fermement catholique. L'habile cardinal* déjoue la cabale, fait arrêter le meneur (il ne brille pas par la finesse) et exiler les conjurés. Mais ça n'est que partie remise puisque la Fronde, beaucoup plus dangereuse pour la Régence, va naître rapidement de cette intrigue de palais.

IMPÔT

IRRÉFUTABLE PREUVE du génie maniaque, son application témoigne aussi bien de l'inventivité des hommes en tous temps et sous tous les cieux. De l'impôt sur le sel, à l'impôt sur les portes et fenêtres (en passant par l'impôt du sang), il a la vertu de bien souvent décider le contribuable à changer brusquement de maître — ce qui n'a jamais résolu l'inadéquation entre l'imposeur et l'imposé ! Aide, taille, gabelle, capitation, dîme, cens, champart, furent les plus célèbres taxes infligées par l'Ancien Régime (« Droit qui se lève au nom du Souverain » écrivait Richelet). Mais l'imposition républicaine — directe, indirecte, foncière ou territoriale — si elle élargit le nombre des redevables, agrandit par là-même la masse des mécontents, toujours prompts à penser que le voisin ne contribue pas assez au bonheur commun. Son calcul mystérieux est fondé sur un théorème aussi opaque que nominalement symbolique — l'assiette ! Et parmi les engouements populaires qu'a suscités l'impôt, la révolte bretonne des Bonnets rouges (*Bonnedau Ru*) n'est pas la moins joyeuse, et elle eut le douteux bonheur de nous valoir certaines lignes édifiantes de Madame de Sévigné : « Nos pauvres bas Bretons, à ce que je viens d'apprendre, s'attroupent quarante, cinquante par les champs, et dès qu'ils voient les soldats, ils se jettent à genoux et disent *mea culpa* : c'est le seul mot de français qu'ils sachent [...]. On ne laisse pas de pendre ces pauvres bas Bretons. Ils demandent à boire et du tabac, et qu'on les dépêche. *Et de Caron pas un mot.* » (24 septembre 1675.) Allusion à la féroce répression des dragons du duc de Chaulnes chargés par Louis XIV de ramener des insoumis à la raison des caisses de l'État. Les miliciens de Sébastien Le Balp (un notaire, pourtant) croyaient que la gabelle était une forte femme, assez mère-fouettarde, chargée de les pressurer. Pour bien montrer la grandeur du crime, le corps du meneur (tué traîtreusement), fut déterré, traîné face contre terre jusqu'au lieu du supplice, où il fut rompu consécutivement au jugement, prononcé *post mortem*.

Eₙ France, c'est bien connu, on aime l'impressionnisme. Les mauvaises langues affirmeront que cet amour connut une inhabituelle gestation, voire une rétention certaine, avant de se déclarer — le temps de laisser filer entre les mains de collectionneurs étrangers certaines des plus belles œuvres de ce courant. On reconnaîtra ici un sens aigu de la philanthropie artistique qui contredit l'accusation de xénophobie portée contre la chère patrie si clairvoyante en matière de culture. Même si l'essence de l'impressionnisme est une de ces subtiles inventions anglaises, savamment dosée par Turner, le terme naît à Paris, sous la plume de Louis Leroy, journaliste, lorsqu'il consacre un article, dans *Le Charivari* du 25 avril 1874, à l'*Exposition les impressionnistes*, mot qu'il voulait méprisant et qu'il avait tiré d'une toile de Claude Monet intitulée *Impression, soleil levant* (1872). Ce dernier, contrairement à la tenace légende du guignon*, connut une certaine fortune sous la férule institutionnelle de son protecteur, le Tigre, *alias* Clemenceau, qui en 1895 publia un éloge sur *La révolution des cathédrales* avant d'installer, dès la mort de l'artiste, huit *Nymphéas* à l'Orangerie. Ce mouvement qui fit la fortune des cafés* — Guerbois et autre Volpini — réfutait toute propension intellectuelle à la théorie : « J'ai toujours eu horreur des théories... Je n'ai eu que le mérite d'avoir peint directement devant la nature en cherchant à rendre mes impressions devant les effets les plus fugitifs, et je reste désolé d'avoir été la cause du nom donné à un groupe dont la plupart n'avait rien d'impressionniste », déclare Monet, le chef de file, tandis que Renoir, plus prosaïque, s'exclame : « Quand je pense que j'aurais pu naître chez des intellectuels ! Il m'aurait fallu des années pour me débarrasser de mes préjugés et voir les choses comme elles sont. Et peut-être aurais-je été maladroit » (ou de l'usage du conditionnel optimiste)... Bref, tous les membres du (non)-groupe, comme tous les groupes, iront traquer sur le motif, entre ciel et eau, la sensation des spectacles éphémères de la nature, de la culture et de la technique, avant de convaincre le marchand Durand-Ruel de les acheter, même à bas prix, conscients que l'argent demeure le seul critère objectif de reconnaissance (« Mettez-vous dans la tête que personne n'y connaît rien : il n'y a qu'un baromètre qui indique la valeur réelle de la peinture, c'est l'Hôtel des Ventes », *dixit* Renoir) dont Pissaro et Sisley manqueront particulièrement. Cependant, en l'espace d'à peine vingt ans, les prix commenceront à connaître cette folle flambée qui embrasera le marché impressionniste. En janvier 1881, *Le Port de Honfleur* de Monet se vendait 72 francs ; en juillet 1899, 2 550 francs, soit une hausse de 3 510 %, ce qui était d'un bon présage.

INC(R)OYABLES (LES)

P UR PRODUIT, avec les Merveilleuses*, de l'enrichissement des accapareurs, agioteurs et autres profiteurs de la Révolution, les Incroyables apparaissent sitôt la chute de Robespierre*. Ils se singularisent par un parler affecté (ne prononçant pas les r, notamment) et une élégance ostentatoire : cheveux longs « en o(r)eilles de chien », col montant, canne, chapeaux excent(r)iques... Ange Pitou*, chansonnier, les crayonne ainsi :

> « En vous tout est incroyable
> De la tête jusqu'aux pieds :
> Chapeau de forme effroyable,
> Gros pieds dans petits souliers [...]
> Botté tout comme Saint-Georges
> Culotté comme Malbrough,
> Gilet croisant sur la gorge,
> Épinglette d'or au cou,
> Trois merveilleuses cravates
> Ont bloqué votre menton,
> Et la pointe de vos nattes
> Fait cornes sur votre front [...] »

INFÂME

Q UI MANQUE À L'HONNEUR. « La poltronnerie est infame à un soldat, & l'avarice à un grand seigneur. » (Richelet.) Le duc de Saint-Simon, ennemi de Richelieu, jugea infamant tel propos de La Rochefoucauld (il l'accusait d'avoir participé activement aux manigances de la Fronde) dans ses *Mémoires* (1662). Il courut chez l'imprimeur où il biffa rageusement le passage diffamatoire, qu'il agrémenta d'une marginalia : « L'auteur en a menti. » Par ailleurs, l'infâme est l'ennemi personnel de Voltaire* qui voulait l'écraser sous ses souliers vernis. Il n'y réussira pas. André Chenier y succombera mais avant, il prit le temps de le dénoncer dans les *Iambes* :

> « On vit, on vit infâme. Eh bien ? Il fallut l'être ;
> L'infâme après tout mange et dort. »

Et pour digérer sa funeste captivité, Chénier pourra toujours, fumant son cigare dans l'au-delà, méditer cette baudelairienne volute : « Il y a dans tout changement quelque chose d'infâme et d'agréable à la fois, quelque chose qui tient de l'infidélité et du déménagement. Cela suffit à expliquer la Révolution française. »

INGRATITUDE

INDIFFÉRENCE envers une personne qui nous a obligé. Léon Bloy*, remerciant d'un secours d'argent (c'est son lot) : « Mon ingratitude vous étonnera ! »

INJURE

CE N'EST PAS d'aujourd'hui que les Belges sont des sujets privilégiés de plaisanterie —, mais nous ne sommes pas là sur le terrain de l'injure dont à notre goût *(sic)* voici un des plus beaux fleurons, signé Baudelaire* (on peut remplacer le mot « belge » par tout autre patronyme) :

> « Il est aussi difficile de définir le caractère belge
> que de placer le Belge dans l'échelle des êtres.
> Il est *singe*, mais il est *mollusque*.
> Une prodigieuse étourderie, une étonnante
> lourdeur. Il est facile de l'opprimer, comme
> l'histoire le constate ; il est presque impossible de
> l'écraser. »

P EUT APPARTENIR à l'occurrence qui précède, tant ce travailleur non manuel sait irrriter au plus haut point les recalés de la vie de l'esprit. Arrière-petit-fils des Libertins* (à la mode de Gassendi ou Fontenelle), héritier direct des encyclopédistes et cousin germain de l'*intelligentsia* russe occidentalisée du XIXᵉ siècle, notre intellectuel veut avant tout penser le monde, vivre sa vie plutôt que d'être vécu par elle. C'est un homme qui a des idées, un idéal et, en principe, une intelligence de soi, des autres, de la Cité, qui ne doit pas peu au grand courant de la pensée historiale du siècle de Michelet*, Tocqueville, Renan* ou Quinet. Il est de préférence « de gauche » (mais Drumont*, Maurras*, Daudet fils*, Mirbeau*, etc., tempèrent cette orientation captive !) — surtout depuis l'Affaire Dreyfus*, à quoi il doit son appellation substantivée par l'antidreyfusard Barrès. L'engeance fut illustrée, plus ou moins raisonnablement, par quelques grands noms de la littérature, dont Émile Zola*, Léon Bloy*, Paul Valéry, André Gide* ne sont pas les moindres. Et l'on peut affirmer que *La Revue Blanche* (1889-1903) forma la première étuve où bouillonna un parti hétéroclite d'intellectuels du calibre de Lucien Herr, Léon Blum, Marcel Proust*, Thadée Natanson (l'homme orchestre) ; et même Charles Péguy avant qu'il ne fonde *Les Cahiers de la Quinzaine*, en 1900, pour justement dénoncer « la tyrannie du parti intellectuel », anticlérical et antimilitariste ! Il attirera dans le haut-fourneau de sa véhémente publication, Romain Rolland, Georges Sorel, André Suarès ou Julien Benda — l'ennemi juré du « Lyrisme idéologique ». La Séparation de l'Église et de l'État, en 1905, qui agita fort nos intellectuels, favorisa leur constitution en caste après l'achat de l'abbaye de Pontigny par Paul Desjardins qui y créa les Décades, où la crème de l'intelligentsia se réunira annuellement autour de Gide et de la naissante *N.R.F.*

INVENTIONS

P AR DÉFINITION, elles veulent la mort. L'imprimerie, du copiste ; le fusil, de l'arme blanche ; la fusée (version Cyrano*), de l'imagination ; la conserve, du mironton ; la draisienne, de la marche à pied ; le gaz, de la flamme vacillante ; la photographie, de la peinture ; le cinématographe, de la photographie ; le gramophone, de la voix ; la poubelle, du caniveau ; l'anthropométrie, du crime ; l'avion, du bateau ; le sous-marin, du croiseur ; le tank, de l'infanterie... C'est, par ailleurs, l'une des cinq parties de la rhétorique, qui consiste à trouver les moyens de persuader ; les brodequins de la question persuadaient les suppliciés de la vérité dogmatique ; la guillotine* persuadait les ci-devant du bien fondé de l'humanisme républicain.

JARRY (Alfred Henry — 1873-1907)

« ALFRED JARRY aurait écrit *Ubu Roi* à treize ans, comme tout le monde », *dixit* Jules Renard *(Journal)* qui assiste à la première représentation de la farce, le 10 décembre 1896, au théâtre de l'Œuvre : « Dès le milieu du premier acte on sent que ça va devenir sinistre. Au cri de "Merdre !", quelqu'un répond "Mangre !" et tout sombre. Si Jarry n'écrit pas demain qu'il s'est moqué de nous, il ne s'en relèvera pas. Bauer s'est trompé gros comme lui... » et n'en fut pas récompensé puisque, seul à défendre la pièce, il sera aussitôt licencié de *L'Écho de Paris*. Tandis que Jean de Tinan applaudissait frénétiquement mais en sifflant à corps perdu ! De fait, le cycliste pataphysique aura du mal à se relever de cette pochade adolescente, mimant lui-même un personnage ubuesque jusqu'à lasser ses plus fidèles soutiens : Fargue, Valette, Rachilde, Gourmont... À l'hôpital de la Charité, sa dernière volonté fut de disposer d'un cure-dent.

JAURÈS (Jean — 1859-1914)

UTOPISTE CÉVENOL, et successeur d'Anacharsis Cloots* au titre d'Orateur* du genre humain. Il croyait à l'unification de la classe des exploités (ouvriers, paysans et intellectuels) dans les délices d'un socialisme humaniste ; les guerres de tranchées idéologiques — autant que les intérêts particuliers et corporatistes — lui faciliteront la tâche... Après avoir opiniâtrement guerroyé, et créé en 1904 le journal

L'Humanité, il obtient l'année suivante la création de la
S.F.I.O. où se regroupent — « sous le beau soleil de
l'unité socialiste » — ardents républicains et
internationalistes convaincus. Dreyfusard patenté,
anticolonialiste véhément, partisan d'une profonde
réforme de l'armée, Jaurès fut assassiné à la veille de
la Grande Guerre ; juste à temps pour n'avoir pas à
choisir entre les patriotismes divergents de Barrès et
Péguy (qui l'admiraient) — mais c'est un « patriote » qui
l'assassina dans un café*, de la rue du Croissant, le
31 juillet 1914 — et le pacifisme d'une bonne fraction
des marxistes, pensée avec laquelle il entretenait des
rapports difficiles.

JEUNES-FRANCE

L E CÉLÈBRE POURPOINT ROUGE « à la médiévale »,
qu'arborera Gautier* pour la première d'*Hernani*,
illustre la mode Jeune-France qui tourbillonne alors
dans le Paris libéral et romantique des années 1830. Il
s'agit d'être sombrement joyeux (« Le Jeune-France est
gai, mais d'une gaîté putride. Dans la journée il a vu
les Catacombes, le Père-Lachaise et la chambre des
pairs... »), et d'un anticonformisme ostentatoire :
chevelures « mérovingiennes », barbes renaissantes et
accoutrements bizarres — dont la cape « à l'espagnol »
n'est pas le moindre — fleurissent Impasse du
Doyenné où gîte le Petit-Cénacle de Gautier, Nerval,
Houssaye*, parfois Borel*, et autres Rogier mais que
fréquentent, sans crainte du désordre bohème* et des
saouleries mémorables, Dumas*, Balzac* et Hugo* soi-
même. Divergeant en cela des Bousingots*, plus
politiques (ils gothisaient à tout va), nos Jeunes-
France, dont le vocable venait tout droit d'une feuille
de chou — *La Jeune France*, justement —, postulaient
que l'art résidait au ciel de tout principe, désir et
aspiration. D'où l'énonciation aphoristique suivante,
due à Gautier : « Il n'y a de vraiment beau que ce qui
ne peut servir à rien ; tout ce qui est utile est laid...
L'endroit le plus utile d'une maison, ce sont les
latrines. » Théophile peindra « goguenardement » les
émois des héros dans un recueil de portraits, *Les
Jeunes-France* (1833), où il ne tergiverse pas à qualifier
la troupe de « Précieuses* ridicules du romantisme ».

JÉSUITE

C ORPS ENSEIGNANT. Il est passé par ici, il repassera forcément par là, puisque le principe de la congrégation est d'être là où il y a du pouvoir à grignoter. L'art premier des « dindons » (sobriquet qui les différenciait des « corbeaux ») tient à leur capacité d'épouser l'époque, mine de rien, tout en manipulant la jeunesse *ad majorem Dei gloriam* (c'est leur devise). Ils ont un général et des provinciaux, des règles élastiques — dont se moque à l'envi Pascal*.

JUIF

O BSESSION OCCIDENTALE du complot, de la corruption et de l'entrisme.

Voir *Franc-maçon*.

JULIEN SOREL

A NTICIPATION de l'homme pressé mais ému par des nostalgies contradictoires — rousseauisme, bonapartisme, aristocratisme — Julien ne vit que de mimétisme comme les héros romanesques. Son combat d'adulte a une façon d'homme seul contre tous (ainsi que le rappellera Mme de Rênal aux jurés, à la fin de l'histoire). La volonté de conquête immédiate du monde, par la séduction froide, à laquelle Julien n'est pas préparé exige l'oubli calculé de soi — oubli annihilant que son arrivisme accepte mais contre lequel son orgueil regimbe. Cependant ce défaut de la cuirasse superficielle sera cause de sa perte et de son salut, puisque l'adhésion à sa mort de fait divers verra les femmes utiles (« Julien était un dandy maintenant, il comprenait l'art de vivre à Paris. Il fut d'une froideur parfaite envers Mademoiselle de La Mole... ») à son chevet : triste victoire de l'arrivisme sentimental !

KARR (Jean-Baptiste Alphonse — 1808-1890)

P RÉCURSEUR du *Canard enchaîné* et inventeur du placard* publicitaire puisqu'il couvrit (ou le fit faire) quelques temps les murs de Paris d'inscriptions non équivoques : « Alphonse Karr(nage) ; Alphonse Karr(casse), Alphonse Karr(touche) ». Manière habile de donner le ton de son mensuel satirique, *Les Guêpes* (1839-1848), où il égratignait comiquement ses contemporains avec un réel succès commercial puisque chaque livraison trouvait 20 000 preneurs. Louise Colet*, enceinte, tenta même de l'assassiner d'un coup de couteau, en pleine rue : il avait annoncé que l'égérie du philosophe Victor Cousin était grosse d'une piqûre... de cousin. Romancier charmant (*Sous les tilleuls*, 1832) mais humoriste inébranlable, l'ancien directeur du *Figaro** s'ingénia à faire obtenir la médaille de sauvetage (il l'arborait après avoir sauvé un cuirassier de la noyade) à son chien ; pour ce faire, il creusa une mare dans son jardin de la rue de la Tour-d'Auvergne, s'y jeta plusieurs fois devant témoins afin que l'animal l'en tire. En 1855, le publiciste s'installa à Nice où il relança *Les Guêpes* (hebdomadaire, cette fois) avec un succès mitigé. Pourvoyeur de fortes réflexions, on lui doit celle-ci : « Plus ça change, plus c'est la même chose » — preuve que le farceur cachait un fin penseur.

La Boétie (Étienne de — 1530-1563)

L MÉRITA cette façon d'épitaphe de Montaigne : « Par ce que c'estoit luy, par ce que c'estoit moy » — enterrant sublimement leur amitié — quand bien même le bientôt maire de Bordeaux juge le *Discours sur la servitude volontaire* traité « par manière d'exercitation seulement, comme sujet vulgaire et tracassé en mille endroits des livres ». Ce qui est réduire singulièrement la portée de l'essai du Machiavel français, maintes fois réédité dans les périodes agitées. Quoi de plus subversif que le *Contr'un* ou *Contre Un* (appellation réputée apocryphe par Montaigne) écrit « en son enfance » où le tyran se voit rudoyé sous les espèces « non pas d'un Hercule ou d'un Samson, mais d'un seul hommeau, et le plus souvent le plus lâche et femmelin de la nation ; non pas accoutumé à la poudre des batailles ; mais encore à grand peine au sable des tournois ; non pas qui puisse par force commander aux hommes, mais tout empêché de servir vilement à la moindre femmelette ! ». Moralité : les peuples ont les tyrans qu'ils méritent et le mentor de La Boétie, Anne du Bourg, fut brûlé à Paris en 1559, pour

Le portatif de la Provocation

protestantisme militant. La Boétie commit par ailleurs vingt-neuf sonnets que le Maire Michel raya des *Essais* après qu'ils parurent en 1588.

LACENAIRE (Pierre-François — 1800-1836)

À DÉFAUT d'aller serrer la main manquante [1] de Lacenaire au Musée Grévin, place qu'il mériterait d'occuper entre Rousseau* et Musset*, on imaginera avec délice une arpenteuse du Boulevard du crime* l'apostrophant, de son inénarrable voix gouailleuse et nasillarde : « Alors, Pierre-François, toujours en train de méditer de sinistres projets contre la société ? » C'est l'écart, le monstrueux écart entre les déclarations du « métaphysicien de l'assassinat », comme il fut un temps surnommé, et la réalité de ses crimes crapuleux et misérables qui nous intéresse ici : en effet, le passage-clef des *Mémoires* que Lacenaire rédigea en prison de novembre 1835 à janvier 1836 — lesquels s'ouvrent non sans une charmante désinvolture (« Cher Public, ta curiosité a été excitée à un si haut point par mes dernières *étourderies...* ») —, ce passage-clef nous présente un joli cas de fiction mégalomaniaque qu'engendra l'héroïsme moderne — au sens baudelairien : « Lorsque je me vis repoussé, dédaigné de partout [...] ; la haine succéda au mépris, haine profonde et rongeuse, dans laquelle je finis par envelopper tout le genre humain. Dès lors, je ne combattis plus pour mon intérêt personnel, mais pour la vengeance ; il est vrai que c'est toujours un intérêt personnel, puisque c'est un plaisir [...]. Mais cette vengeance, je la voulais grande comme ma haine. *Croyez-vous que c'était le sang de dix, vingt de ses membres qui m'eût suffi ? Non, c'était l'édifice social que je voulais attaquer dans ses bases* [...]. » Or, que se passa-t-il réellement ? Après deux condamnations pour vol, Lacenaire assassine, avec ses deux complices, à coups de poinçons, un dénommé Chardon, lui-même ancien détenu, et sa mère : produit de ce double meurtre : 500 francs, quelques couverts en argent et une redingote ! Ceci avant de rater le vol et le meurtre d'un certain Genevay, garçon de caisse, qui réussit à s'enfuir du traquenard que Lacenaire lui avait tendu en louant un appartement sous un nom d'emprunt. Cependant, le mythe Lacenaire existe bel et bien, né de son procès au cours duquel il fit montre à la fois d'élégance, d'esprit, de cynisme et surtout d'un parfait détachement, se prenant quelquefois à diriger les débats. Mais, par-delà cette aisance *d'apparence* distraite face à la guillotine* qui l'attendait, c'est en *héros moderne* — en *héros moderne concret* — qu'il convient d'envisager Lacenaire : (im)pur produit de la ville, de la ville fangeuse, la ville-lupanar, il s'érige en « étranger » qui façonne lui-même son destin par la violence, condition *sine qua non* de l'héroïsme. C'est que la Ville ne verse que deux boissons : *le vin des chiffonniers*, c'est-à-dire des victimes qui subissent, et dont s'abreuvent les poètes (« On voit un chiffonnier qui vient, hochant la tête/Butant, et se cognant aux murs comme un poète »), ou *le vin de l'assassin*, que Lacenaire savoure à l'Épi-scié, et qu'absorbent ceux qui agissent pour devenir libres (« Ma femme est morte et je suis libre ») :

> « M. Le Président. — Que fites-vous après le crime ?
> Lacenaire. — J'ai été à l'estaminet de l'Épi-scié, boulevard du Temple, et j'ai invité Avril à se défaire de l'argenterie. Nous avons été laver le sang aux bains turcs. Nous avons été dîner ensemble, et nous avons été ensuite au spectacle.
> M. le Président. — À quel spectacle avez-vous été ?
> Lacenaire. — Aux Variétés (mouvement de surprise).

1.   « La main de Lacenaire », poème de Théophile Gautier*.

LAFARGUE (Paul — 1842-1911)

I L PÉNÈTRE la galaxie marxienne — dans le rôle de gendre — contre monnaie sonnante et trébuchante. Son beau-père lui trouve tout de même d'autres qualités : « C'est un beau jeune homme, intelligent, énergique, très sportif. » Ces attributs ne sont pas requis, à première vue, pour mettre en pratique les préceptes énoncés dans le grand œuvre de ce Communard erratique et assez dilettante — *Le Droit à la paresse* (1880) — qui s'ouvre sur une propédeutique résolument neuve : « Une étrange folie possède les classes ouvrières [...] l'amour du travail, la passion moribonde du travail, poussée jusqu'à l'épuisement des forces vitales... » Le Fondateur du Parti Ouvrier Français (le POF !), un temps proudhonien et boulangiste, a donc certaines idées précises sur l'utilité de la mécanisation : elle va alléger la peine du prolétaire et lui dégager du temps pour consommer les produits de son labeur, et pour ses loisirs. Aussi réclame-t-il tout de suite la journée de trois heures... Le temps passant, on voit que Lafargue n'est pas l'utopiste excentrique qu'on a cru alors, mais un visionnaire qui renifla sans doute le parfum de ses prédictions humanistes à Cuba, où il passa son enfance. C'est un homme qui rompt avec la malédiction biblique (Tu gagneras ta vie à la sueur de ton front) — ce que beau-papa n'a pas su faire. La novation du créole tient à une intime conviction : le goût natif des hommes à ne rien faire.

LAID, LAIDEUR

" IL ABUSE de la permission d'être laid. »
       Madame de Sévigné à propos de son gendre.

« Je vois clair, c'est-à-dire souvent laid. »
                Robert de Montesquiou-Fezensac*.

« Avantage de la laideur sur la beauté. La beauté finit et la laideur ne finit pas. »
                                    Léon Bloy*.

LAMARTINE (Alphonse Marie Louis de — 1790-1869)

LA LÉGENDE dorée en a fait l'antinomie, voire l'antidote, de la provocation. Rien de plus mélancolique, plaintif ou pleurard, en effet, que l'auteur des *Recueillements* — sa vie, son œuvre — et l'adjectif « lamartinien » qualifie à lui seul le romantisme dans sa version française... Si la veine poétique est bien à l'aune de ce présupposé, le reste de ses écrits et les agitations de son existence sont à l'encontre de la croyance ignorantine. L'éminent représentant du courant littéraire en gésine connaît d'emblée le succès avec *Premières Méditations* (1820) qui fait les choux gras du parti catholique réactionnaire : un comble pour ce dandy joueur et coureur qui sera le chantre d'un républicanisme sourcilleux, après une petite carrière diplomatique. D'un naturel altier qui le faisait prendre pour hautain (Louis XVIII le qualifiera de « Vain de Mâcon »), Lamartine se lança dans les entreprises commerciales les plus hasardeuses : il veut se faire gentleman-farmer chez les Ottomans, puis exportateur de vin de son Beaujolais natal en Amérique du Sud — et il aligne les fiasco les plus retentissants et ruineux. Jusqu'en politique, il vit de chimères ; élu député, on lui demanda de quel côté il allait siéger : « Au plafond ! ». 1848 survient ; sa grande popularité lui vaut le ministère des Affaires étrangères, pour quelques mois. Il s'enhardit et se présente aux élections présidentielles : cinglante déculottée ! Le coup d'État de Napoléon-le-Petit le range des cabriolets. Accablé de dettes, il évite la ruine totale en devenant « un galérien de la plume ». Côté œuvres, son *Histoire des Girondins* (1847) mérite le respect ; ses *Confidences* (1849) aussi. Et pour les vers : chacun ses goûts.

LAMENNAIS (Félicité Robert de La Mennais, dit — 1782-1854)

AVEC LACORDAIRE ET MONTALEMBERT, ils jouèrent en trio la partition du christianisme libéral imprimée sur les pages de *L'Avenir*, une gazette qui prônait la séparation de l'Église et de l'État. Têtu comme un Breton qu'il était, « Féli », après avoir donné dans l'ultramontanisme, fut saisi par la fièvre sociale : il en tint alors pour un catholicisme de la pauvreté, seul garant de la liberté. Le royaliste légitimiste versa peu à peu dans un républicanisme intraitable. Il attendit de Rome un satisfecit pour cette vision à la fois évangélique et politique : il écopa aussitôt de deux encycliques vengeresses qui montrent assez où la papauté entendit se situer. La Mennais répond dans *Paroles d'un Croyant* (1834), qui consomme la rupture. Et pour mieux montrer d'où il veut maintenant prêcher, il accola sa particule à son patronyme. Décidément voué à la triangulation, il s'acoquinera avec Béranger* et Chateaubriand* en un curieux cénacle de récalcitrants, qui se réunissait à Auteuil le samedi : on ne sait, des trois, qui faisait office de Père, de Fils et de Saint-Esprit. Le prêtre en rupture d'église finira dans la misère et la solitude, après avoir connu un dernier moment de gloire aux élections de 1848.

LA METTRIE (Julien Offray de — 1709-1751)

IL EST des villes mineures qui pondirent d'éminents écrivains : Besançon accoucha de Nodier, Fourier*, Hugo* ou Tristan Bernard ; Saint-Malo enfanta Maupertuis, Chateaubriand*, Lamennais* et La Mettrie — une sorte de gai sauvageon, et qui le resta toute sa vie. Ce Julien, grand dévoreur de tout, mourut justement à Berlin d'une ventrée de pâté corrompu. Pour un médecin de premier ordre, auscultateur, dissecteur, hygiéniste à ses heures et entomologiste des maux du dedans (il écrivit sur le vertige, l'asthme, la dysenterie, la petite vérole, etc.), ça n'était pas sans importance de finir par quoi on avait toujours fauté — l'excès* ! Il s'y connaissait là-dessus, toujours dénonçant les superstitions de l'âme et du corps, toujours cinglant les contemporains par des libelles ou des traités (dont la gent médicastre fera souvent les frais), toujours fuyant l'Infâme*... pour finir dans le cabinet des curiosités intellectuelles du Grand Frédéric, qui rédigea son véhément éloge funèbre. Le roi avait écrit à son « pays » Maupertuis, que le récalcitrant venait de rejoindre à Berlin : « Je m'applaudis beaucoup de l'acquisition que j'ai faite de La Mettrie... » Lequel est passé à la postérité par son *Homme-machine* (fin 1747), indépassable traité du matérialisme athée, fondé sur les célèbres animaux-machines de Descartes* : « Les divers États de l'Âme sont donc toujours corrélatifs à ceux du corps... » Il poursuivra son analyse avec *L'Homme-plante* qui préfigure la théorie évolutionniste. Mais non content d'effrayer par des supputations hardies, il s'amusa grandement à indigner ses contemporains par des textes provocants, dont l'*Art de jouir* (1751) n'est pas le moins osé. La même année, il donne *Le Petit Homme à la longue queue* où il ridiculise l'austère physiologue Haller, discourant sur les beautés du monde entouré de filles légères ; il l'avait déjà navré en lui dédiant, par désinvolture, *L'Homme-machine*.

138

LAUTRÉAMONT (Isidore Ducasse, dit Comte de — 1846-1870)

I L PARTAGEA longtemps avec le divin Marquis le privilège d'un visage absent et d'une tombe introuvable : de quoi exciter rêveries et représentations angéliques, diaboliques à l'image de sa créature, la bien nommée Maldoror, que saluèrent d'abord, non sans quelques réserves sur la santé mentale du faux comte, Léon Bloy*, le Sâr Péladan* et Huysmans*, alertés de Bruxelles, en 1885, par les poètes de *La Jeune Belgique* qui venaient de faire main basse sur des exemplaires stockés depuis des années chez le libraire-éditeur Rozes, lequel avait hérité de la faillite de Lacroix, premier imprimeur des *Chants*. Remy de Gourmont : « C'était un jeune homme d'une originalité furieuse et inattendue, un génie malade et même franchement un génie fou. » Était-il beau comme la désormais célèbre « rencontre fortuite, sur une table de dissection, d'une machine à coudre et d'un parapluie » ? Arborait-il ce visage de « canard du doute, aux lèvres de vermouth » qui séduira tant le jeune André Breton* allant recopier, à la Bibliothèque Nationale, le seul exemplaire disponible des *Poésies* ? Quoiqu'il en soit Lautréamont commencera sa brève carrière littéraire par de sages conseils : « On doit laisser pousser ses ongles pendant quinze jours. Oh ! comme il est doux d'arracher brutalement de son lit un enfant qui n'a rien encore sur la lèvre supérieure, et, avec les yeux très-ouverts, de faire semblant de passer suavement la main sur son front, en inclinant en arrière ses beaux cheveux ! Puis, tout à coup, au moment où il s'y attend le moins, d'enfoncer les ongles longs dans sa poitrine molle, de façon qu'il ne meure pas [...] », avant, par les *Poésies*, de ne « chanter exclusivement que *l'espoir*, *l'espérance*, LE CALME, *le bonheur*, LE DEVOIR », comme il l'écrit à « M. Darasse, Banquier » (dépositaire de la pension paternelle) le 12 mars 1870, en réaction contre les « Grandes-Têtes-Molles » de l'époque depuis que « Lamartine*, Hugo*, Musset* se sont métamorphosés en femmelettes ». On ne cessera bientôt de gloser sur ce renversement tout aussi supposément énigmatique que le renoncement à la poésie de Rimbaud*, à moins de ne considérer ces deux livres — *Les Chants de Maldoror* et les *Poésies* — en tant qu'un seul et même exercice brillantissime de rhétorique rédigé par un jeune homme trop doué : provocation pour provocation... On ne sait presque rien de la vie d'Isidore Ducasse, né à Montevideo. Il navigue de Tarbes à Pau entre 1859 et 1867 — année où il s'embarque (sans doute) pour Montevideo avant de venir loger à Paris, rue Notre-Dame-des-Victoires. Il meurt de la tuberculose dans un hôtel de la rue du Faubourg-Montmartre, seul et à vingt-quatre ans. Rien, du portrait laissé par son condisciple Paul Lespès (l'un des dédicataires des *Poésies*) — « je vois encore ce grand jeune homme mince, le dos un peu voûté, le teint pâle, les cheveux longs tombant de travers sur le front, la voix aigrelette. Sa physionomie n'avait rien d'attrayant » — ne corrobore la vision hallucinée qui visitera Bloy* : « C'est un aliéné qui parle, le plus déplorable, le plus déchirant des aliénés, et l'immense pitié mélangée d'indicible horreur qu'il inspire doit être, pour la raison, le plus efficace des prophylactiques. »

Lauzun (Antonin Nompar de Caumont, comte puis duc de — 1633-1723)

L'une des figures les plus contrastées de son temps. La Bruyère en fait un type dans ses *Caractères* sous le nom de Straton : « Sa vie est un roman, il lui manque le vraisemblable [...]. Il a dit de soi : "j'ai de l'esprit, j'ai du courage" ; et tous on dit après lui : "il a de l'esprit, il a du courage". » Il espionna Louis XIV, caché sous le lit royal, se répandit en impertinences qui lui valurent l'embastillement. Il épousa secrètement La Grande Mademoiselle, voisina neuf années avec Fouquet* à la forteresse de Pignerol, fit maintes tentatives d'évasion, connut des crises mystiques, courut l'aventure en Angleterre, revint à la Cour où il ne joua plus guère que le rôle du bouffon (ce qu'il fit très bien) ... Maréchal de France, il épousa en seconde noce la belle-sœur de Saint-Simon, qui dit de lui : « C'était d'ailleurs un homme peu suivi et peu d'accord avec soi-même, et dont l'humeur et les fantaisies lui avaient plus d'une fois coûté la plus haute et la plus solide fortune. [...] Ce n'était pas un homme à durer longtemps au pot et au logis d'autrui, et la jalousie, qui toute sa vie avait été sa passion dominante, ne pouvait s'accommoder d'une maison soir et matin ouverte à Paris et à la Cour... »

LÉAUTAUD (Paul — 1872)

C LERC DE NOTAIRE, romancier, critique et antho- logiste. Avec son collègue Van Bever, il publie « un guide de la poésie récente » qui scrute hardiment l'état de la versification de 1880 à 1900 : *Les Poètes d'Aujourd'hui*. Né dans le milieu du théâtre, élevé à la diable, il incarne la fin de la bohème* artistique qui déambule d'un café* à un spectacle. Il narre ses premiers émois amoureux dans *Le Petit Ami* (1903) et *Amours* (1906) où, sur le ton de la confidence, il trace des portraits pleins d'une acide et drôle méchanceté. Les lecteurs du *Mercure de France*, où il chroniquait, s'indignèrent de l'âpreté de ses propos ; on l'accusa vite de cynisme : « Cynique est bien inexact, du reste. Franchise serait plus juste. Franchise qui se moque du qu'en dira-t-on. » Il passe pour tenir un journal.

LIAISONS (DANGEREUSES)

L A MANTE RELIGIEUSE et l'amant religieusement soumis — à la rouerie de la Merteuil, vérolée dans l'âme. S'ils meurent, ce n'est pas ensemble, exténués par les stratagèmes tramés à l'écart d'une société complaisante et passive : « On ne l'aime pas (Valmont) mais on le flatte. Telle est son existence au milieu d'un monde qui, plus prudent que courageux, aime mieux le ménager que le combattre. » La Présidente de Tourvel, victime désignée parce qu'elle résiste, signe la petite mort du libertin en cédant : « Conquérir est notre dessein : il faut le suivre (Valmont) » ; la place emportée, l'assiégeur s'anéantit. C'est peut-être justice, considérant qu'il avait usé, à la lettre 48, d'un double langage pour évoquer les chastes tourments de l'âme, quand dans l'alcôve il besognait un écritoire charnel !

LIBERTIN, LIBERTINAGE

« OUI, je suis libertin, je l'avoue [...]. Je suis un libertin, mais je ne suis pas un *criminel* ni un *meurtrier* [...]. Je suis un libertin, mais trois familles domiciliées dans votre quartier ont vécu cinq ans de mes aumônes [...]. Je suis un libertin, mais j'ai sauvé un déserteur de la mort [...]. Je suis un libertin, mais aux yeux de toute votre famille, à Évry, j'ai, au péril de ma vie, sauvé un enfant qui allait être écrasé sous les roues d'une charrette [...] », etc. etc. Il fallait que le mot fût bien infamant pour que le marquis de Sade* se résolût à présenter ainsi sa justification dans la « grande lettre à Madame de Sade » du 20 février 1781. Certes, on se doit ennuyeusement de rappeler que le qualificatif ne fut pas toujours synonyme de débauché, d'impie mais qu'au XVIIe siècle, il désignait les libres penseurs regroupés autour de Théophile de Viau entre autres. Sous l'influence conjuguée d'Aristote, d'Épicure, de Giordano Bruno, ce n'est pas l'existence de Dieu* qu'ils contestent, mais le dogme et la contrainte de la religion, autrement dit l'interdiction de penser et d'imaginer le monde librement (tel Cyrano de Bergerac*), non sans parfois quelques excès* de langue, de boissons et de railleries. Il faudra attendre Crébillon fils, Laclos, Sade pour que les comportements du libertin — et le libertinage — soient fixés en termes de plaisir, de blasphème, de stratégie. De stratégie, le libertinage n'en manque pas, que ce soit sur les terres érotique ou politique. Enfants de Don Juan*, les libertins ne considèrent plus les femmes en vertu de leur inscription sur un « catalogue » où elles se succèdent, mais en fonction de l'assemblage géographique de leurs corps. L'intensité de la jouissance ne repose plus uniquement sur la difficulté de la conquête, elle se pimente des stratagèmes mis en place pour l'obtenir. L'excitation née à la vue de l'assemblage des corps entraîne le libertin à exploiter davantage toutes les possibilités de perversion, comme en témoignent *Les Cent Vingt Journées de Sodome* de Sade. Par ailleurs, le libertin hait « l'état de nature » cher à Rousseau* et, habile, s'en sert pour légitimer ses actions : à quelles pulsions répondent-elles, si ce n'est à celles que la Nature a

142

déposées en lui... Habile encore, il sait, comme Valmont, naviguer entre respectabilité sociale et débauche privée : c'est dans le monde qu'il traque ses victimes pour mieux les humilier, les pervertir, les affranchir. Celles qui résistent sont condamnées à la déchéance physique (Justine) ou morale (La Présidente de Tourvel), voire à la mort ; celles qui se libèrent des préjugés deviennent à leur tour des maîtresses de cérémonies (La Merteuil, Juliette), au demeurant parfaits recruteurs de nouvelles proies que leur sexe avantage... Ouvrant la narration des péripéties des « malheurs de la vertu », Sade donnait le la et condamnait à offenses et outrages perpétuels « pudeur, horreur du mal, piété, pitié, prudence, bienfaisance, amour du bien et de la vérité ».

LIGNE (Charles Joseph, prince de — 1735-1814)

I L POUSSA Casanova* à se faire mémorialiste : c'est que ce Bruxellois du grand monde, confident de la tzarine Catherine et de Marie-Antoinette*, volant d'une cour à l'autre, avait tâté de la plume dès sa jeunesse par des *Contes Immoraux*, à la mode licencieuse de l'époque, qui lui valurent un petit succès. Il fut l'ami et le correspondant de Mme de Coigny — la future « marquise républicaine », pourtant fouettée par les sans-culottes sous les marronniers des Tuileries ; elle avait dit de Marie-Antoinette, à propos de l'affaire du Collier : « La Reine n'a pas le caractère franc du collier. » En 1791, Charles Joseph de Ligne est grand bailli du Hainaut alors que cette province, gagnée aux idées révolutionnaires, entre en rébellion ; il pénètre dans Gand à la tête d'un invraisemblable cortège qui rappelle l'Orient où il vient de combattre pour les Russes : Tartares, Cosaques, Turcs et dromadaires forment son équipage ! Mais la Révolution puis l'Empire, qui le ruinent, confineront les vagabondages princiers de celui que l'aristocratie européenne nomme « Le Prince charmant » ou, plus tard, « Le dernier des chevaliers français ». Il faisait mine de haïr Napoléon*, (mais dans ses *Lettres* point souvent l'admiration), qu'il gratifie de sobriquets comiques : « Satan 1er, Tremblement de terre, L'Homme-Diable, Brouillon 1er, Mahomet ou encore Cagliostro ». Vers le soir de sa vie, il disait, avec un rien de fatuité : « J'ai aimé, désiré et obtenu tant de femmes ! »

LION, LIONNE

PARLANT de Mme de Boufflers, Sainte-Beuve* écrit qu'elle était « la lionne du moment », et Proust* utilise le terme à propos de la comtesse de Molé (la conquête du baron de Charlus* serait pour elle le symbole de sa victoire mondaine). Ce sont des femmes qui obtenaient de hauts succès de salon, tant par la qualité de leur entourage, le brillant de leur conversation, le chic de leurs toilettes, ou par l'indépendance de leurs mœurs. Pour Littré, le mot vient d'Angleterre où il était de bon ton d'aller visiter pompeusement les carnassiers souverains de la Tour de Londres : c'était donc ce qu'il fallait avoir vu pour ne point passer pour un campagnard ignorantin. En plein règne dandy, « être un lion » était le plus signalé compliment qui fut : s'attachait au terme une forte dose d'oisiveté fortunée, d'élégance recherchée, de liberté des mœurs ou des propos. Ainsi, Frédéric Soulié — qui voulait dresser, avec ses *Mémoires du Diable*, un tableau des hideurs de la société — écrit-il dans *Le Lion amoureux* : « On sait que la race à laquelle le lion appartient a toujours vécu en France sous divers noms ; ainsi le lion s'est-il appelé autrefois raffiné, muguet, homme à bonnes fortunes, roué ; plus tard muscadin, incroyable, merveilleux ; dernièrement enfin dandy et fashionable ; aujourd'hui c'est lion qu'on le nomme. » Delacroix*, qui visita le Maroc en 1832, transposa dans l'univers pictural la vision idéalisée et résolument nouvelle que ces beaux animaux entendaient imposer au public. Dans la seconde partie du XIXe siècle, une abondante crinière blonde était la nécessaire incarnation de qui voulait devenir lionne.

LONGUEVILLE (Anne Geneviève, Mme de — 1619-1679)

SUPERBE ÉGÉRIE porte-glaive, qui embrouilla à plaisir les affaires du royaume de France lors de la Fronde et détestait les araignées (assure Tallemant des

Réaux). Princesse bourbonne du sang, sœur de Condé et de Conti, elle provoqua la mort en duel de son amant Coligny. Enamourés de sa personne, Turenne, La Rochefoucauld puis le duc de Nemours passèrent aux Frondeurs pour ses beaux yeux (et le reste). Les grands plaisirs des princes — payés par la misère populaire — ayant une fin (la poigne du jeune Louis XIV), Anne Geneviève lâcha l'intrigue pour la mondanité littéraire et tint salon* dès 1653. Puis, à la mort de son fils, elle tomba dans la dévotion et finit ses jours au carmel, affublée du titre de « Mère de l'Église »...

LORRAIN (Paul Alexandre Duval, dit Jean — 1855-1906)

IL SERAIT naturellement de très mauvais goût de ne pas voir briller sur la face de crapaud-buffle de Jean Lorrain l'onctueuse crème de l'ignominie. Ce « Raitif de la Bretonne », « enfilanthrope » des bouges et putrescent contempteur des salons* mondains et artistiques ne dédaigna pas d'y encourager. « Comme un crapaud blessé qu'un ruisseau d'azur lave » au point que le morticole Léon Daudet* semblait prêt à rendre tripes et boyaux rien qu'à l'idée de l'approcher : « J'ai toujours eu pour ce pauvre diable une horreur insurmontable. Qu'on imagine le clapotement d'un égout servant de déversoir à un hôpital » ; cela s'appelle une victoire ! Éthéromane érotomane, cette créature empâtée par un Rops qui aurait copulé avec Mossa s'impose sans doute comme la plume la plus perfide, la plus bifide aussi de l'histoire des Lettres et du journalisme ; non, d'ailleurs, sans qu'il réussît à enchanter le vieux cancanier de Goncourt* ou l'intraitable Connétable qui adopta ce disciple du *Vice errant*. « Qu'appelle-t-on vice* ? », demandait simplement Lorrain, « un goût qu'on ne partage pas ».

LOUŸS (Pierre Félix Louis, dit Pierre — 1870)

PARFAIT POÈTE à consonance hellénisante (les *Chansons de Bilitis*) ; romancier surpris par le succès (*Aphrodite*, 1896, puis *La Femme et le Pantin*, 1897) ; noble admirateur de Hugo* et de Mallarmé* ;

esthète rêveusement décadent (Oscar Wilde lui dédiera *Salomé*) qui apprécie le charme des prostituées ; ami précieux de Debussy ; amoureux blessé par le mariage de Marie de Heredia qu'il idolâtrait, il se console assez malheureusement dans les bras de la sœur, Louise, avant d'en divorcer pour mener une vie libertine, laquelle n'arrange ni sa santé, ni la sorte de stérilité qui s'empare de ses vains travaux d'érudit ne menant nulle part : il compile pour tenter de prouver que Corneille aurait écrit les meilleures pièces de Molière*. Presque aveugle, sous l'emprise de l'alcool et des stupéfiants, il va mourir à l'écart. On lui doit surtout la suite la plus obscène de la poésie française : *Pybrac*. Un manuscrit secret qui ne compterait pas moins de sept cent quatre-vingts quatrains, écrit sur une dizaine d'années, litanisant jusqu'à l'écœurement les obsessions les plus répétitives de l'auteur — quelques exemples ?

« Je n'aime pas qu'Alice en rut lève son linge
Montre son clitoris dardé, rouge et durci,
Long comme un vit de chien, droit comme un vit
                                    de singe,
Et soupire : "Ah ! ma gousse ! Un coup de langue
                                    ici !"

146

« Je n'aime pas à voir la putain triste et seule
Qui dit : "Viens m'enculer. Je n'ai pas de quoi
                                    manger,
Tu mordras mes tétons, tu chieras dans ma
                                    gueule
Et t'y foutras la queue après, pour décharger."

« Je n'aime pas à voir sept gougnottes en groupe
Qui vont chier ensemble au jardin, n'importe où,
Pour voir l'étron sortir du milieu de la croupe
Et se torcher le cul d'un coup de langue au trou."

« Je n'aime pas Fifi qui raconte : "C'est drôle ;
Maman a mille poils, moi rien qu'un peu,
Et chaque soir papa nous baise à tour de rôle,
Mais toujours moi d'abord, et maman quand il
                                    peut."

« Je n'aime pas à voir la pauvre gosseline
Qui se graisse l'anus mais se trompe de pot,

S'encule de moutarde au lieu de vaseline
Et hurle en aboyant comme un petit cabot. »
etc.

LUXE

« DÉPENSE SUPERFLUE, soit à l'égard des habits, ou de
la bouche », écrit Richelet dans son *Dictionnaire
de la langue française* (1728). Montesquieu* précise,
dans *L'Esprit des lois* (1748) : « Plus il y a d'hommes
ensemble, plus ils sont vains, et sentent naître en eux
l'envie de se signaler par de petites choses. S'ils sont en
si grand nombre que la plupart soient inconnus les
uns des autres, l'envie de se distinguer redouble, parce
qu'il y a plus d'espérance de réussir. Le luxe donne
cette espérance... » C'est donc l'une des grandes
questions de l'époque, et l'on verra — de Voltaire* à
Condorcet, en passant par Rousseau*, Marat et
Diderot* — les plus grands esprits du XVIIIe siècle
mettre en garde contre son ostentation. La Révolution
abolira momentanément le règne de ceux qui, comme
le disait encore Montesquieu, « ne regardent pour
nécessaire que ce qui est superflu ». La chute de
Robespierre* verra renaître follement le goût de la
dépense somptuaire : Barras* et Talleyrand* illustreront l'époque. Au siècle dix-neuvième, le luxe
coupera le monde en deux : immanquablement
insolent pour les uns, il sera pour d'autres le lieu rêvé
où : « Là, tout n'est qu'ordre et beauté,/Luxe, calme et
volupté » — Baudelaire*).

LUXURE

« MAGNIFIQUE, la luxure » : Rimbaud* annonce qu'il
n'est nullement besoin de luxe* pour s'abandonner aux délices de la luxure, en dépit de
l'étymologie commune. L'interdit biblique, à défaut
d'avoir pesé sur la chose, entoure le mot d'un halo sal-
vateur : on lui préfère — *mutatis mutandis* — lubricité,
débauche, vice, paillardise, volupté, excessive lascivité,
obscénité... La vision « fin de siècle », apocalyptique et
infernale, la ressuscite — tel Huysmans*-Des
Esseintes devant la *Salomé* de Gustave Moreau : « Elle
devenait, en quelque sorte, la déité symbolique de

l'indestructible Luxure, déesse de l'immortelle Hystérie, la Beauté maudite... »

MAGNARD (Albéric — 1865-1914)

PRISÉ DES CONNAISSEURS, ce compositeur (symphonies, musique de chambre, mélodies) était le fils du directeur du *Figaro**. Il refusa toujours l'aide paternelle pour faire jouer sa musique. Germanophile solitaire, retiré dans l'Oise, les Allemands le tuèrent, le 3 septembre 1914. Magnard vivait tellement reclus que l'on n'a jamais su le fin mot de sa disparition. L'un prétend qu'il fut enseveli sous les ruines de sa maison bombardée, un autre qu'il aurait été fusillé pour avoir tué un soldat teuton, lequel avait pénétré dans son jardin, un autre enfin qu'il mourut « un fusil à la main, il prétendait interdire à un détachement de l'armée allemande de violer son territoire familial ». Il reste, de ce trio d'informateurs, que notre musicien a bien composé un drame lyrique à la mode wagnérienne, intitulé prémonitoirement *Guercœur*.

MAISTRE (Joseph, comte de — 1753-1821)

NÉ SAVOYARD, on peut le réputer mort tel (quoique à Turin et ministre d'État du roi de Piémont-Sardaigne, après avoir passé plus de dix années en Russie) puisque sa région d'origine alla et vint, durant sa vie, dans le giron français. Joseph (à ne pas confondre avec son frère Xavier) connaîtra les élans de son temps puisqu'il sera franc-maçon* puis adepte de l'Illuminisme (Louis-Claude de Saint-Martin, dit « le Philosophe inconnu »), avant de retomber dans le sein du catholicisme dont il sera l'une des figures de proue. Voulant « Tuer l'esprit du XVIIIe siècle », il se fera ultra-montain en même temps qu'ultra-royaliste, et donnera la quintessence de sa pensée dans *Les Soirées de Saint-Pétersbourg* (1821) et *Du pape* (1819) : livre-pamphlet où il érige le Saint-Siège en modèle indépassable du pouvoir de la Providence contre les aléas trop humains du rationalisme des Lumières et la pensée libérale : « Depuis que l'impiété, sous le nom de philosophie, a déclaré la guerre au sceptre et à la tiare... » Maistre est sans doute la plus haute figure intellectuelle et littéraire de la Contre-Révolution ; n'était un style éclatant — assez voltairien, mais il détestait ce philosophe — il est le prophète de la Réaction.

MALLARMÉ (Stéphane, mais Étienne lorsqu'il écrit au ministre de l'Instruction publique pour demander congés ou déplacements — 1842-1898)

FONCTIONNAIRE EXQUIS, ici, des Lettres anglaises, subséquemment charmant suscripteur à ses loisirs — « Facteur qui de l'État émanes... » —, et Poëte de crise que la Mode — O l'antique Mystère jamais aboli —, pseudonymement, en Marguerite de Pontyx désigne. Le mardi, causant, rue de Rome, au numéro quatre-vingt-sept, d'Académie l'officier enfume son parterre : absent considérablement les samedis, quand le faune en plaid souque sa yole sur Seine (et-Marne) — à Valvins.

MANDRAGORE

SA LONGUE RACINE pivotante, souvent double, rappelle vaguement l'ébauche d'un corps humain (amputé tout de même de ses bras). Agrémentée de vertus analgésiques, cette engeance solanacée — telle sa sœur belladonne — connut une fortune toute particulière depuis l'ancienne Égypte. On lui prêtait un pouvoir magique, aphrodisiaque ou mortifère, qui en fit l'apanage des sorcières. Réputée pousser de préférence sous les gibets, où elle croît de la semence des pendus vierges (qui éjaculent à l'instant fatal), la plante devait être cueillie avec maintes précautions car son cri, au moment de l'arrachage, tuait qui l'entendait. On l'appelait, dans le Moyen Âge, la Main de Gloire.

MANDRIN (Louis — 1724-1755)

L'AÎNÉ D'UNE FAMILLE de joyeux drilles : un frère cadet sera pendu pour avoir fait circuler de la fausse monnaie. Louis prendra la tête d'une assez belle troupe de sac et de corde (environ trois cents âmes, dont pas mal de déserteurs) laquelle s'adonnera avec succès à la contrebande entre la France, la Savoie et la Suisse.

L'organisation impeccable des relais, caches et autres réseaux, le sens du coup de main audacieux, ainsi que le soutien de la population dauphinoise, feront fleurir ce commerce illicite. Mais toute chose ayant une fin, Mandrin sera capturé (il y aurait une vengeance sentimentale là-dessous), jugé à Valence et roué vif. Aussi compatissant à la misère que prompt à ridiculiser la force publique (il délivrera même des prisonniers), le brigand au grand cœur s'attira vite l'estime des foules ; poèmes et chansons continueront longtemps à entretenir sa légende.

MANGIN (Charles — 1866)

CET ETHNOLOGUE galonné rapporte de ses visites musclées en Afrique noire, au Tonkin et au Maroc la certitude que les indigènes formeront des troupes particulièrement efficaces dans la boue des tranchées. Aussi ne ménage-t-il pas sa viande à canon aux plus durs moments de la Grande Guerre. Son humanisme lui vaudra le surnom de « boucher ».

MARAT (Jean-Paul — 1743-1793)

NÉ HELVÈTE d'un père sarde, il ne connut les honneurs du Panthéon que sept jours (du 21 au 28 septembre 1794). Seul David donna des allures de jeune premier au médecin franc-maçon* car il était d'une laideur et d'un débraillé révoltants (« Ses vêtements en désordre, sa figure livide, ses yeux hagards avaient je ne sais quoi de rebutant et d'épouvantable qui contristait l'âme » — Levasseur, Conventionnel). Démangé par un eczéma ravageur, il ne trouvait l'apaisement que dans son bain ; et c'est dans celui de son sang que Charlotte Corday vengea les Girondins. Le futur « Ami du peuple » avait publié premièrement en anglais *Les Chaînes de l'esclavage*, en 1774 à Edimbourg où il avait été reçu docteur en médecine. On sait peu que Voltaire* se donna la peine de réfuter par l'ironie son *Traité sur les principes de l'homme* (1775) dans lequel il qualifiait Malebranche et Condillac « d'ignorants et d'esprits bornés » — pas moins. Peu avant la Révolution, et parmi maints travaux savants, il glosa sur *les vraies causes des* *couleurs que présentent les lames de verre, les bulles de savon, et autres matières diaphanes extrêmement minces.* En 1789, décrété d'arrestation pour avoir, déjà, réclamé des têtes et des potences, il dut se réfugier successivement chez une actrice du Théâtre-Français, chez un curé de Versailles, dans la cave d'un boucher et, finalement, dans le sous-sol du couvent des Cordeliers. Il jugea prudent de fuir en Angleterre. Pour mieux assurer la défaite de ses ennemis girondins, Marat alla lui-même sonner le tocsin de l'Hôtel-de-Ville. Un mois plus tard, la rapide décomposition de son cadavre, auquel la Convention voulait faire des honneurs grandioses, gâcha la fête funèbre. Dans *Les Chaînes de l'esclavage*, que Marat traduisit en français en 1792, il écrivait à propos du luxe* : « Ainsi, en amolissant & en corrompant les peuples, le luxe les soumet sans résistance aux volontés d'un maître impérieux, il les force de payer du sacrifice de leur liberté le repos & les plaisirs dont il les laisse jouir. »

MARÂTRE NATURE

QUI N'A SES GRANDS ET PETITS MOTS, ses raisons endurées de pester contre le ciel, vide ou non ? Pas Scarron*, si l'on en croit Tallemant des Réaux : quoique... « Le petit Scarron a tousjours eu de l'inclination à la poésie, dansait des ballets et estoit de la plus belle humeur du monde, quand un charlatan, voulant le guerir d'une maladie de garçon, luy donna une drogue qui le rendit perclus de tous ses membres, à la langue près et quelque autre partie que vous entendez bien ; au moins, par la suitte, vous verrez qu'il y a lieu de le croire. Il est depuis cela dans une chaise couverte par le dessus, et il n'a de mouvement libre que celuy des doits, dont il tient un petit baston pour se gratter ; vous pouvez croire qu'il n'est pas autrement ajusté en galent. Cela ne l'empesche pas de bouffonner, quoyqu'il ne soit quasy jamais sans douleur, et c'est peut-estre une des merveilles de nostre siecle, qu'un homme en cet estat-là et pauvre puisse rire comme il fait... » Le même Tallemant décrit le Cardinal de Retz* : « Un petit homme noir qui ne voit que de fort près, mal fait, laid et maladroit de ses mains à toute chose. » Et répute Cyrano de Bergerac* pour « un fou » — bien qu'ils fussent tous deux prompts à railler Scarron — mais ne souffle mot de son appendice nasal que Gautier*, redécouvreur du bretteur mélancolique, qualifiera de « trompe de tapir » ! Avant l'utopiste lunaire, Ronsard et Du Bellay, compères en tout, le furent aussi en surdité, qui fit venir au second l'admirable *Hymne* à leur commune atteinte :

> « Et d'être, mon Ronsard, demi-sourd, comme toi.
> Demi-sourd, ô quel heur ! plût aux bons Dieux
>   que j'eusse
> Ce bonheur si entier que du tout je le fusse ! »

Marat* ne chanta pas ainsi la maladie de peau qui le tenait dans la baignoire où le destin femelle le vint poignarder. Non plus que Couthon*, l'avocat roulant, que l'on dut monter à la force des bras (Nicolas Maure, député de l'Yonne) sur la tribune où il déclama les terribles articles instituant la Grande Terreur. À l'aube de la Révolution, les frères Mirabeau* ne ressemblaient guère à leur nom : l'aîné était grêlé de petite vérole jusqu'à la hideur — on connaît le mot de Rivarol* : « Mirabeau était l'homme du monde qui ressemblait le plus à sa réputation : il était affreux » —, son cadet semblait une barrique, au point qu'on l'affublait du sobriquet de « Mirabeau-Tonneau » ! Talleyrand*, par contre, tira tout le profit possible de sa boiterie, se donnant une allure singulièrement énigmatique, ornée du ferraillement de son pied-bot appareillé, et scandant de la canne* répliques impertinentes ou apophtègmes visionnaires. Précurseur d'un autre genre, Alphonse Rabbe, l'un des premiers pratiquants du poème en prose, inventa le suicide *pessimiste* ; il s'expédia au laudanum pour fuir les douleurs de la syphilis qui lui rongeait le visage depuis la guerre d'Espagne : il avait là attrapé ce mal. Tout comme Baudelaire* mais qui — quoique vierge s'il faut en croire Nadar ! — l'acquit grâce à quelque fréquentation douteuse et finit à coup de « Crénom ! ». Même cause mêmes effets pour Jules de Goncourt* (20 mai 1870) qui souffle, plus mystérieusement : « Maï-a, Maï-a ». Maupassant, grand viveur, mourut fou dans la clinique du docteur Blanche : la rumeur, toujours cordiale, le décrivait à quatre pattes dans sa cellule où on le lavait au jet d'eau... Et dans l'impossibilité de se tenir à la tête de ses troupes, sur un quadrupède équin, Napoléon III gâcha, à Sedan, ses qualités supposées de stratège : il était depuis longtemps atteint de la pierre et endurait des coliques néphrétiques. Son successeur d'un moment, Adolphe Thiers* mesurait 1,55 m, ce qui ne l'empêcha pas d'arriver en haut de l'échelle. Tout comme Laurent Tailhade — le « fou distingué » des Goncourt — qui non content d'être courtaud, malingre et d'avoir le blanc des yeux particulièrement important, se trouve tailladé (on ose !) du visage à la suite de l'explosion d'une bombe anarchiste — lui qui en était, par les idées et par la plume (*À travers les groins*, 1899, *Imbéciles et gredins*, 1900). C'est en crapaud que se regarde Tristan Corbière* qui n'a jamais trop goûté son apparence. Quant au pauvre Gourmont, semblable au roseau de son cher La Fontaine, il avait « bien sujet d'accuser la nature » : il est défiguré par un lupus tuberculeux à l'âge de 33 ans puis, sur le tard, victime d'une ataxie locomotrice invalidante qui handicape ses mouvements et sa parole — peut-être due à la syphilis, quoique les mauvaises langues prétendirent que les prostituées, effrayées par sa laideur, refusaient son argent. S'il faut en croire Léon Daudet*, Marcel Schwob, autre curieux littéraire de haut vol, n'était guère gâté : « Son extrême laideur [...] boursouflée, aux grosses lèvres de jambon, entièrement glabre, qui tenait du sorcier [...] sa laideur dramatique en était atténuée. » On n'est pas plus aimable et digne pour parler d'un ami, d'autant que lui-même n'était pas un prix de beauté.

En ce 31 décembre 1917, Valery Larbaud va plutôt bien : l'aphasie et la paralysie ne l'ont pas encore attrapé.

MARIAGE

Longtemps s'opposèrent le mariage-raison et le mariage-passion, l'un comme l'autre trouvant au demeurant résolution et point d'orgue dans le cocuage. Quelques esprits libres s'y opposèrent, suivant en toute (mé)connaissance ce petit raisonnement de Chamfort :

« A — Vous marierez-vous ?

B — Non.

A — Pourquoi ?

B — Parce que je serais chagrin.

A — Pourquoi ?

B — Parce que je serais jaloux.

A — Et pourquoi seriez-vous jaloux ?

B — Parce que je serais cocu.

A — Qui vous a dit que vous seriez cocu ?

B — Je serais cocu parce que je le mériterais.

A — Et pourquoi le mériteriez-vous ?

B — Parce que je me serais marié. »

Jean-Baptiste Carrier voulant, lui, conjuguer raison et passion, imagina la cérémonie du « mariage républicain » dont voici la recette : prenez deux contre-révolutionnaires plus ou moins avérés (choisissez de préférence un prêtre et une moniale) ; dénudez-les sans façon puis ficelez-les dos à dos avant de les enfourner sur une barque que vous aurez préalablement pris soin d'apprêter en passoire. Confiez le tout à la Loire qui veillera à la marinade. La recette réussie, allez banqueter à la santé de la République. Si ce menu, quelque peu indigeste, n'est pas de votre goût, consultez donc le « traité de politique maritale » de Balzac* qui, par son abondance, satisfera les convives les plus affamés, dès le hors-d'œuvre : « Que le mariage est une institution nécessaire au maintien des sociétés, mais qu'il est contraire aux lois de la nature ? Qu'il y a quelque chose de ridicule à vouloir qu'une même pensée dirige deux volontés ? Que le mariage est gros de crimes, et que les assassinats connus ne sont pas les pires ? Qu'il faut marier les filles sans dot et les exclure du droit de succéder ? ... Des auteurs anglais et des moralistes ont trouvé que c'était, avec le divorce, le moyen le plus sûr de rendre le mariage heureux. » (*Physiologie du mariage.*) Le beau-père de Paul Lafargue*, l'auteur du *Droit à la paresse*, qui, à Londres, courtisa assidûment la fille cadette du contempteur de l'héritage, n'entendit pas démentir cette dernière préoccupation balzacienne : « J'ai écrit aujourd'hui une longue lettre en français à Lafargue pour lui dire que les choses ne pourraient pas aller plus loin et n'aboutir à un arrangement que lorsque sa famille m'aura fourni des renseignements positifs sur sa situation économique. » (Marx à Engels, 13 août 1866.) Il est vite rassuré : « Le père m'a écrit de Bordeaux, a demandé le titre de fiancé et m'a fait, du point de vue financier, des conditions très favorables. » Et si votre cœur de petite-bourgeoise fait « Blum », Mesdemoiselles, initiez-vous au mélange socialiste des saveurs pré-conjugales dont la nouveauté fit scandale en 1907 (*Du mariage*).

MARIANNE

Pauvre République ! Mal en point dès qu'il s'est agi de choisir un symbole anthropomorphe représentant sa vertu aux yeux du monde... En effet, si l'on en croit la ville de Puylaurens (Tarn) — laquelle se revendique « berceau occitan de la Marianne républicaine » — un certain Guillaume Lavabre, cordonnier-troubadour de son état, baptisa en 1792 la nouvelle-née de ce prénom, au demeurant alors d'usage commun : on le donnait de préférence aux filles aînées des familles modestes. Pour fêter l'événement, l'artiste-sabotier créa une chanson intitulée *La Garisou de Marianno*, dit « cansou patriotiquo », où l'on apprend que la pauvrette n'est qu'une fille malade, en lieu et place de la plantureuse matrone que l'on busta par la suite : il conviendra donc que divers Purgon s'attachent à la guérir, non sans un certain acharnement thérapeutique : le cas était-il curable ? :

> « Marianno, trop attacado
> D'uno forto malautié,
> Ero toujour maltratado,
> Et mourio de caytibié [...]

> [...] Et les remedis
> De Louis
> Soun pas bous ; jamai l'on nou
> Garis ;
> Mais uno unço d'Egalitat,
> Et dos dramos de Libertat
> Yau degaxat le palmou [...]

La prescription ne s'arrête pas là : « un peu d'huile de Servan, un peu de sirop de Roland ; l'elixir de

Dumouriez, frotté à la plante des pieds ; une prise de Nice, deux pincées d'Émigrants ; l'évaporation de Clairfayt ; la graisse de marmotte de Montesquiou, Anselme, enfin, chasse le venin », etc. Cependant, la Marianne a connu depuis de sérieuses rechutes, et la question demeure : la République a-t-elle fait le bon choix ?

MARIE-ANTOINETTE (Marie-Antoinette Joseph Jeanne de Lorraine, dite — 1755-1793)

SON SEUL NOM suffisait à convoquer la détestation générale où était tenue la famille royale. « Mme Déficit », plus tard « l'Autrichienne », « la Boulangère » puis « Mme Veto » a eu l'honneur de cristalliser le mépris et l'indignation que son faste et sa frivolité méritaient par quelques bouts. Dans l'affaire* du Collier (1784-1785) l'opprobre de cette escroquerie tombera sur elle, alors que les acteurs visibles (Rohan, Mme de La Motte et Cagliostro) en sont les vrais coupables. Pendant la Révolution, on attribuera à la régente du dérisoire Hameau de Trianon, une répartie mieux teintée de naïveté que de méchanceté : les miséreux voulaient du pain qui manquait dans Paris, elle aurait dit alors : « Qu'on leur donne de la brioche ! » L'histoire retiendra son courage devant le sort adverse (quoiqu'elle ait ardemment poussé à la guerre) quand, dépouillée de ses dignités superficielles, elle fit montre d'une sorte de grandeur que les plus acharnés à sa perte ne prouveront pas toujours. C'est ici qu'intervient Léon Bloy* et son panégyrique, *La Chevalière de la Mort* : le rédempteur de « la Sainte Insurgée » n'y va pas par quatre chemins pour béatifier celle qui naquit — ô signe ! — le Jour des Morts de 1755. Tel un christ femelle, elle aurait enduré son supplice — et les épousailles avec la « massive incapacité » de Louis XVI ne sont pas un détail — pour racheter les fautes de ce XVIIIe siècle honni car « le singe (dont Voltaire* fait un beau spécimen) remplace Notre Seigneur Jésus-Christ et grimpe sur tous les autels ». La provocation divine s'abat sur l'humanité égarée sous les espèces d'une femme — la « Porphyrogénète fleurdelisée ».

MAURRAS (Charles Marie Photius — 1868)

L A SURDITÉ est son signe, au physique comme pour le reste. Obsessionnellement royaliste, son anti-jacobinisme en fait le héraut d'un régionalisme décentralisateur, que son origine provençale a nourri. Il fonde en 1908, avec Léon Daudet* et Jacques Bainville, *L'Action française*, émanation quotidienne des ligues antidreyfusardes, partisane du « natio-nalisme intégral » antiparlementariste et revancharde. Les vendeurs de ce brûlot s'organiseront rapidement en une secte ultraréactionnaire particulièrement active — les Camelots du roi. Maurras, par ailleurs, étalait une profonde et vaste culture classique, et la littérature n'avait guère de secrets pour lui à condition qu'elle ne fût ni anglo-saxonne, ni germanique, ni même orientale... Ennemi juré de « l'Or » qui a supplanté l'ordre divin des rois, cet agitateur agnostique (certains de ses livres seront mis à l'Index) assure que l'or « échappe à la désignation et à la vengeance. Ténu et volatil, il est impersonnel. Son règne est indifféremment celui d'un ami ou d'un ennemi, d'un national ou d'un étranger. Sans que rien le trahisse, il sert également Paris, Berlin et Jérusalem ». On voit le tableau. Et Maurras est de ceux qui poussent vers la boucherie des tranchées les générations de « patriotes » convaincus. Lui-même ne connaît pas les beautés mystiques des carnages militaires. Mais, comme Barrès, il en parle si bien !

MAZARIN

M OT RADICAL, issu du patronyme d'un Jules — cardinal* (1602-1661) que Richelieu (qui l'était aussi) choisit pour lui succéder à la tête des affaires courantes du royaume. Les Grands (c'est-à-dire ceux que le destin a placés juste en dessous de l'Oint du Seigneur), Retz* en tête et Mme de Longueville*, frondèrent aussitôt l'intrigant. Mais la régente, Anne d'Autriche, ne se sentant plus de joie à sa vue, en fit sans doute son amant : intrigues assurées. Ledit mot radical enrichit la langue française ; bonne fille, elle le lui a rendu au centuple pour sa plus grande aisance et celle de ses deux nièces : *mazarinade* (libelle vengeur contre sa personne et sa politique — quelques milliers), *mazarine* (assiette creuse pour le potage et, éventuellement, nom de rue ou prénom féminin), *mazarinesque* (créature de Jules), *mazarinisme* (conduite de la chose politique bien dans sa manière), *mazariniste* (partisan convaincu et dévoué du cardinal), *se mazariniser* (s'enrôler sous sa bannière)...

MERDE

DÉJÀ MARTIAL ET HORACE. François 1er, affligé par la puanteur de « notre bonne ville et cité de Paris », décréta l'Édit de novembre 1539 : article 4 — « Défendons de vuider ou jetter es rues et places de ladite ville et fauxbourgs d'icelle, ordures, charrée, infections, ni eaux quelques soient et de retenir longuement es dites maisons, urines, eaux croupies ou corrompues » ; article 15 — « Enjoignons iceux fiences et immondices serrés et mettre dedans leurs maisons dans paniers et mannequins ». Jusqu'à la Révolution, on ne disait pas *caca d'oie* pour la ragoûtante teinte que désignait l'expression : on usait du mot, tout crûment. Ainsi que le fit Napoléon* — sous l'empire de la colère —, s'emportant contre Talleyrand* : et pour accroître l'insulte, il l'enveloppa, mais verbalement, dans un bas de soie. Copiant son maître, le désormais fameux Cambronne (son nom vient, à ce que nous supposons, de *bren*, mot dont use par exemple Rabelais* quand il veut dire la chose) jeta l'injure à la figure des Anglais, aux derniers moments de Waterloo ; en bon angliciste, le général savait que *loo* désigne les cabinets d'outre-Manche. Et il se trouva une gazette allemande (celle de Voss) pour s'indigner du refus de l'Académie française* d'introniser l'expression dans son dictionnaire, au début de notre siècle : « La langue française perdrait un de ses mots les plus colorés, un de ceux qui apportent du mouvement, de la vie dans la conversation ! » Merdre alors !

MERVEILLEUSES (LES)

MME TALLIEN (Notre-Dame de Thermidor) fut la coqueluche de ces excentriques aux mœurs dissolues, qui régnèrent un temps sur le Directoire, flanquées des Inc(r)oyables*. Elles portaient des voilages assez transparents retenus par une ceinture haut placée, des chapeaux fantasques ou des nœuds gigantesques sur leur chevelure tombante. Ange Pitou*, chansonnier, les crayonna ainsi :

« De votre robe à coulisse
Les plis sont très peu serrés,
C'est pour faire un sacrifice
Que vos bas sont retroussés [...]
Talons à la cavalière,
Boucles et souliers brodés,
Bottines à l'écuyère
Ou bas à coins rapportés,
Ridiculement mondaines
Dans tous vos ajustements,
Des reines et des Romaines
Vous quêtez les agréments. »

Le portatif de la Provocation

MICAL (l'abbé — ?-1789)

L'ORGANE VOCAL, au fond de la gorge, est une sorte d'instrument à vent dont la bouche est le clavier (les dents et la langue faisant office de touches et de pédales, le palais de caisse de résonance). L'abbé inventa une « tête parlante » — savante mécanique d'airain, avec cylindre et clavier, censée reproduire toutes les syllabes du français. Le gouvernement refusa d'acheter le chef-d'œuvre, en 1782, et le concepteur en conçut tel dépit qu'il brisa son enfant bredouillant. Rivarol* s'extasia devant tant d'ingéniosité mais le saint homme mourut de désespoir et de dettes.

159

MICHEL (Clémence Louise — 1830 ? -1905)

« UN VISAGE aux traits masculins, d'une laideur de peuple, creusé à coups de hache dans le cœur d'un bois plus dur que le granit... » Laurent Tailhade — qui n'était pas précisément un Apollon — sculpte ainsi la physionomie de la Vierge rouge de la Commune*, que d'autres appelleront « la Bonne Louise », ou Hugo*, *Viro major*, qui versifie pesamment en son honneur, dans *Toute la Lyre* :

« Ceux qui savent tes vers mystérieux et doux,
Tes jours, tes nuits, tes soins, tes peurs, donnés
à tous,
Ton oubli de toi-même à secourir les autres,
Ta parole semblable aux flammes des apôtres... »

Elle signait Enjolras les lettres qu'elle adressait au poète. Car non satisfaite d'être sur tous les fronts de la cause républicaine et libertaire (du Paris insurgé à la Nouvelle-Calédonie où, quoique déportée, elle encourage la rébellion des Canaques ; de Londres à Bruxelles et la Hollande), Louise Michel poursuit également ses combats par la plume : elle publie poèmes, romans, théâtre, souvenirs, ainsi que des *Mémoires*, en 1886. Passionaria de l'égalitarisme, agitatrice et propagandiste, conférencière, ambulancière et combattante au 61e bataillon communard, certes, mais l'ancienne fille adultérine d'un châtelain et d'une servante — elle fut élevée dans le confort bourgeois — restera obsédée toute sa vie par les problèmes de l'instruction publique, allant jusqu'à fonder plusieurs écoles libres (sans dieu*, on s'en doute !).

MICHELET (Jules — 1798-1874)

160

PAROLES D'HISTORIEN : « Français, de toute condition, de toute classe, et de tout parti, retenez bien une chose, vous n'avez sur cette terre qu'un ami sûr, c'est la France. Vous aurez toujours, par-devant la coalition, toujours subsistante, des aristocraties, un crime, d'avoir, il y a cinquante ans, voulu délivrer le monde. Ils ne l'ont pas pardonné, et ne le pardonneront pas. Vous êtes toujours leur danger. Vous pouvez vous distinguer entre vous par différents noms de partis. Mais, vous êtes, comme Français, condamnés d'ensemble. Par-devant l'Europe, la France, sachez-le, n'aura jamais qu'un seul nom, qui est son vrai nom éternel : La Révolution ! » — *Le Peuple* (1846), préface.

MIGNON

« CE FUT en 1576 que le nom de *mignon* commença de trotter par la bouche du peuple, à qui ils étaient fort odieux, tant pour leurs façons de faire badines, & hautaines, que pour leurs accoutrements effeminez, & les dons immenses qu'ils recevaient du Roi. Ces beaux mignons portaient les cheveux longuets, frisez & refrisez, remontants par dessus leurs petits bonnets de velours, comme font les femmes, & leurs fraises de chemise de toile d'atour empesées & longues de demi pied. De façon que vois leurs têtes dessus leur fraise... » (*Mémoires pour servir à l'Histoire de France*, 1719.) Dès l'année suivante, Pierre de L'Estoile (1546-1611) fait écho à la rumeur :

LES MIGNONS DE L'AN 1577
(Sonnet vilain montrant la corruption du siècle et de la cour)

Saint Luc, petit qu'il est, commande bravement
À la troupe Hautefort, que sa bourse a conquise,
Mais Caylus, dédaignant si pauvre marchandise,
Ne trouve qu'en son cul tout son avancement.

D'O, cet archilarron, hardi, ne sais comment,
Aime le jeu de main, craint aussi peu la prise ;
Larchant d'un beau semblant veut cacher sa
                                        sottise ;
Sagonne est un peu bougre et noble nullement ;

Montigny fait le bègue et voudrait bien sembler
Être honnête homme un peu : mais il ne peut y
                                        aller.
Riberac est un sot, Tournon une cigale,

Saint Mégrin, sans sujet bravache audacieux.
Je parlerais plus haut sans la crainte des dieux
De ceux qui tiennent rang en la belle cabale. »

Epernon, Guiche, Schomberg, Villequier... furent les Mignons d'Henri III. Pour accéder à ce statut suprême, il fallait avoir traversé l'épreuve d'un amour malheureux pour une femme, suivi d'un grand deuil. *Mignon de couchette* désigne « un jeune homme bien fait pour devenir le galant d'une belle » (Richelet, suivi là-dessus par Littré).

MILLIARD DES ÉMIGRÉS (LE)

L E 28 AVRIL 1825, le gouvernement du comte de Villèle fit voter, par la chambre « retrouvée », cette indemnité (en fait assez faible, avec son rendement de 3 %) en compensation des biens spoliés par la Révolution. Le peuple en fut scandalisé et les acquéreurs de biens nationaux craignirent, malgré la Charte, pour leur frais patrimoine. Mais beaucoup virent là le prélude à une restauration des droits seigneuriaux de l'Ancien Régime. Cette petite gâterie ne fut pas pour peu dans le discrédit où tomba Charles X.

MIRABEAU (Honoré Gabriel Riquetti, comte de — 1749-1791)

Né CURIEUSEMENT dans le Loiret (le hameau porte aujourd'hui son nom), ce méditerranéen s'est fait connaître avant la Révolution — où il joua un rôle aussi éminent que trouble — par sa vie et ses écrits scandaleux. Rivarol* en fit le sujet de plusieurs bons mots, dont certains valent éloges posthumes : « Mirabeau est capable de tout pour de l'argent, même d'une bonne action. »

MIRBEAU (Octave — 1848-1917)

MIRBEAU-LE-NEURASTHÉNIQUE « se lève triste et se couche furieux », selon Jules Renard. On le serait à moins, obsédé qu'il est par l'humanité répugnante qu'il côtoie : « De quelles hérédités impures, de quelles sales passions, de quelles avaricieuses et clandestines débauches, de quels cloaques conjugaux M. et Mme Tarabustin furent-ils, l'un et l'autre, engendrés, pour avoir abouti à ce dernier spécimen d'humanité tératologique, à cet avorton déformé et pourri de scrofules qu'est le jeune Louis-Pilate ? [...] Quand on est auprès de lui, on souffre vraiment de ne pouvoir le tuer. » (*Les Vingt-et-un Jours d'un neurasthénique.*) Après s'être fourvoyé dans la politique politicienne, le sous-préfet de l'Ariège (1877) se lance dans le journalisme, au *Gaulois* puis au *Figaro**, avant de tomber dans l'extrêmisme antisémite des *Grimaces* — feuille satirique qui lui vaut quelques duels (avec, notamment, Mendès et Déroulède). Mais cette « Peau de lion pour descente de lit » (toujours selon Jules Renard) ne craint pas de rugir, paradoxalement, en faveur des impressionnistes et des naturalistes dont il se fait l'héritier névrotique et complaisant : « Petit, maigre, le képi enfoncé de travers sur la nuque, une cravate bleue roulée en corde autour du cou, la vareuse débraillée, dégoûtante de graisse, un douanier s'était précipité au devant de la voiture, en agitant une lanterne… » Ainsi regagne-t-il, non sans émotion patriotique, le sol natal après avoir sillonné le nord de l'Europe au volant de *La 628-E8* : « À Raon-la-Plaine, douane française, nous fûmes accueillis comme des chiens. Un trou puant, un cloaque immonde, un amoncellement de fumier : telle était notre frontière, à nous… » Mirbeau partage avec Bloy* et Huysmans* la haine de l'avilissement par l'argent ou son défaut — haine qui motivera sa métamorphose singulière de bourgeois conformiste en anarchiste « romantique » et individualiste — comme en témoignent, parmi d'autres, ses romans *Sébastien Roch* (1889) et *Le Journal d'une femme de chambre* (1900).

MISSIONNAIRES

V OLTAIRE* les répute « agents, propagateurs d'une doctrine ». Et le terme ayant trop souvent un petit goût épicé, les Sauvages — gens ingrats et peu enclins à succomber facilement à la parole de ces monolâtres — en dégustèrent certains selon les règles culinaires de chez eux : en petites loquettes mélangées au riz, pour les zélateurs chrétiens issus des Missions étrangères de Paris et qui entendaient évangéliser le Tonkin ; bouillis tout vifs dans une marmite, pour les Pères Blancs des missions d'Afrique. Aux Amériques, jésuites* et dominicains goûtèrent aux plaisirs du curare jivaro, ou finirent en cible pour tomahawks sur les totems des Peaux-Rouges — c'est selon l'imagination des enfants. En vérité, ces « agents propagateurs d'une doctrine » mirent bel et bien à exécution leur projet. Béranger*, qui s'y connaissait en impiété, leur dédia une chanson que la morale nous interdit de citer.

MODE

« L 'ENNUI s'habille à la Mode » (Xavier Forneret*). Les contestants peuvent feuilleter les gravures suivantes : Barbey d'Aurevilly, Bas-bleu, Baudelaire,

Canne, Dandysme, Élégance, Gandin, Gant, Incroyables, Jeunes-France, Lion/Lionne, Merveilleuse, Mignons, Montesquiou, Muscadin, Orsay, Préciosité, Robespierre, Snobisme.

MOLIÈRE (Jean-Baptiste Poquelin, dit — 1622-1673)

L'UN DES MOUSQUETAIRES des muses versaillaises (avec Racine, Boileau*, Corneille et Bossuet*) — sorte de garde rapprochée du royal protecteur des Arts et Lettres, dûment pensionnée, cornaquée mais ainsi protégée des attaques de la Cour et de la Ville. Héritier de la tradition comique italienne, le fils du Tapissier ordinaire du roi pratique aussi l'intrigue : « Il savait ce qu'il fallait faire pour réussir », persifle le dramaturge Donneau de Visé qui, après l'avoir plusieurs fois brocardé, le louangera : Molière, habilement, venait de jouer *La Mère coquette* de ce rival envieux. La rumeur voulut que l'auteur des *Amants magnifiques* fût un père incestueux (il convolera avec Armande Béjart, fille supposée de Madeleine, dont Molière avait eu les faveurs vingt ans plus tôt). Tandis que Racine entre à l'Académie*, le comédien meurt à la fin du *Malade imaginaire*. Sa veuve bataille pour obtenir un enterrement chrétien, interdit aux saltimbanques. Elle intervient jusqu'auprès du roi — lequel avait un jour interrogé Racine sur le nom du « plus rare des grands écrivains qui avaient honoré la France » pendant son règne ; « Molière » dit Racine : « Je ne le croyais pas ; mais vous vous y connaissez mieux que moi. » Ayant manifesté de la tristesse à l'annonce du décès de son protégé, Louis XIV fit un peu plier les autorités ecclésiastiques : Molière serait inhumé en terre chrétienne, de nuit et dans la discrétion. Moyennant quoi, une foule accompagna la dépouille quinteuse d'Argan, à la lueur des flambeaux vers le nord de Paris, au cimetière Saint-Joseph. Ces vers de la seconde *Satire* de Boileau, à lui dédiée, aurait pu servir d'épitaphe :

> « Enseigne-moi, Molière, où tu trouves la rime.
> On dirait quand tu veux, qu'elle te vient chercher :
> Jamais au bout du vers on ne te voit broncher... »

MONDAIN

USAGE du monde séculier devenu synonyme d'invitations, de jours, de bristols, de bals, de thés priés (pourquoi pas des « chocolats suppliés » demande Montesquiou*), de fêtes costumées, de ducs, duchesses, de salons, de Jockey-Club, de (demi) mondaines, de cocottes, de villégiatures, de Grand Hôtel, de raouts, de rallyes, etc. Proust* qui l'avait été ne le fut pourtant pas en vain :

> « Son visage blême était devenu bouffi ; il avait pris du ventre. Il ne parlait qu'aux ducs.
> — Regardez-le, me dit Picasso, il est sur le motif. »
>
> (Jean Hugo.)

Comme quoi...

MONTESQUIEU (Charles de Secondat — 1689-1755)

CONTRE tous les doloristes, les eschatologues apocalyptiques, les tragiques sentimentaux (les pires !), les praticiens de la désolation, les amants de la mélancolie, les cultivateurs du cafard complaisant, Montesquieu écrivit ceci : « Ma machine est si heureusement construite que je suis frappé par tous les objets assez vivement pour qu'ils puissent me donner du plaisir, pas assez pour me donner de la peine. »

MONTESQUIOU (Robert de Montesquiou-Fezensac, comte de — 1855)

AUTO-IDOLÂTRÉ sous les masques de « chef des odeurs suaves », de « souverain des choses transitoires », de « sténographe acéré des nuances » et — non sans chleuasme, seule figure de l'ironie que tolèrent certains esprits qui s'instaurent supérieurs — de « levrette en pelisse », le comte Robert de Montesquiou-Fesenzac bâtit sa vie comme un théâtre de provocation mondaine et esthétique, au fronton duquel il eût dû inscrire cette insigne envolée qu'il dépose en note de ses mémoires : « Je me suis fait tous les ennemis que j'ai voulu me faire, ma nature y suffisait seule, vis-à-vis de sujets communs, auxquels mon aristocratie donnait "la soif du sang", comme dit Vigny, et que mon raffinement exaspérait comme les objets précieux enrageaient les Barbares, au dire de Flaubert*. » Si les spectateurs du gratin trépident à ses bons mots, comme ils se plient à ses oukases tout charlusiens, la gent littéraire s'empresse de le brocarder en bouffon des Lettres lorsqu'il s'avise (et il s'avisa souvent) d'écrire de la Poésie que, par ailleurs, il entend fort bien : on lui doit la renaissance de Marceline Desbordes-Valmore ; il assiste Verlaine* grabataire ; offre un oiseau des îles qui charme Anatole Mallarmé valétudinaire. Avec ses livres de poésie aux titres qu'il veut musicaux — *Les Hortensias bleus*, bien sûr, emblème fétiche avec *Les Chauve-souris* dont Whistler griffa la maquette, mais aussi, plus exquisément décadent, *Un moment du pleur éternel* —, Montesquiou se voit alors métamorphoser en Hortensiou ou Grotesquiou, en Robert Machère ou Haricot vert, en Thankiou Coursensac avant d'être impitoyablement campé par le peu fréquentable Léon Daudet* : « Le comte à écouter debout éclatait d'un rire aigu de femme pâmée. Aussitôt, comme pris de remords, il mettait sa main devant sa bouche et cambrait le torse en arrière, jusqu'à ce que son incompréhensible joie fût éteinte, comme s'il eût lâché un gaz hilarant. » L'époque a l'insulte scatologique, comme y insiste le Pierre Louÿs* de *Pybrac* qui n'hésite pas à tremper sa verve dans cette inspiration-là, au fil d'un poème d'une rare obscénité :

> « Le Comte R. de M.
>
> Si Montescule avait vaincu
> Autant d'illustres capitaines
> Qu'il eut de fois la p... au c...
> Ses lauriers croîtraient par centaines [...]
> Ce bardache, hostile au banal
> Mais vraiment Chef des Odeurs Louches
> Doit avoir l'Orifice anal
> Comme un vagin de femme en couches [...] »

Bref. Sans doute est-ce là un retour des choses qui, à défaut d'être juste, s'avère inévitable : Montesquiou qui aura rasé Anatole France avec ses ancêtres Blaise de Montluc et d'Artagnan, tout en fustigeant la bêtise intellectuelle du Faubourg Saint-Germain ; lui encore qui assomme ses contemporains de ses prémonitions esthétiques : des japonaiseries aux objets de Gallé et Lalique dont il institue la fortune ; de Whistler à Boldini ; de Sarah Bernhardt — avec laquelle, rapporte-t-on, il passa une nuit qui le rendit malade plusieurs jours durant — à la Duse ; lui toujours, qui se fait un devoir de régenter l'usage du monde comme il organise une fête, ne pouvait qu'être la proie de premier choix des Lorrain*, Siem et autres pourfendeurs des mœurs de la vie mondaine et littéraire. Il faut reconnaître cependant que Montesquiou l'avait vraiment cherché, ému de cet axiome initial : « Quand la Croix passe, on la salue, mais la Croix ne répond pas. » Il crucifie ses ami(e)s (en connaît-il ?) comme ses ennemis (il en connaît) : on lui envoie des *Roses peintes*, il clame avoir « bien digéré les rognons » ; d'un cousin, il affirme bien haut « qu'il deviendrait idiot que l'on ne s'en apercevrait pas »...

Mais la grande affaire, c'est Marcel Proust*. Quoi ! enrage-t-il, ne devrait-il plus s'appeler bientôt que « Montesproust » parce que le monde s'acharne à reconnaître en lui le baron de Charlus* au point que le narrateur-concierge se sent obligé de lui écrire qu'il a pris modèle sur le baron de Doazan. Certes, le « petit Marcel » a des excuses ; il avait courtisé le comte, ce dernier rappelle : « Ce qui importe un peu et me fait m'attarder à ces choses, c'est qu'il a écrit la plus caractéristique de toutes les phrases qui m'aient été consacrées par des contemporains. La voici : "Vous vous élevez au-dessus de l'inimitié, comme le goéland au-dessus de la tempête, et vous souffririez d'être privé de cette pression ascendante". » Et, comme Robert de Montesquiou a le goût sûr, il poursuit ainsi : « Si l'homme qui a écrit ces lignes avait été, tout le temps, cet homme-là, et rédigé un livre tout de cette pénétration, comme de ce style, ce livre aurait été un chef-d'œuvre. Il ne l'écrira pas, il est toujours malade, au moins toujours au lit, entouré d'appareils pour conjurer des crises d'asthme ; il y a aussi des pots de confiture et des pots de chambre. » Montesquiou, lui, se console en se sachant aimé par la seule femme digne de l'être, la comtesse Greffuhle, sa cousine, qui lui adresse sa photographie modestement dédicacée :

« Je n'ai été comprise que par vous, et par le soleil » ;
question de préséance.

MUR DES FÉDÉRÉS (LE)

L ES DERNIERS MOMENTS de la Commune se déroulèrent
symboliquement dans un cimetière — celui du
Père-Lachaise — et sous une pluie battante. Le 27 mai
1871, les fusilliers versaillais du commandant Vinoy,
après en avoir forcé la porte principale au canon,
massacrèrent les insurgés entre les tombes et jusque
dans les caveaux. Les irréductibles, les blessés, les
moribonds furent mitraillés le long du mur qui, au
fond du cimetière, fait cul-de-sac : le carnage achevé,
on jeta les corps dans une tranchée creusée le long du
mur — c'est la fin de « la semaine sanglante ». Ce long
poteau d'exécution en dur accueillera vite toutes les
pensées et les aspirations romantiques et libertaires.

MUSCADINS (LES)

M OUVEMENT RÉACTIONNAIRE et parfumé (au musc) qui
sévit après Thermidor. Ils chassaient les
Jacobins. Ceux qui tombaient entre leurs mains
étaient rossés au moyen de gros gourdins que leurs
gants* souvent jaunes ne quittaient jamais.

MUSSET (Alfred de — 1810-1857)

L E 18 FÉVRIER 1866, Baudelaire* écrit à Jules Janin :
« Et vous avez été assez ENFANT pour oublier que
la France a HORREUR de la poésie, de la vraie poésie ;
qu'elle n'aime que les saligauds comme Béranger* et de
Musset [...] » — Baudelaire qui, certes, n'était pas du
genre à vanter le « mélodrame où Margot a pleuré »...
L'échec théâtral de la *Nuit vénitienne* affectera
durablement le « prince phosphore de cœur volant »
(selon le surnom donné à Musset par Mme Jaubert) ; il
refusera dès lors d'être joué, tandis que les vers de
Rolla (1833) le rendaient célèbre. Cette même année,
avant d'autres, il tombe entre les pattes de « la grosse
bête », George Sand*, et jusqu'en 1835. Il lui faudra
écrire *Gamiani* — roman pornographique vengeur —
pour s'en remettre, avant de « s'absinther » (verbe

qu'on lui tailla, et qui reservira pour Verlaine*), jusqu'à ce que mort s'ensuive. Et c'est ivre qu'il initie Sainte-Beuve* à la volupté des bordels*. On aura un aperçu de sa relation avec Sand en lisant cette lettre. Les amateurs préféreront ne lire qu'une ligne sur deux !

> Je suis très émue de vous dire que j'ai
> bien compris, l'autre jour que vous avez
> toujours une envie folle de me faire
> danser. Je garde un souvenir de votre
> baiser et je voudrais que ce soit
> là une preuve que je puisse être aimée
> par vous. Je suis prête à vous montrer mon
> affection toute désintéressée et sans cal-
> cul. Si vous voulez me voir ainsi
> dévoiler, sans aucun artifice, mon âme
> toute nue, daignez donc me faire une visite.
> Et nous causerons en amis et en chemin.
> Je vous prouverai que je suis la femme
> sincère capable de vous offrir l'affection
> la plus profonde et la plus étroite
> amitié. En un mot, la meilleure amie
> que vous puissiez rêver. Puisque votre
> âme est libre, alors que l'abandon où je
> vis est bien long, bien dur, et bien souvent,
> pénible, ami très cher, j'ai le cœur
> gros accourez vite et venez me le
> faire oublier. À l'amour, je veux me sou-
> mettre.
>
> Lettre de George Sand à Alfred de Musset

NAPOLÉON Ier (Napoléon Buonaparte — 1769-1821)

CAPORAL, empereur, mémorialiste et tyran corse d'origine génoise. Une vignette du temps de sa toute-puissance le montre en posture défécante sur l'Europe, ornée de ce quatrain :

> L'Ogre Corse sous qui nous sommes,
> Cherchant toujours nouveaux exploit (*sic*) :
> Mange par an deux cent mille hommes,
> Et va partout chiant des Rois.

Au-dessus de l'Angleterre, il est écrit : « Défense de faire ici aucune ordure. »

NEVEU DE RAMEAU (LE)

L A SCÈNE se passe au café* de la Régence, parmi les « pousseurs de bois ». Moi-le-philosophe (Diderot* lui-même) y rencontre un personnage fantasque, habitué des lieux mais qui méprise pourtant le jeu d'échecs : Jean-François Rameau, véridique figure du bohème*, doué de maints talents mais irrémédiablement inconstant, paillard et paresseux. Naît alors un dialogue digne de Socrate affrontant Antisthène. Le philosophe fait corner la sagesse aux oreilles amusées du dilettante ; mais Lui, effronté, cynique, truculent et doué d'un esprit de répartie, répond du tac au tac : « En général, j'ai l'esprit rond comme une boule, et le caractère franc comme l'osier ; jamais faux, pour peu que j'aie intérêt d'être vrai ; jamais vrai pour peu que j'aie intérêt d'être faux... » Diderot — mais il avait voulu posthume cette satire — en profite pour assommer amis autant qu'ennemis de sentences assassines : « Nous prouverons que Voltaire* est sans génie ; que Buffon toujours guindé sur des échasses, n'est qu'un déclamateur ampoulé... » Et le Neveu, qui est la face cachée de l'auteur, a même des vues pédagogiques résolument novatrices ! Ainsi, parlant de sa progéniture : « Je le laisse venir. Je l'examine. Il est déjà gourmand, patelin, filou, paresseux, menteur. Je crains bien qu'il ne chasse de race. » Mais le plus étrange de ce dialogue en est la destinée posthume. On a dit que l'auteur avait jugé prudent qu'il ne paraisse pas avant sa mort. Il faillit bien être exaucé au-delà du souhaité ! Goethe eut entre les mains une copie boiteuse du texte, qu'il traduisit en 1805. C'est à partir de son adaptation que la satire fut transcrite en français. Mais il fallut attendre 1891 pour que l'on découvrît enfin l'original manuscrit, dans la boîte d'un vendeur du quai... Voltaire.

NIVELLE (Robert Georges — 1856)

L'ÉCOLE POLYTECHNIQUE peut s'honorer d'avoir formé cet artilleur. Non content d'avoir des connaissances, il a des idées : enfoncer les lignes ennemies par un pilonnage en profondeur, avec l'artillerie lourde à tir rapide, puis lancer l'infanterie au nettoyage de ce qui aura pu survivre. Il expérimente la recette au Chemin des Dames, en avril 1917. Bilan de la stratégie, en cinq semaines de combats : 271 000 morts côté français, 163 000 côté allemand — ce qui fait une moyenne de 11 500 tués par jour. Des mutineries, de part et d'autre, sont la conséquence immédiate du génocide. Une commission d'enquête est en cours : on peut supputer qu'elle ne conclura nullement à l'erreur tactique du bourreau... Son exemple sert de fondement à cet apophtègme attribué à Clemenceau : « La guerre ! c'est une chose trop grave pour la confier à des militaires ! »

Nostradamus (Michel de Nostre-Dame — 1503-1566)

L ES SUCCÈS qu'il remporta lors de l'épidémie de peste qui ravagea la Provence, en 1546, lui valurent une belle réputation de médecin, et les oracles météorologiques de son *Almanach* (1550), destinés aux paysans, accrurent sa popularité au point que Catherine de Médicis le fit appeler à la cour où il pronostiqua, en vers, la mort prochaine de son fils aîné, François II. En 1555, Nostradamus fit paraître les *Vrayes centuries et prophéties* dont la tournure pour le moins elliptique des quatrains allégoriques autorise une très libre interprétation. Le succès de ce ramas de mystérieuses prédictions lui conféra une autorité telle qu'il sera alors attaché à la royale personne de Charles IX. Mais son origine juive joua contre lui ; on l'accusa d'imposture et de charlatanisme : « galeux, rogneux, pauvre saut *(sic)* » assure son ancien compère humaniste, Scaliger !

Nouveau (Germain — 1851)

I L SIGNA parfois *Humilis* et la *vox populi* littéraire retient de lui la vignette moyenâgeuse d'un mendiant quêtant sous le porche de l'église Saint-Sauveur, en Aix, et l'obole dominicale (cent sous) de Cézanne. Certainement plus illuminé que Nerval, plus voyageur que Rimbaud*, plus ambigu que Verlaine*, plus fantasque que Cros*, Nouveau revêtit tous les accoutrements que le hasard voulut bien lui tisser, fût-ce avec des trous, et traversa la poésie comme la vie, pied à pied avec pas mal de points de suspension, une de ses inventions versificatoires. En 1872, le jeune provincial débarque à Paris et noue des liens avec Richepin avant de rencontrer son cadet Rimbaud en 1873. *Une saison en enfer* vient d'être imprimée, Arthur s'en fout. Coup de foudre de la jeunesse ? Ils décident de partir ensemble à Londres où ils vivotent de petits boulots. Nouveau rentre à Paris, voyage en Belgique : « J'ai fait la connaissance d'un Russe, à qui je vendais des sonnets qu'il ne m'a jamais payés qu'en théâtres et absinthes beurrées. L'absinthe beurrée (ainsi nommée par deux soulots à toi connus) est un mélange d'absinthe, de bière, de genièvre et d'eau-de-vie proprement dite. C'est radical et cela parachève un homme [...] » : on voit la pente... En 1878, Nouveau est employé au ministère de l'Instruction publique : est-ce l'influence de Verlaine, la *Doctrine de l'amour* s'ébauche, cependant que ce dernier rechute régulièrement de cafés* en repentances. En 1883, Nouveau est engagé en qualité de professeur de français et de dessin à Beyrouth ; bientôt on ne le paie plus, il est alors rapatrié à Marseille, il ramènera au moins *Les Sonnets du Liban*. Paris, encore une fois, où il s'amourache d'une Valentine couchée sur papier en *Valentines* au style vif, presque parlé et parfois anticipateur :

172

> « Fou de ton petit pied qui vole
> Et que je suivrais n'importe où,
> Je veux dire... au Ciel ; ... ma parole !
> J'admire qu'on ne soit pas folle
> Je plains celui qui n'est pas fou. »

Mais il faut manger, et le voilà nommé successivement dans l'Isère où son service laisse à désirer : « Il néglige ses élèves au point de les laisser entièrement livrés à eux-mêmes pendant les classes [...] », puis dans les Vosges, avant d'être suppléant à Janson-de-Sailly, ce qui ne lui réussira pas. En mai 1871, abus d'absinthe ?, Germain Nouveau s'agenouille en pleine classe avant de s'exclamer : « Ah ! mes enfants, que Dieu* est grand. » Il s'enfuit aussitôt, canne* en travers de la bouche ; on le retrouve en même position au beau milieu de la rue. Examiné par un médecin, le rapport conclut : « Délire mélancolique, stupeur, hallucination de l'ouïe, génuflexions extravagantes sur la voie publique. Idées mystiques : récit continu de prières, fait par terre des signes de croix avec sa langue. Ce malade est dans un état mental qui exige un placement dans un asile d'aliénés » : direction Sainte-Anne, puis Bicêtre. Ses amis se mobilisent et souhaitent faire paraître un fort volume de ses poésies — ce qu'*Humilis* refuse obstinément. On le relâche enfin et la course reprend. Il désire désormais vivre de son état : « Je suis peintre et dessinateur. » Londres, Bruxelles, puis Rome en 1892, Alger en 1893 où il débarque sans certitude aucune. Il écrit à Rimbaud, à Aden, ignorant que le destinataire est mort depuis deux ans : « Il y a peu à faire à Alger, ville tuante ; j'ai pensé à l'Égypte que j'ai déjà habitée plusieurs mois il y a sept ans ; puis enfin à Aden, comme étant une ville plus neuve et où il y aurait plus de ressources, à mon avis s'entend [...]. » Épuisé, il rentre en France et cherche à réintégrer l'enseignement dont il se lasse au bout d'une semaine. Direction le Sud, Aix-en-Provence : mendicité, vagabondage ; nième retour à Paris : on le surprend à chercher sa pitance du côté des poubelles. Une bonne sœur se penche sur son cas et lui achète un lit qu'il vend sur le champ pour distribuer l'argent. Un autre lit, Nouveau le garde mais retourné : « Une dévote est encore plus entêtée qu'une putain... J'ai accepté celui-là pour finir. Je n'y couche pas voilà tout. » 1908, voyage à pied jusqu'à Naples. En 1909, il se terre dans un couvent de Lerida, en Espagne. 1910, à Alger : il y rédige son testament : « Si les pauvres faisaient des testaments, je dirais ceci est mon testament. J'adjure mes parents (sur le conseil de mes confesseurs et pour question de goût et éviter le ridicule) [...] de s'opposer de tout leur pouvoir [...] à la publication d'aucun vers de moi. » Malgré tout, pour l'aider pécuniairement, son ami Larmandie fait paraître à son insu les *Poésies d'Humilis* en 1910, lequel porte plainte... Retiré à Pourrières, le village natal, Nouveau acquiert pour 70 francs une maison « en très mauvais état ». Entre deux soupes qu'il va quêter à l'hôpital, il fonde un journal, *Presse du pauvre*, qui fait court feu. On est, depuis, sans nouvelle de lui.

OBSCÈNE, OBSCÉNITÉ

D E « MAUVAIS PRÉSAGE » à « excréments », ces mots d'origine latine entrent sans doute pour la première fois dans la littérature avec Montaigne (*Essais* I, chap. XLIX) : « Ils se torchoyent le cul (il faut laisser aux femmes cette vaine superstition des parolles) avec une esponge : voylà pourquoy *spongia* est un mot osbcœne en Latin. » Molière*, dans la *Critique de l'École des Femmes*, tourne en dérision, à travers eux, la langue des précieuses : « Ah ! mon Dieu ! obscénité. Je ne sais ce que ce mot veut dire ; mais je le trouve le plus joli du monde » (Élise). Mais Furetière l'oubliera dans son *Dictionnaire universel* où, pourtant, il recense pas mal de termes triviaux. À l'inverse de son collègue Richelet, qui consacre deux colonnes indignées à « obscène » dans l'édition de 1723 du *Dictionnaire de la langue françoyse* : « Au reste, la pudeur ne peut s'accomoder de termes obscènes ; il n'y a que les débauchés, accoutymés à toutes sortes de vices, les crocheteurs et les harangères qui ignorent les bien-séances, et à qui les obscénités conviennent ; les honnêtes gens ne sauraient les souffrir. » Contredisant l'argument « que les Stoïciens soutiennent qu'il faut nommer chaque chose par son nom [...] et que s'il n'y avait rien de honteux dans la chose, on ne devait pas en supprimer le nom », il ne découvre d'autre argument pour lutter contre le caractère naturellement obscène de la Nature que « ce sentiment que la pudeur nous inspire » : il aura fort à faire en ce siècle où le libertinage*, glorifiant les émanations du corps (sperme, sueur, urine, excrément) légitimera l'obscène comme le fait même de la nature humaine. La réaction morale ne tardera pas et le préromantisme de Rousseau* n'y contribuera pas pour peu, à l'exemple du souvenir que le sensible et pudique Jean-Jacques rapporte dans *Les Confessions*, quand une espèce de bandit tente de l'initier aux joies de la chose : « Mais tandis qu'il achevait de se démener, je vis partir vers la cheminée et tomber à terre je ne sais quoi de gluant et de blanchâtre qui me fit soulever le cœur [...]. Et véritablement je ne sache rien de plus hideux à voir pour quelqu'un de sang-froid que cet obscène et sale maintien, et ce visage affreux enflammé de la plus brutale concupiscence. »

OISIVETÉ

« **C**ENSEUR de ma chère paresse,
     pourquoi viens-tu me réveiller ?
Au sein de l'aimable molesse
Où j'aime tant à sommeiller. »

Par cette *Epître sur la paresse*, Bernis* entretient la confusion entre paresse et oisiveté. Mais désigne l'ennemi commun, la censure judéo-chrétienne relayée par le politique : cette antique malédiction qui veut que l'homme, dès potron-jacquet, courbe l'échine pour gagner son pain et son paradis à la sueur de son front. Or c'est rappeler que le *farniente* est une façon d'art, sous la volupté duquel l'infinie rêverie décide de l'action —, et du savoir de la vanité de l'action. Mallarmé*, premier poète fonctionnaire, soupirant après l'oisiveté, ne connaît que l'Ennui — jaloux sans doute de la tortue incrustée de diamant qu'il avait vue nonchalamment divaguer chez Robert de Montesquiou* : Des Esseintes saura, lui, s'enchanter en modulant sur le clavier des sensations les jouissances visuelles, olfactives, sonores que l'oisiveté dispose et compose à ses heures. Car cette folie, d'apparence vaine, organise une beauté que la nécessité dénie, comme La Bruyère la caractérisait : « Il ne manque cependant à l'oisiveté du sage qu'un meilleur nom, et que méditer, parler, lire et être tranquille, s'appelât travailler. »

ORATEUR

S'IL FAUT EN CROIRE Lacordaire, qui en était : « Tout orateur a deux génies, le sien et celui du siècle qui l'écoute. » C'est dire qu'il faut parler fort et de haut pour se faire entendre aussi loin ! Et il n'est guère étonnant que l'Église ait fourni abondamment à la cause, pour ce qu'elle offrait aux prédicateurs (on les appelle ainsi lorsqu'ils officient *ex cathedra*) les deux moyens nécessaires à leur art : un lieu, la chaire accrochée à quelque pilier et dominant l'assemblée, et le silence de la foule. Bossuet*, Fénelon*, Massignon ou Bourdaloue, au Grand Siècle, illustrèrent le genre dans sa version admonestatoire, destinée à maintenir les princes sous la férule de la morale gallicano-louis-quatorzième.

ORSAY (Alfred Guillaume, Gabriel, comte d' — 1801-1852)

L'INCORRUPTIBLE CONNÉTABLE, Barbey d'Aurevilly*, en a tranché une fois pour toutes : « Mais d'Orsay, ce *lion*, dans le sens de la fashion, et qui n'en avait pas moins la beauté de ceux de l'Atlas, d'Orsay n'était pas un Dandy. » N'empêche, le comte fut une des muses de Lamartine* à qui il sut inspirer de ses plus belles phrases : « La nature a toujours plus de grâce que la volonté. Tout était nature dans d'Orsay, et cette nature, un moment pliée par l'excès de sève, se redressait vigoureusement des malheurs et des années. » Le malheur, ici, est à relativiser car d'Orsay fut plutôt gâté par la nature, comme le souligne Barbey : « C'était un nerveux sanguin aux larges épaules, à la poitrine *François I*^{er}, et à la beauté sympathique. Il avait une main superbe sans superbe, et une manière de la tendre qui prenait les cœurs et les enlevait ! Ce n'était pas le *shake-hand* hautain du dandysme*. D'Orsay plaisait si naturellement et si passionnément à *tout le monde*, qu'il faisait porter son médaillon jusqu'à des hommes ! » En effet, débarqué à Londres dès 1821 (il a vingt ans), vite reçu par la société, il ne tarde pas à séduire Lord et Lady Blessington : ce succès trop chatoyant irritera Chateaubriand* qui note dans ses *Mémoires* : « Rien ne réussissait, à Londres, comme l'insolence, témoin d'Orsay, frère de la duchesse de Guiche : il s'était mis à galoper dans Hyde Park, à sauter des barrières, à jouer, à tutoyer sans façon les dandies : il avait un succès sans égal, et, pour y mettre le comble, il finit par enlever une famille entière, père, mère et enfants. » Fut-il le partenaire de Lady Blessington ? de Lord Blessington ? Du couple ? On l'ignore... Toujours est-il que Lord Blessington eut la mauvaise idée de donner sa fille, Harriet, dotée (née d'un premier lit) à d'Orsay afin de le mettre définitivement à l'abri du besoin : le comte apprécia davantage la dot que l'épouse. Mais Harriet n'était pas de ces potiches consentantes : elle réclama le divorce pour cause de non-consommation et, plus grave, la restitution de ses biens. Qu'importe, la vie fastueuse court encore sur quinze années de fêtes et de jeu ! D'Orsay rentre en France, ruiné, criblé de dettes — quarante mille livres — comme il se doit. À Paris, le voilà sculptant sans relâche, et vendant cher, avant que l'ingrat Louis Napoléon Bonaparte, que d'Orsay avait abrité à Londres, s'avise bien tard (en 1852) de le nommer directeur des Beaux-Arts. « Il sculptait », commente Barbey, « et non pas comme Brummell peignait ses éventails pour des visages faux et des têtes vides. Les marbres laissés par d'Orsay ont de la pensée ».

ORVIÉTAN

« Morbleu ! il me vient une fantaisie. Il faut que j'aille acheter de l'orviétan, et que je lui en fasse prendre ; l'orviétan est un remède dont beaucoup de gens se sont bien trouvés... » s'écrie Sganarelle dans *l'Amour médecin*. Où l'on voit le clin d'œil de Molière* au miraculeux électuaire inventé par Jérôme Ferrante, d'Orvieto, et qui gagna Paris vers 1640, déchaînant les passions. On vendait la potion sur les marchés, et il fallait y croire pour ingurgiter ce viatique à base d'angélique, gentiane, valériane, de vipère séchée, mithriate et autres plantes aromatiques. Très vite la thériaque deviendra synonyme de poudre de perlimpinpin et ses revendeurs, de charlatans. Il n'est jusqu'au rigide Saint-Simon pour s'en gausser : « Ô ! la grande puissance de l'orviétan. »

PACIFICATION

VISION HUMANISTE de la colonisation des peuples privés jusque-là de culture occidentale ; elle se traduit, en général, par l'obligation d'apprendre le français, de prier le vrai dieu* et de fournir des troupes de choc pour les conflits européens. C'est ainsi que furent « pacifiés » l'Algérie, le Tonkin, Madagascar, le Maroc, etc.

PAMPHLET

IL EST ASSURÉ que Paul-Louis Courier* est le maître du genre, dans sa version lapidaire, littéraire et républicaine — notamment par son *Pamphlet des Pamphlets* (1824), si bien nommé : « Seize pages, vous êtes pamphlétaire, et gare Sainte-Pélagie. Faites-en seize cents, vous serez présenté au roi. » Pascal*, visant entre les deux avec ses *Provinciales* (1657), ne sera pas reçu à Versailles mais prouvera que le principe de brièveté n'est pas la seule pierre d'angle de cet exercice d'irritation extrême qui a la particularité d'utiliser la littérature pour attaquer sur le terrain politique, en général ; d'être écrit pour exister, en circulant de main en main jusqu'à la victime, si possible ; de sortir d'une imprimerie puisque le mot, dans son acception courante, vient de l'anglais *pamphlet* qui désigne une brochure. Mais il est probable que le terme ait gagné Albion sous les espèces du prénom Pamphile, personnage moyenâgeux de comédie ; il en revient, déformé, au XVIIᵉ. Il a, alors, pour le moins dérivé puiqu'en grec Pamphile veut dire : « qui aime tout ». Ça ne semble pas être le cas de *La Satire Ménippée* (contre l'intolérance, 1594), que le critique Philarète Chasles réputera, en 1828, être à la fois « un pamphlet, une comédie, un coup d'État ». Les rédacteurs des libelles souvent grossiers contre Mazarin* ne semblent pas avoir vu leurs charges autrement ; non plus que Gilbert avec son *Dix-huitième Siècle* (contre les Philosophes, 1776), ni Chénier ou Barbier* avec leurs *Iambes* (1794 et 1831), Hugo* avec *Napoléon le Petit* (1852) ou Léon Bloy* avec son *Pal* (1885) — pour ne citer que certains opuscules exemplaires ralliant dans leurs pages les trois grâces susnommées, et qui déterminent le genre.

PANURGE

L'HOMME À TOUT FAIRE (ce que dit son nom) des fatrasies rabelaisiennes, polyglotte averti, trousseur, sophiste quand il faut, fin renard, blagueur obscène, puits sans fond de sciences et autres matières vineuses... Pantagruel l'apercevant admire aussitôt : « Un homme beau de stature et élégant en tous linéaments du corps, mais pitoyablement navré en divers lieux et tant mal en ordre qu'il sembloit estre eschappé ès chiens, ou mieulx ressembloit un ceuilleur de pomme du païs du Perche. » Et d'interroger aussitôt le mirifique loqueteux : « Qui estes-vous ? D'où venez-vous ? Où allez-vous ? Que quérez-vous ? Et quel est vostre nom ? » À quoi Panurge répond par un délire glossolalique qui ne manque pas de séduire le prince. À Frère Jean lui reprochant d'avoir gaspillé l'argent des moutons qu'il fait noyer, avec le marchand, Panurge répond : « C'est bien chié pour l'argent ! Vertus Dieu, j'ay eu du passetemps pour plus de cinquante mille francs. » Parvenu au temple de la Dive Bouteille, le pontife Bacbuc lui fait chanter l'épilénie : « O Bouteille pleine toute de mistères... », et c'est à lui qu'est délivré l'oracle : « Trinque. » Ce qu'oyant, tous alors « riment par fureur poetique »...

Pascal (Blaise — 1623-1662)

Inventeur de la machine arithmétique, des *Provinciales* (1657), des *Pensées*. Le 23 novembre 1654, alors qu'il traverse le pont de Neuilly entre vingt-deux heures trente et minuit, il est saisi par la révélation qui lui dictera un *Mémorial* dont il gardera copie — cousue dans la doublure de son vêtement — jusqu'à sa mort. Cela fit de lui un causeur particulier, comme le relatera sa sœur Gilberte Périer (*La vie de Monsieur Pascal*) : « Il prenait en ces occasions une ceinture de fer pleine de pointes, il la mettait à nu sur sa chair ; et lorsqu'il lui venait quelque pensée de vanité, ou qu'il prenait quelque plaisir au lieu où il était, ou autre chose semblable, il se donnait des coups de coude pour redoubler la violence des piqûres et se faisait ainsi souvenir lui-même de son devoir. »

Peladan (Joseph, dit Joséphin, dit le Sâr Mérodack — 1859)

Rejeton hybride de Barbey*-le-catholique (Connétable des Lettres) et de Mérodack Baladan (roi de Babylone), Joséphin surgit dans l'occultisme et le satanisme* « fin de siècle » sous les habits somptueusement caricaturaux du mage Sâr Péladan. En 1888, sous l'impulsion de Stanislas de Guaïta, il fonde l'Ordre de la Rose-Croix, syncrétisme graalo-wagnéro-cabalistico-orientaliste que l'œuvre péladane, la grande « éthopée » de *La Décadence latine* (dix-neuf volumes), aura pour tâche d'illustrer selon toutes les coqueluches du temps : créatures préraphaélites rehaussées par Gustave Moreau, érotisme ropsien mâtiné de roman russe, saphisme viril victorieux de la mâleté défaillante — le tout soumis à l'androgyne, seule figure du salut pour chasser du monde *Le Vice suprême*, tel que le titrait son premier ouvrage (1884), sous la bénédiction préfacière de d'Aurevilly : « Il le peint (le vice) sans rien lui ôter de ses fascinations, de ses ensorcellements, de ses envoûtements, de tout ce qui fait sa toute-puissance sur l'âme humaine [...]. »

PERSIFLER

« C'EST UN NÉOLOGISME du dix-huitième siècle, aujourd'hui entré tout à fait dans l'usage. Rien auparavant n'en faisait prévoir la création. Eh bien ! supposons qu'il n'existe pas, et imaginons qu'un de nos contemporains, prenant le verbe siffler, y adapte la préposition latine *per* et donne au tout le sens de : railler quelqu'un, en lui adressant d'un air ingénu des paroles qu'il n'entend pas ou qu'il prend dans un autre sens ; ne verrons-nous pas le nouveau venu mal accueilli ? et ne s'élèvera-t-il pas des réclamations contre de telles témérités ? » Cette approche candide d'Émile Littré, (*Pathologie verbale*) adhère plutôt bien, à son insu, à l'idée que l'on se fait d'un certain ton qui parcourut le XVIIIe siècle — acmé du trait d'esprit cinglant. Voltaire*, ainsi, connut-il le bâton pour avoir persiflé le chevalier de Rohan : « Je commence mon nom où vous finissez le vôtre ! »

PETITS-MAÎTRES, PETITS MARQUIS

ÉTERNELS SECONDS COUTEAUX, quoique aspirant à jouer les premiers rôles — si l'on s'en tient à l'intrusion de la formule dans le langage, au temps des Lumières, par le biais de Voltaire* dans *Le Siècle de Louis XIV* : « On avait appelé la cabale du duc de Beaufort, au commencement, celle des Importants* ; on appelait celle de Condé le parti des Petits-Maîtres, parce qu'ils voulaient être les maîtres de l'État... » Tirés à quatre épingles, ces Frondeurs pommadés firent long feu ; et s'il ne resta rien de leur ambition politique, l'expression qui les désigne tourna vite à la charge : ainsi Bernis*, dans sa 8e Épître, lance-t-il la mode de ce nouveau ridicule* :

« Mais ce siècle peu raffiné
N'avait pas encore vu paraître
Un être insolent et borné
Que l'on appelle petit-maître... »

Cette eau-forte aurait pu être l'œuvre d'un graveur à l'acide, reproduisant à l'identique un tableau de mœurs original, réservant à l'appellation « petits-maîtres » le statut d'un artiste de second rang.

Quant à leurs frères aînés, les petits marquis, Célimène, à l'acte V du *Misanthrope*, leur taille un costume sur mesure : « Pour le petit marquis, qui me tint hier long-temps la main, je trouve qu'il n'y a rien de si mince que toute sa personne, et ce sont de ces mérites qui n'ont que la cape et l'épée. »

PÉTROLEUSE

Suffragette incendiaire et communarde qui, délaissant la lumière du foyer domestique, emporte sa lampe à pétrole et lui donne un usage inédit en mettant le feu à la bourgeoisie*. Léon Bloy* confère au geste un genre masculin, en pleine effervescence libertaire, alors que l'« anarchiste violent », Auguste Vaillant, jette une bombe à la Chambre, en décembre 1893.

PICABIA (Francis Martinez de, dit Francis — 1879)

FUNNY GUY juge Picabia : « FRANCIS PICABIA EST UN LOUSTIC EST UN IDIOT EST UN CLOWN N'EST PAR UN PEINTRE N'EST PAS UN LITTÉRATEUR EST UN IMBÉCILE EST UN ESPAGNOL EST UN PROFESSEUR N'EST PAS SÉRIEUX EST RICHE EST PAUVRE » : l'auteur de *Jésus-Christ Rastaquouère*, l'amateur d'Hispano-Suiza s'imposa très vite sur la scène des avant-gardes comme le provocateur polymorphe par excellence. Extrêmement doué, comme Picasso, après avoir peint très tôt selon une facture post-impressionniste qui le rendit richissime, il « s'amuse », dès 1909, à créer une abstraction ironique qui changea sans cesse de forme : c'est que, perpétuellement en avance, il s'ennuie très vite puisqu'il a tout inventé avant les autres, comme il le rappelle lui-même : « Funny Guy a inventé le dadaïsme en 1899, le cubisme* en 1870, le futurisme* en 1867, et l'impressionnisme* en 1857. En 1867, il a rencontré Nietzsche, en 1902 il remarque qu'il n'était que le pseudonyme de Confucius. En 1910 on lui érigea un monument place de la Concorde tchécoslovaque, car il croyait fermement dans l'existence des génies et dans les bienfaits du bonheur. »

PILORI

Il Y A DEUX VERSIONS de cette élégante monstrance : l'une à carcan, c'est celle du roi ; l'autre à barreaux, l'échelle de justice sur quoi on échalait le coupable. Le bénéficiaire de ce traitement était hissé sur le podium de pierre qui servait de soubassement, à trois mètres environ du sol. Là, il était exposé deux heures durant, la tête et les mains prises dans une sorte de joug pesant fixé à un axe vertical. On pouvait ainsi, toutes les demi-heures, déplacer le pilorié d'un quart de tour afin que nul, aux quatre vents, n'ignorât son visage. Au premier blasphème, on y avait droit — au second c'était pire. Les voleurs en tous genres y grimpaient, dans l'odeur suave des poissons étalés sous la halle, à deux pas du podium. C'est pour marquer sa nausée, qu'en général, on cloue un tel au pilori : mais on voit bien là la figure de style !

PIRON (Alexis — 1689-1773)

On connaît son épitaphe : « Ci-gît Piron qui ne fut rien,/Pas même académicien. » Ce n'est pas le moindre de ses bons mots, mais la formule pèse d'un poids lourd sur le cadavre du Dijonnais. Il avait commis, en effet, dans son oisive jeunesse, une *Ode à Priape* d'une certaine verdeur :

> « [...] Le beau Narcisse pâle et blême,
> Brûlant de se foutre lui-même,
> Meurt en tâchant de s'enculer. »

Et voilà qu'un certain Nivelle de La Chaussée ressort le chef-d'œuvre lors de l'élection de Piron à l'Académie* en 1753. Le roi se voit contraint de lui en interdire l'accès. Le récusé déclare alors : « Ils sont là quarante, qui ont de l'esprit comme quatre. » Il commet ensuite une série d'épigrammes* (c'est l'un des maîtres du genre) contre la docte assemblée et ses membres — illustrant le jugement de Grimm : « c'est une machine à saillies » —, pour rester dans l'esprit priapique de cet intarissable producteur de pièces de théâtre, dont la *Métromanie* (1738) sera la plus célèbre. Fréron et l'abbé Desfontaines seront les cibles privilégiées de ses épigrammes ; contre le premier, il en écrit trente-cinq, recueillies sous le titre de *La Fréronnade*. Au second, il porte chaque matin, et pendant cinquante jours, une pointe bien tournée.

Pɪᴛᴏᴜ (Louis Ange — 1767-1846)

Oɴ ʟᴇ sᴀɪᴛ, la Révolution ne fit pas que des heureux, le *Journal des mécontents* — feuille légitimiste — accueillit à bras ouverts Pitou, l'ange de la réaction dont les ailes ne furent mystérieusement pas rognées par le Tribunal révolutionnaire, qui le reçut en 1793. La Terreur passée, son ardeur royaliste le jeta sur le pavé où il poussa la chanson contre la République ; cela lui vaudra un franc succès d'estime : le Directoire l'enjoignit d'aller parfaire son talent au bagne de Cayenne. Miraculeusement il en sortit, à jamais guéri du virus politique.

Voir *Inc(r)oyables* et *Merveilleuses.*

Pʟᴀᴄᴀʀᴅ

Pᴏʀᴛᴇ que l'on ferme, si l'on veut. Logement maçonné ou menuisé où l'on range ses petites affaires*, et les indésirables. Affiche destinée à rendre un texte public ; pendant la nuit du 17 octobre 1534, il s'en répandit un certain nombre dans Paris, et jusqu'à l'entrée des appartements de François Iᵉʳ à Amboise, où un placard fut placardé sur le placard de la chambre royale. Lequel, ayant lu la diatribe contre la messe professée par l'écrit, prit une grosse colère contre les protestants et fit allumer des bûchers. Calvin* jugea prudent de filer à la suissesse.

POISON

Entre AVRIL 1679 ET JUILLET 1682, la Chambre ardente de l'Arsenal tiendra deux cent dix audiences, verra défiler plus de quatre cents accusés, ordonnera trois cent cinquante arrestations, fera exécuter trente-quatre personnes, en enverra quelques-unes aux galères, en bannira vingt-trois autres. Le grand monde fut sur la sellette : Mme de Gramont, Mme de Polignac*, le duc de Vendôme, les nièces de Mazarin* et Racine soi-même seront plus ou moins soupçonnés de commerce avec la Voisin, qui trafiquait la mort violente : arsenic et belles dentelles. Le nom de Mme de Montespan — mère des royaux bâtards légitimés — sera prononcé plusieurs fois mais Louis XIV veillera au grain. C'est dire qu'il s'agit d'une affaire d'État ! Plus personne ne pouvait mourir, en ces temps d'ignorance médicale, sans que l'on accusât aussitôt quelque empoisonneur d'y avoir aidé. Tout ça parce que la marquise de Brinvilliers avait « dépêché », peu avant, trois membres encombrants de sa famille (son père et deux frères). Le duel étant interdit, et les femmes peu expertes en la matière, le bouillon de onze heures permettait de régler les différents. Louvois et Colbert prirent cette affaire* pour lice de leur rivalité, et firent accuser de « diablerie » les petits amis du camp adverse ; on verra ainsi le glorieux maréchal de Luxembourg embastillé quatorze mois et contraint, quelque temps, à la résidence forcée.

POLIGNAC (FAMILLE DE)

Elle s'illustra, et pas toujours à son avantage, dans le courant de l'histoire de France. Ainsi, une vicomtesse de ce nom fut-elle compromise dans l'affaire* des Poisons, sous le règne de Louis XIV. Ainsi, une duchesse du même nom, favorite de Marie-Antoinette*, contribua-t-elle, par ses intrigues et ses mœurs politiques, à discréditer davantage la reine. Ainsi, Jules Auguste, qui fut impliqué dans le complot de Cadoudal*, déclencha-t-il, par la politique réactionnaire du cabinet qu'il dirigeait, la rébellion de juillet 1830 qui renversa Charles X. Arrêté peu après, il fut condamné à la prison à vie, à la déchéance de ses titres et à la mort civile. Puis on l'amnistia...

PORNOGRAPHIE

INTRODUITS par Rétif de la Bretonne* en 1769, d'après le titre de son traité utopique de réforme de la prostitution (*Le Pornographe*), le mot et la chose connaissent un succès « foutroyant » (Sade*), jusqu'à devenir pornocratiques. C'est l'art grossissant de braquer ses jumelles sur les détails afin de les donner à voir, aux premières loges du théâtre de l'obscène*, tels que la nature ne les montre jamais — apex d'une érotomanie* anatomique.

PORT-ROYAL

ABBAYE de la vallée de Chevreuse, fondée par les cisterciens, et acquise par Antoine Arnauld, à la fin du XVIe siècle ; sous la houlette de son nouveau propriétaire, et surtout de sa nombreuse famille, elle devint un couvent de femmes puis le haut lieu du jansénisme. De mauvais esprits (jésuites, gallicans et autres affidés du pouvoir absolu) les accusèrent de connivence avec les Frondeurs — ce que l'historiographie (dont Sainte-Beuve* dans son monumental ouvrage sur cette querelle* : *Port-Royal)* n'a jamais pu solidement démontrer, nonobstant une opposition nette à l'absolutisme. Pour la différencier de son extension parisienne du faubourg Saint-Jacques, on l'appela « Port-Royal des Champs ». Après Pascal*, qui s'y épanouit, Racine reçut là — mais aux « Granges », annexe qui, sur la hauteur avoisinante, dominait la vieille abbaye et son mauvais climat — les leçons de Lancelot (l'helléniste), Nicole (le moraliste), Antoine Le Maître (l'ancien avocat, premier retraitant mâle du phalanstère) et Hamon (le médecin). Régentés par la famille Arnauld, les religieuses et les solitaires — ces « Messieurs » — vivaient d'austérité, d'amour absolu de Dieu* autant que d'espérance dans sa grâce efficace et suffisante, le tout teinté de cartésianisme. Après un siècle de persécutions en tous genres (excommunication, fermeture...), le symbole de la réforme monastique fut rasé en 1711, ultime victoire des jésuites* avec lesquels les émules de Jansénius et de Saint-Cyran entretinrent — et pas que sur le plan théologique — une véritable guerre* de tranchées. Les corps enterrés dans la clôture furent exhumés et repiqués en des terres plus catholiques.

Précieux, Précieuse

Un pied mignon dans la ruelle, l'autre sur la Carte du Tendre, la *Prétieuse*, à la suite des Savantes, « rafine sur le langage et se pique d'esprit », selon Richelet, qui précise : « Lorsqu'on se sert de ce mot sans épitéte ou avec une épitéte fâcheuse, il signifie celle par qui les manières d'agir & de parler mérite d'être railler. » Molière* nous en réjouit :

> « MAROTTE. — Voilà un laquais qui demande si vous êtes au logis, et dit que son maître vous veut venir voir.
> MADELON. — Apprenez, sotte, à vous énoncer moins vulgairement. Dites : Voilà un nécessaire qui demande si vous êtes en commodité d'être visibles. »

Boileau* (*Satire X*) renchérit sur ce galimatias :

> « C'est chez elle toujours que les fades auteurs
> S'en vont se consoler du mépris des lecteurs.
> Elle y reçoit leur plainte ; et sa docte demeure
> Aux Perrins, aux Coras, est ouverte à toute heure.
> Là, du faux bel esprit se tiennent les bureaux :
> Là, tous les vers sont bons, pourvus qu'ils soient
> nouveaux.
> Au mauvais goût public la belle y fait la guerre. »

Haïssant le naturel, la Précieuse n'affectionne que l'artifice vestimentaire et langagier, et s'enguirlande de couronnes poétiques — sur vélin, pour Mlle Julie-Lucine d'Angennes, future Madame de Montausier qui, en son hôtel de Rambouillet, accueille la première « secte façonnière » (Boileau) ; c'est dans sa ruelle (passage ménagé entre le lit et la cloison) que ses « alcovistes » tressèrent en son honneur le recueil *La Guirlande de Julie* — « Une des plus illustres galanteries qui ayent jamais esté faite » (Tallemant des Réaux). Autre divertissement de ces beaux esprits oisifs : l'arpentage de la Carte du Tendre, variation exquise du jeu de l'Oye blanche — ou comment aller de Tendre-sur-Estime à Tendre-sur-Inclination en contournant la Mer Dangereuse et les Terres Inconnues.

Présidente (La) (1822-1890)

E LLE FUT pour le moins celle de leur cœur, égérie consolante mâtinée d'incitatrice faussement ingénue aux débordements poético-lubriques les plus salaces. Dans son salon de la rue Frochot, et flanqués parfois d'un surnom, l'Éléphant Gautier*, Baudelaire*, la Dinde chanteuse Ernesta Grisi, Feydeau (le père), le Connétable Barbey d'Aurevilly*, Monnier, Monseigneur Bouilhet, Du Camp, le sire de Vaufrilard Flaubert*, Clésinger — pour parler des plus notables — gauloisaient fréquemment aux frais d'un riche Belge, protecteur de Madame. Elle ne sera pourtant jamais mariée et s'affublera d'un nom — Apollonie Sabatier — que dément son état-civil : Aglaé Joséphine Savatier, née en 1822, morte à Neuilly dans un modeste rez-de-chaussée non loin de la villa de son cher Théophile, lui-même mort peu auparavant. Clésinger la statufia dans le marbre, et l'on voit qu'avant de devenir la « courtisane un peu peuple » ou la « vivandière de faunes » des méchants Goncourt*, elle avait été fort belle. Baudelaire, pendant plusieurs années, écrira pour elle certaines pièces des *Fleurs du mal*, qu'il lui adressera anonymement. Le procès du livre démasque l'admirateur ; grisée par la soudaine notoriété du poète, la Présidente s'enflamme : « Je suis à toi, de corps, d'esprit et de cœur... » Aveu qui lui vaut ce camouflet du condamné : « Vous voyez, ma bien belle chérie, que j'ai d'odieux préjugés à l'endroit des femmes. — Bref, je n'ai pas la foi. — Vous avez l'âme belle, mais en somme c'est une âme féminine. » Mais la « bien belle chérie » reste pour les amateurs de curiosités littéraires suspectes la récipiendaire des Galanteries poétiques de « l'Éléphant », et de sa fameuse lettre d'Italie : « Cette lettre ordurière, destinée à remplacer les saloperies dominicales... » Il lui envoyait fréquemment des places pour le théâtre ou l'Opéra, agrémentées de petits couplets gaillards dont « Concordances » fait sonner le ton général :

> « Dieu* fit le con, ogive, énorme,
> Pour les chrétiens,
> Et le cul, plein-cintre difforme,
> Pour les païens ;
> Pour les sétons et les cautères

Il fit les poix,
Et pour les pines solitaires
Il fit les doigts. »

PRESSE (LA)

N OTRE PAIN QUOTIDIEN dont le premier pétrisseur fut
Théophraste Renaudot (1586-1653) avec *La Gazette*. Maupassant, dans *Bel-Ami*, définit assez bien l'entreprise pédagogique de libération par l'information régulière : « Il faut penser à tout et à tous, à tous les mondes, à toutes les professions, à Paris et à la Province, à l'Armée et aux Peintres, au Clergé et à l'Université, aux Magistrats et aux Courtisanes. » Barbey d'Aurevilly*, Baudelaire*, Bloy* n'en penseront pas moins, quoiqu'avec des nuances :

— « Qui dit journalistes, dit femmes entretenues. Cela veut souper. Je n'ai pas 40 000 livres de rentes, hélas ! » (B. d'A.)
— « Tout journal, de la première ligne à la dernière, n'est qu'un tissu d'horreurs. Guerres*, crimes, vols, impudicités, tortures, crimes des princes, crimes des nations, crimes des particuliers, une ivresse d'atrocité universelle. Et c'est de ce dégoûtant apéritif que l'homme accompagne son repas de chaque matin. » (C. B.)
— « Que sera-ce donc des funérailles imminentes de Victor Hugo*, Le Maître des maîtres, le PÈRE à tous, comme l'appellent les gavés journalistes visiblement engendrés pour la domesticité ? » (L. B.)

PROCÈS

M ACHINATION AUTORITAIRE par laquelle les rois de
France* s'enrichissaient aux dépens des argentiers, après que ceux-ci eurent rétabli les finances en n'oubliant pas leur propre cassette : Jacques Cœur, Jacques de Semblençay, Nicolas Fouquet*... L'arrivée des légistes aux affaires (XIVe siècle) installa, dans tous les rouages du pouvoir, le goût procédurier, la passion de la chicane. Le Grand Siècle sort l'action juridique du prétoire et l'élève à la hauteur d'un *modus vivendi* généralisé — ce dont témoigne Molière* en 1666 dans *Le Misanthrope*

(Alceste*, qui est sous le coup d'un procès, ainsi que Célimène, en intente un au monde entier) ; Racine, qui fut à deux doigts de témoigner dans celui des Poisons*, met en scène cette folie dans *Les Plaideurs* (1669) (« Monsieur tous mes procès allaient être finis/Il ne m'en restait plus que quatre ou cinq petits :/L'un contre mon mari, l'autre contre mon père,/et contre mes enfants. Ah ! Monsieur ! la misère ! ») ; Regnard, dans *Le Légataire universel* (1708) ne caricature pas moins l'époque : « Ce serait tous les jours procédure nouvelle » assure le notaire Crispin. Au XVIIIᵉ siècle, le combat philosophique étale sur la place les arcanes et les enjeux de la culpabilité institutionnelle ; Voltaire* en fera souvent ses « affaires* » (Calas, La Barre, Sirven...), suscitant les débats publics, provoquant l'opinion, favorisant l'intrusion dans la vie citoyenne des grands procès politiques inaugurés à la Révolution par les mises en accusation de Louis XVI et de Marie-Antoinette*. Le Tribunal révolutionnaire (mars 1793-mai 1795), sous le couperet des vingt-deux articles de la Loi du 22 prairial, mère de la Grande Terreur, soufflés par Couthon*, réinstaurera le bon vieux temps des machinations à complots : une honnête moyenne de 3 têtes par jours satisfit aux exigences de la procédure expéditive — on est loin des recommandations humanistes de Beccaria dans *Des délits et des peines* (1764). Le ci-devant marquis de Sade* échappera de peu à la guillotine* comme pour mieux éprouver, avec vingt-sept années d'incarcérations diverses (sous trois régimes, dans onze prisons), tout le champ couvert par l'obsession procédurière, dans laquelle les mœurs n'ont pas la moindre part. Flaubert* et Baudelaire* (1857) y goûteront modérément, le procureur Pinard jugeant que *Les Fleurs du mal* empuantissaient « la morale publique ». Cette même pudeur bourgeoise saura, elle aussi, recourir à la « procédure expéditive » des révolutions modernes, quand il s'agira d'amender les aspirations égalitaires de la Commune*, en déportant et fusillant *pour l'exemple*. La machine à amender n'en a pas fini de recourir à ces deux châtiments : le capitaine Dreyfus*, les mutins des tranchées seront broyés par les rouages du Code — toujours *pour l'exemple*.

PROLÉTARIAT

Dénomination transitoire des exploités, le prolétariat oscille entre une volonté de jouir lui aussi des biens qu'il produit et une revendication égalitaire du savoir ; il perdra sur les deux tableaux : mangé d'un côté par le sentiment nationaliste, dévoré de l'autre par la nécessité de la dictature. On l'appela Tiers État quand il s'agissait de le réunir pour ne pas lui demander son avis. Il eut ici ses défenseurs, dont Marat*, Hébert* ou Proudhon* ne furent pas les moindres.

PROUDHON (Pierre Joseph — 1809-1865)

Marx le vilipende mais Barrès lui reconnaît des qualités : c'est le monde à l'envers dans la patrie du socialisme ! Et encore, le grand bourgeois rhénan ne sait pas alors que l'éternel conchieur de la propriété — « c'est le vol » —, achèvera une vie errante dans sa petite maison de Passy... N'empêche, le Bisontin trima dur pour finir dans la peau d'un petit-bourgeois, ce qui dut être tout de même plus délectable que les cellules de maisons d'arrêt où il logea parfois. Peu doué pour le capitalisme, on s'en doute, il fera maintes fois faillite tant comme imprimeur que comme patron de presse ou banquier. Élu du peuple en 1848, son activité législative sera quasi inexistante mais il réussira tout de même à faire l'unanimité contre lui en proposant la nationalisation des loyers, du capital et des fermages. Proudhon disait : « Ce qui manque à notre génération, ce n'est ni un Mirabeau*, ni un Robespierre*, ni un Bonaparte : c'est un Voltaire*. » Marx-Engels en fut stupéfié. Mais pas autant que de sa profession de foi d'ironiste : « Ironie, vraie liberté ! c'est toi qui me délivres de l'ambition du pouvoir, de la servitude des partis, du respect de la routine, du pédantisme de la science, de l'admiration des grands personnages, des mystifications de la politique, du fanatisme des réformateurs, de la superstition de ce grand univers et de l'adoration de moi-même. »

PROUST (Marcel — 1871)

DILETTANTE FORTUNÉ, petit page des salons* gratinés, hanteur du Gotha aristocratique, le « cher petit Marcel », asthmatique, découvre assez tôt que l'œuvre littéraire, l'œuvre d'art, est l'unique voie d'accès au salut mais ne se met au secret pascalien, dans sa chambre capitonnée de liège, qu'à l'âge de quarante ans pour écrire le roman du XXᵉ siècle : *À la recherche du temps perdu*. Concierge à ses heures, il continue néanmoins à demeurer friand des moindres ragots qu'il recueille au Ritz, vers minuit de préférence, autour d'un melon et d'un verre de porto. La légende veut qu'il ait crevé les yeux de rats avec une épingle, qu'il ait mécéné un bordel* en offrant ses meubles de famille, et fait cracher de petites gouapes sur les photographies des comtesses adorées. La hardiesse de ses comparaisons, de ses métaphores, effraya la maison Gallimard et étonnamment André Gide* qui eut du mal à se remettre d'un certain « front où des vertèbres transparaissent », avant de se livrer au *mea culpa* dont rêve tout écrivain débutant : « Le refus de ce livre restera la plus grave erreur de la N.R.F. — et (car j'ai cette honte d'en être responsable) l'un des regrets, des remords les plus cuisants de ma vie. » On goûtera par ailleurs l'invention stylistique du « petit Marcel » dans nombre de ses lettres à Reynaldo Hahn, par exemple : « Mon cher Genstil Excusez-moi de ne pas vous hescrire encore, mon nez est devenu une telle fontaine, etc etc que je ne peux pas littéralement pas ouvrir les yeux. Et pourtant aurais beaucoup vous dirche, et vous plainsdre, pauvre genstil que je suis tellement tristche de savoir maladch, et qui guérirai plus vite si lit et lit... »

PRUDHOMME (M. Joseph)

PETIT-FILS de Monsieur Jourdain, oncle putatif de Bouvard et Pécuchet, ce bourgeois commun — « type monstrueusement vrai » (Baudelaire*) — appartient à l'engeance des héros négatifs promis, paradoxalement, à une fortune sans pareille. La créature d'Henri Bonaventure Monnier (1799-1877), d'abord esquissée dans les *Scènes populaires destinées* à *la plume* (1830), puis personnifiée sur la scène, par l'auteur lui-même, dans *Grandeur et Décadence de M. Joseph Prudhomme* (1853), et enfin autopsiée dans les *Mémoires de M. Joseph Prudhomme* (1857), incarne aux yeux de la bohème et de l'aristocratie (de sang et d'esprit !) toute la bêtise candide et entreprenante. Adepte de « la Religion des Imbéciles » (1861), le bonhomme débite apophtègmes absurdes, lieux communs, proverbes sentencieux et, s'il faut en croire Asselineau, il « porta l'École du bon sens à l'Académie*... ».

PSYCHANALYSE

LE CAFÉ* POUR CABINET, la chaise pour divan, voici qu'apparaît le premier psychanalyste parisien : « MOI — Si le petit sauvage était abandonné à lui-même ; qu'il conservât toute son imbécillité et qu'il réunît au peu de raison de l'enfant au berceau, la violence des passions de l'homme de trente ans, il tordrait le col à son père, et coucherait avec sa mère. » Et c'est *Le Neveu de Rameau* * !

QUASIMODO

OÙ L'ON RENVOYAIT les gens qui quémandaient un délai — au premier dimanche après Pâques : c'est donc la version chrétienne des calendes grecques. Un jour comme celui-là, en l'an de grâce 1447, on trouva un nouveau-né sur le parvis de Notre-Dame de Paris. Hercule de la hideur, Polyphème romantique de l'amour toujours déjà perdu — seul homme à gagner un concours de grimace sans nécessité d'en mimer une.

QUERELLE

« PRONONCEZ presque *Krelle* quand vous parlez, mais en vers le mot de *querelle* fait trois silabes » prévient Richelet (1723). Sur ce point de phonétique, il engage une *querelle d'Alemaigne* (pour dire comme d'Aubigné*) ou d'Allemands — « fort promts à se fâcher ; mais du reste fort bonnes gens & fort honnêtes gens ». La France ici ne manque pas de répondant, Gascons et autres ferrailleurs s'adonnant au duel* à qui mieux mieux. De la pointe de l'épée à la pointe de la plume, l'humeur belliqueuse gagne les Lettres. Par du Bellay, *La Défense et illustration de la langue française* délimite, dès 1549, le champ clos d'un fameux procès* qui aboutira à l'affrontement « fin de siècle » des Anciens et des Modernes : « Sans l'imitation des Grecs et Romains nous ne pouvons donner à notre langue l'excellence et lumière des autres plus fameuses. Je sais que beaucoup me reprendront, qui ai osé le premier des Français introduire comme une nouvelle poésie. » S'ensuit une brochette de querelles — dont celle des « amies » — sur les conditions du mariage, qui n'est pas neuve. Tant du point de vue de l'imaginaire que de celui de la langue, l'affaire est toujours de défendre l'excellence du français, soit en puisant dans le merveilleux chrétien, soit en expulsant le goût antique ; la « Querelle des Inscriptions » (1683), relative aux mentions gravées sur les frontons publics, marque une étape décisive en partageant radicalement les tenants de la tradition gréco-romaine et les thuri-féraires du gallicanisme séculier, alors que l'Église de France est en conflit d'indépendance avec Rome : Racine, Boileau*, La Fontaine en tiennent pour les Anciens ; Perrault [avec son *Parallèles des Anciens et des Modernes* (1688-1697)], Fontenelle, Bayle, sou-tiennent le parti moderniste de l'invention. Cette oppo-sition théorique, toute vive qu'elle soit, reste cependant dans les limites du savoir-vivre ; il y a même des réconciliations de façade. Mais la traduction de *L'Iliade* par Mme Dacier, en 1699, à laquelle répond celle — fantaisiste et rimée — de Houdar de La Motte, quatorze années plus tard, relance les hostilités ; la « Querelle » bat son plein. Les injures volent, les calomnies pleuvent. Résultat du pugilat : une remise en cause de la poésie si profonde que le XVIIIᵉ siècle prosodique en fera les frais. Seul survivant bien portant : l'épigramme*, qui d'arme de guerre* et de salon* deviendra la fleur rimante du siècle — dont la plus belle pousse sera les *Iambes* de Chénier, auxquels répondront, quelques décennies plus tard, ceux de Barbier*. Quant à la perpétuité de ce mot, les auteurs — querelleurs (« prononcer à peu près *Krelleu* », toujours selon Richelet) —, épuisés par la tâche, ont préféré aller *vuider* leur querelle et bouteille...

Rabelais (François — vers 1494-1553)

CHANOINE doté d'un fils (Théodule) et de prébendes (les monastères de Saint-Maur-des-Fossés puis de Saint-Martin de Meudon), par ailleurs médecin, éditeur d'œuvres savantes et pronosticateur. Il aurait publié, à partir de 1532, et sous le pseudonyme anagrammatique de M. Alcofrybas Nasier « abstracteur de Quintessence », une sorte d'épopée burlesque narrant les aventures du géant Gargantua* puis de son fils Pantagruel*. À dater du *Tiers Livre* (1545), il avoue son identité. Montaigne, homme sage et de bon sens rassis, en parle dans ses *Essais* : « Entre les livres simplement plaisans, je trouve, des modernes, le Decameron de Boccace, Rabelays et les Baisers de Jean Second, s'il les faut loger sous ce tiltre, dignes qu'on s'y amuse... » Sur le point de mourir, l'amuseur aurait dit ceci : « On a graissé mes bottes pour le grand voyage. Tirez le rideau, la farce est jouée. » Son confesseur le réputera d'ailleurs ivre mort, comme fera Ronsard dans une ode toastement funèbre :

> « Jamais le soleil ne l'a vu
> Tant fût-il matin, qu'il n'eût bu,
> Et jamais au soir la nuit noire,
> Tant fût tard, ne l'a vu sans boire.
> Il chantait la grande massue
> Et la jument de Gargantue... »

Rastignac (Eugène de)

INCARNATION PONCIVE de l'arrivisme provincial, le Périgourdin lance à la capitale — du haut du Père-Lachaise où il vient d'enterrer le vieux Goriot mais pas ses illusions — ces mots grandioses : « À nous deux maintenant ! », cri de ralliement grandiloquent de tous les ambitieux, épitaphe de Julien Sorel* qui en perdit la tête. Rastignac, endossant les habits de Balzac*, se fait tailler ce costume par Sainte-Beuve* : « Balzac, jusqu'en ses meilleurs romans, a toujours gardé quelque chose de la bassesse et, pour ainsi dire, de la crapule de ses débuts. »

Ravachol (François Claudius Koenigstein — 1859-1892)

C'est « Le Christ de l'Anarchie ». Sa mort sur l'échafaud, un 11 juillet, est prétexte à chansons* populaires sur des airs de la Révolution. Ses options politiques sont pour le moins radicales : « Si tu veux être heureux, nom de Dieu !, pends ton propriétaire, coupe les curés en deux ! » Marqué par *Les Mystères de Paris* et les prédicateurs socialistes, il passera vite de la spéculation utopique à la pratique expéditive — ce que Léon Daudet* nommera « l'Anarchie sentimentale » : « Ravachol était une sorte de vagabond, théoricien et anticlérical, qui commença par dévaliser et assassiner un ermite. Il pensait, comme Hugo*, Eugène Sue, Michelet* et Zola*, que les jésuites* étaient la cause de l'obscurantisme [...]. Il avait établi un plan d'alimentation uniforme de la société, d'après lequel chaque citoyen avait droit, chaque jour, à une certaine quantité de macaroni et de beurre. Il proscrivait le vin, l'alcool et la viande et prônait la dynamite et le vol, qualifié bien entendu de "reprise sociale". C'était en somme un primaire exaspéré par de mauvaises lectures et de pires fréquentations. »

Ravaillac (François — 1578-1610)

Angoumoisin exagérément fanatique, et peu enclin à consommer, dominicalement, la poule-au-pot ; il poignarda donc Henri IV, rue de la Ferronnerie, le 14 mai 1610 : le royal carrosse était bloqué par un encombrement — déjà. Le régicide, qui avait été valet de chambre, maître d'école puis apprenti-feuillant (il sera chassé de l'ordre), quitta Angoulême, tout excité de vin et de visions apocalyptiques, le jour de Pâques. Il erra trois semaines dans Paris, s'en vint rôder autour du Louvre, questionna les domestiques et vola dans une auberge le couteau qu'il planta par trois fois dans la poitrine du souverain apostat, devant un établissement à l'enseigne prémonitoire du « Cœur couronné percé d'une flèche ». Il fut soigneusement torturé mais n'avoua rien : ni complices ni argent espagnol. On n'a pourtant jamais vu les minutes de son interrogatoire musclé — la reine-mère ayant peut-être trempé dans l'affaire. Puis il endura la gloire douloureuse d'une exécution en place publique. Tallemand des Réaux, qui ne l'a jamais connu, le décrit ainsi : « Ce Ravaillac avoit la barbe rousse et les cheveux tant soit peu dorez. C'estoit une espece de faineant qu'on remarquoit à cause qu'il estoit habillé à la flamande... »

REBELL (Georges Grassal dit Hugues — 1867-1905)

COMME SON PSEUDONYME l'indique, il s'oppose « aux nouvelles idoles de la démocratie, à ses prétendus grands hommes et à ses dieux et déesses : sainte Morale, sainte Science, sainte Hygiène, sainte Dignité, saint Progrès, saint Socialisme, etc. » mais considère malgré tout que les romans doivent s'écrire pour le plaisir de l'intelligence et des sens du peuple moins eunuque que les lettrés qu'il fustige dans *Le culte des idoles* (Taine, Goncourt*, Flaubert*). Après avoir quitté Nantes muni du confortable héritage paternel (droit venu du commerce négrier), il s'installe à Paris ; fonde une revue intitulée, en hommage à Nietzsche qu'il découvre, le *Gai Sçavoir* ; voyage pour retrouver les calculs érotiques d'une Venise libertine, se tremper dans l'exotisme sensuel et obscur qui inspire *La Nichina* (1897) et *Les Nuits chaudes du Cap-français* (1902). Il échappe de peu au premier Prix Goncourt, à l'instar de Charles-Louis Philippe (lui, pour *Bubu de Montparnasse*), et s'épuise, comme sous le fouet dont il goûtait les voluptés intimes, à composer des romans pour compenser sa fortune dilapidée. Soucieux de préserver son dernier bien, il emménage clandestinement sa bibliothèque chez une créature de hasard, laquelle lui concède un matelas au pied du lit qu'elle agite en compagnie de son militaire d'amant : triste antichambre de la salle des indigents de l'Hôtel-Dieu, où Rebell rend les armes.

RÉFORME

QUOIQUE L'ON AIT USÉ longtemps du terme « Réformation » pour désigner le vaste mouvement religieux qui donna naissance au protestantisme, le terme couramment employé aujourd'hui entre dans la langue vers 1640. Curieusement, Richelet, dans son *Nouveau Dictionnaire de la langue françoise*, à la toute fin du XVIIe siècle, ne recense pas ce mot dans son acception historique, sinon pour désigner généralement « Le retablissement de la discipline qui s'étoit relâchée dans un Ordre » et « Le licenciement ou le retranchement de quelques gens de guerre ». Prudence ou simple constatation ? — tant il est vrai que ces deux définitions suffisent à délimiter le champ clos de la vaste querelle* idéologique opposant les partisans d'un retour à la règle primitive du christianisme aux adeptes gallicans du foutoir où il était tombé.

RENAN (Ernest — 1823-1892)

S<small>A</small> *VIE DE JÉSUS* (1863) fit un beau scandale ; il en perdit sa chaire d'hébreu du Collège de France. Non content d'y qualifier le Messie « d'homme incomparable », le têtu Breton du Trégor rejetait la mystagogie des écrits testamentaires et, en bon positiviste hégélien (divorcé d'avec l'église), il transubstantiait le crucifié du Golgotha en poète supérieur déclamant sur le Parnasse. Prophète d'un scientisme humaniste et bénévolent, Renan est par ailleurs l'instigateur de la philologie savante. Se mêlant de tout, il dit sur la chose politique des vérités fortes ; ainsi, dans *Qu'est-ce qu'une nation ?* (conférence sorbonnarde du 11 mars 1882) : « Or l'essence d'une nation est que tous les individus aient beaucoup de choses en commun et aussi que tous aient oublié bien des choses » ; « La vérité est qu'il n'y a pas de race pure » ; « On va aux guerres d'extermination, parce qu'on abandonne le principe salutaire de l'adhésion libre ». Il semble que l'histoire en cours s'échine à donner raison à ce provocateur. Il enfonce le clou dans la préface des *Souvenirs d'enfance et de jeunesse* (1883) : « Le monde marche vers une sorte d'américanisation, qui blesse nos idées raffinées, mais qui, une fois les crises de l'heure actuelle passées, pourra bien n'être pas plus mauvais, que l'ancien régime pour la seule chose qui importe, c'est-à-dire l'affranchissement et le progrès de l'esprit humain. » Si la première assertion est en passe de se vérifier, la suite du sophisme reste à démontrer ! Mais avant d'en arriver à cette approche libérale du monde, il était passé sous les fourches du conservatisme le plus anachronique ; ainsi, après la débâcle de 1870 et la Commune*, Renan, horrifié par les événements, vire au monarchisme dur : les castes verrouillées lui apparaissent alors seules capables de régénérer l'Europe saisie par l'effervescence socialiste. Dans *La Réforme intellectuelle et morale*, il pousse si loin sa réflexion humaniste qu'il finit par enfoncer même le gobinisme le plus extatique : « La nature a fait une race d'ouvriers, c'est la race chinoise, d'une dextérité de main merveilleuse sans presque aucun sentiment d'honneur... » Il avait été l'élève, au séminaire, du catéchétique Père Dupanloup, ennemi juré de Littré, et sur lequel il s'écrivit quelques chansons paillardes. Mais il n'est pas avéré que Renan en soit l'auteur.

RENÉ

« *YOU CARRY YOUR HEART IN A SLING* » déclara un jour quelque comtesse anglaise à François-René de Chateaubriand* : sans doute confondait-elle l'auteur et sa créature empoisonnée, René, l'archi-archétype du héros romantique français : « Un penchant mélancolique l'entraînait au fond des bois ; il y passait seul des journées entières, et semblait sauvage parmi des sauvages. » Conçu d'abord comme une façon d'épisode de l'ennuyeux *Génie du christianisme*, *René* (1802) connaît une fortune littéraire peu commune qui n'aura d'égal que le reniement particulièrement exaspéré de son ingrat Pygmalion : après tout, René, double évident de François... René jeune, lui apportait gloire et cortège d'admiratrices de la meilleure compagnie. C'est donc à un implacable bourreau que Chateaubriand livrera son personnage lors de la rédaction des *Mémoires d'outre-tombe* : « Au surplus, si René n'existait pas, je ne l'écrirais plus ; s'il m'était possible de le détruire, je le détruirais : il a infesté l'esprit d'une partie de la jeunesse [...]. » Voilà précisément ce qui s'appelle renier la sienne, et illustrer la proverbiale sentence : « faites ce que j'écris, pas ce que je vis » !, car la confession de René ne diffère guère de l'évocation de ses premières années, de la naissance (« la chambre où ma mère m'infligea la vie,

la tempête dont le bruit berça mon premier sommeil »,
dans les *Mémoires* ; « J'ai coûté la vie à ma mère en
venant au monde ; j'ai été tiré de son sein avec le fer »,
dans *René)* à la formation de la sensibilité (« j'étais
distrait, triste, ardent, farouche. Mes jours s'écoulaient
d'une manière sauvage, bizarre, insensée, et pourtant
pleine de délices » dans les *Mémoires* ; « Mon humeur
était impétueuse, mon caractère inégal. Tour à tour
bruyant et joyeux, silencieux et triste » dans *René)*.
Mais le mal étant fait, qui porta le nom de vague à
l'âme ou de mal du siècle, Chateaubriand, selon la
bonne vieille rhétorique morale — laquelle consiste,
peignant un vice, à se défendre d'avoir voulu en
chanter les charmes mais bien au contraire à
prétendre en corriger les ravages —, Chateaubriand
donc s'employa à détruire sa créature et davantage
encore à ridiculiser, surtout, les auteurs qui, selon lui,
l'avaient bêtement imité, tout en prenant soin de n'en
citer aucun. Même dans le vrai-faux remords, il tenait
à être le seul, le plus grand : « Une famille de René-
poètes et de René-prosateurs a pullulé ; on n'a plus
entendu bourdonner que des phrases lamentables et
décousues ; il n'a plus été question que de vents
d'orage, de maux inconnus livrés aux nuages et à la
nuit ; il n'y a pas de grimaud sortant du collège, qui
n'ait rêvé d'être le plus malheureux des hommes, qui,
à seize ans, n'ait épuisé la vie, qui ne se soit cru
tourmenté par son génie, qui, dans l'abîme de ses
pensées, ne se soit livré au « vague de ses passions »,
qui n'ait frappé son front pâle et échevelé, qui n'ait
étonné les hommes stupéfaits d'un malheur dont il ne
savait pas le nom, ni eux non plus. ». Joli cas d'auto-
parodie !

RESTIF — OU RÉTIF DE LA BRETONNE (Nicolas-Edme Restif, dit — 1734-1806)

Il SEMBLE BIEN que le seul Louis-Sébastien Mercier —
« L'infatigable barbouilleur » — ait noirci plus de
papier que Monsieur Nicolas, fils de paysan
bourguignon enrichi. « Un monstre-auteur » tempêtera,
sans rire, M. le marquis de Sade* qui ne l'aimait pas —
ah ! non : « R... inonde le public ; il lui faut une presse
au chevet de son lit ; heureusement que celle-là toute

seule gémira de ses terribles productions ; un style bas et rampant, des aventures dégoûtantes, toujours puisées dans la plus mauvaise compagnie... » (*Les Crimes de l'amour.*) C'est l'avis d'un connaisseur. N'empêche que le prote, devenu imprimeur frénétique, dédia l'autre pan de son existence au donjuanisme ; il ne risquait plus grand chose, son frais visage d'enfant ayant été détérioré par la petite vérole. Mais cet incident ne le retint pas d'approfondir avec succès sa connaissance de la féminité jusque dans les bas-fonds, et il recensera quelque trois cents conquêtes — dénombrement éloquent qui surpasse celui de ses œuvres complètes : 207 volumes ! Tôt monté à Paris, Rétif, atteint de bougeotte (il fera maints allers et retours prolongés entre la Bourgogne et la Capitale), connaîtra sempiternellement les affres du labeur sous-payé, de la misère des garnis, et tout un tas d'infirmités tracassantes. La Convention, hésitant devant sa réputation sulfureuse, lui allouera tout de même une petite pension. Sa prolixité d'auteur (telle qu'on se gardera ici de citer une seule œuvre de peur d'encourir la colère des autres) et ses maux ne l'empêchèrent pourtant pas d'arpenter Paris la nuit, traçant sur les murs de mystérieuses inscriptions et dressant en maints textes le savoureux portrait sociologique, historique ou moral des mondes étranges et interlopes qu'il scrutait — notamment pendant la période révolutionnaire. Il se campe là en « Spectateur-nocturne », il s'apostrophe : « Reprends, hibou, ton vol ténébreux ! » Un siècle plus tard, Paul Bourget — piètre lecteur apparemment — le réhumanise : « Restif est le pithécanthrope de Balzac* », amabilité qui s'ajoute aux sentences de ses contemporains : « le Voltaire* des femmes de chambre », « le Rousseau* du ruisseau ». C'est qu'en fils bâtard des Lumières, il avait écrit certains traités pour réformer la prostitution, le théâtre, les lois, la langue, les curés et (tant qu'il y était) les femmes et les hommes...

RETZ (Jean François Paul de Gondi, cardinal de — 1613-1679)

LOUIS XIV avait le mépris libéral ; en bon chrétien, il pratiquait peu la haine mais força son tempérament avec Fouquet* puis Retz, qu'il accabla jusque dans son trépas, ordonnant que l'ancien co-adjuteur de Paris soit enterré de nuit, à Saint-Denis, et sous une dalle muette. Si le roi lui manifesta parfois quelques pardons temporaires, c'est qu'il avait besoin d'utiliser les amitiés fidèles du cardinal* pour mieux asseoir son autorité. Amitiés complices du temps de la Fronde dont Retz — « petit homme laid, noir, mal fait, myope et maladroit de ses mains en toutes choses » dit Tallemant des Réaux — fut l'inspirateur, le vibrion aussi bien que le mémorialiste. Élevé par les jésuites*, parlant sept langues, raffiné et grand tombeur de belles dames (et de soubrettes tout autant), Paul de Gondi montra une obstination et un crâne courage durant cette période agitée où il joua à merveille les embrouilleurs. Il apprit l'art de l'intrigue dans *La Conjuration de Jean-Louis de Fiesque*, qu'il traduisit en l'adaptant de l'italien — langue de ses origines familiales (sa grand-mère aurait fait commerce des chiens de salons*) : c'est le bréviaire des comploteurs opposés à la tyrannie, et Richelieu, lisant l'ouvrage, aurait prédit : « Voilà un dangereux esprit. » Ce que son successeur confirmera, dont Retz affirme dans ses *Mémoires* : « M. le cardinal de Mazarin*, qui avait beaucoup d'esprit, mais qui n'avait point d'âme... » — et l'on croit lire ici ce que Louis XIV pensait du rebelle ! Lequel, lassé de la vindicte royale (elle le fera errer huit ans à travers l'Europe), vint à résipiscence en 1662 ; après une entrevue glaciale avec le monarque, il se vit assigné à résidence en son abbaye de Saint-Mihiel, non loin de Commercy. Là, le nouvel ermite rédigea la somme auto-hagiographique, où l'on voit le précurseur de Casanova*et de Chateaubriand*.

Révocation de l'Édit de Nantes (la)

É DIT DE FONTAINEBLEAU — de son vrai nom —, il est fondé sur une certitude et un malentendu. Si d'aucuns, dans le fil rugueux de l'histoire, se présentèrent comme les ennemis personnels de Dieu (il y en eut à la Révolution, dont Cloots*), le Roi Soleil, en toute fervente simplicité, se crut l'ami particulier du Très-haut, au point d'en connaître les secrets les plus intimes, dont celui-ci : Dieu* préférait les catholiques apostoliques et romains aux luthéro-calvinistes. Établie sur un dogme aussi net, la religiosité du souverain se béquillera par une approximative constatation : à force de dragonnades*, d'interdits et de férules persuasives, le protestantisme est éradiqué du Royaume très-Chrétien. D'où il s'ensuit — et cela ressort d'une éclatante sophistique — que la tolérance de l'Édit de Nantes du grand-père Henri IV n'a plus de raison d'être. Poussé par toute une volaille d'ensou-tannés, et de marquises plus ou moins repentantes, Louis XIV rédigea cet acte début octobre 1685. Le bilan rapide fut le départ pour le Refuge d'environ deux cent mille huguenots (souvent, l'élite des régions), le soulèvement d'une partie du Sud-Est (ceux du Désert), et le fournissement aux galères du roi.

RÉVOLUTION

CASSE-TÊTE lexicographique qui laisse entendre le retour du même (astre, par exemple) ou, au contraire, le changement politique par le désordre de la rue (autre exemple). Dans ce cas bien précis, le Petit Caporal corse assure : « Dans les révolutions, il y a deux sortes de gens : ceux qui les font et ceux qui en profitent. » La lune, quant à elle, fait la sienne autour de la terre, en 27 j. 7 h. 43 mn. 11 s.

RIDICULE

« LE RIDICULE déshonore plus que le déshonneur. » (La Rochefoucauld.) On disait aussi rédicule ou ridiculité (XVIIᵉ), et Littré entame ainsi ses considérations sur la question : « Digne de risée ». Le même, à l'entrée « Digne », donc : « Qui mérite, en parlant des personnes »... exemple : « Digne d'être admiré ». On s'étonne que Léon Bloy* n'ait pas relevé l'expression « le ridicule ne tue pas » dans son *Exégèse des lieux communs* : mais son dada était de pourfendre la sottise instituée jusqu'à ce que mort s'ensuive. On serait alors bien privé si quelque moraliste terrassait définitivement cette posture, dont Duclos* dit mysté-rieusement qu'elle « consiste à choquer la mode ou l'opinion, et communément on les confond assez avec la raison ».

Rimbaud (Jean Nicolas Arthur — 1854-1891)

I L A ÉCRIT : « Ma journée est faite ; je quitte l'Europe. L'air marin brûlera mes poumons ; les climats perdus me tanneront. Nager, broyer l'herbe, chasser, fumer surtout ; boire des liqueurs fortes comme du métal bouillant, — comme faisaient ces chers ancêtres autour des feux./Je reviendrai, avec des membres de fer, la peau sombre, l'œil furieux : sur mon masque, on me jugera d'une race forte. J'aurai de l'or : je serai oisif et brutal. Les femmes soignent ces féroces infirmes retour des pays chauds. Je serai mêlé aux affaires politiques. Sauvé. » (*Une saison en enfer.*) Il l'a fait — il n'y a pas de mystère Rimbaud.

Rivarol (Antoine Rivaroli, dit comte de — 1753-1801)

E SPRIT FORT, publiciste et pamphlétaire qui défraya la chronique dans la seconde partie du XVIIIe siècle. Ambitieux, il s'introduisit dans les salons* sous le nom de Chevalier de Parcieux, mais c'est par sa verve satirique qu'il se fera vite remarquer. Rendu célèbre par l'étonnant *De l'universalité de la langue française* (1784), il y pronostiquait hardiment le succès de cette langue sur toutes les autres. Ardent pourfendeur des idées de la Révolution, il s'illustra par des articles qui lui valurent de fuir à Bruxelles en juin 1792. Il errera ensuite, selon les principes de l'émigration réactionnaire du moment. On a regroupé sous le titre *Rivaroliana* un tas de bons mots de cet auteur dont :
« Sur vingt personnes qui parlent de nous, dix-neuf en disent du mal, et le vingtième, qui en dit du bien, le dit mal. »
Ou ceci : « Les hommes ne sont pas si méchants que vous le dites. Vous avez mis vingt ans à faire un mauvais livre, et il ne leur a fallu qu'un moment pour l'oublier. »
Ou encore : « Un jour, traversant le Palais-Royal, il rencontra Florian qui marchait devant lui, avec un manuscrit qui sortait de sa poche, il l'aborda, et lui dit : "Ah ! Monsieur, si l'on ne vous connaissait pas, on vous volerait". »

Et pour se convaincre de sa supériorité, il ne craignit pas d'écrire :

« Voltaire* disait de Rivarol : c'est le Français par excellence. »

ROBESPIERRE (Maximilien Marie Isidore de — 1758-1794)

A VOCAT hypocondriaque et vertueux. Il était toujours tiré à quatre épingles. Au matin du 9 thermidor, il revêtit le costume qu'il portait pour la fête de l'Être Suprême : habit bleu et culotte de nankin. Au moment de le guillotiner, le bourreau lui arracha les pansements qui couvraient la blessure à la mâchoire reçue lors de son arrestation, la veille au soir. Il cria de douleur.

ROCHEFORT (Victor Henri de Rochefort-Luçay, dit Henri — 1831-1913)

C 'EST DE LUI, et en tête du numéro 2 de son journal *La Lanterne*, cette formule qui fera florès : « La France contient trente-six millions de sujets, sans compter les sujets de mécontentement. » L'ancien antiquaire et spéculateur en peinture, très tôt passé de la bohème* pauvre au journalisme, illustre à lui seul la frénésie d'un siècle d'agités, l'art de se faire des ennemis à la moindre phrase, et l'irrésistible goût pour le bon mot ou l'anecdote satirique. Républicain, Rochefort l'est jusqu'à la moelle, bien que venu d'une très ancienne aristocratie flouée par la Révolution. Il poussera cette conviction, béquillée de patriotisme pas toujours vigilant, jusqu'à se laisser embarquer dans l'aventure boulangiste (1886-1889) — ce qui facilita les ventes de son journal d'alors, *L'Intransigeant* —, et dans l'antidreyfusisme le plus sectaire. Il avait pourtant lui-même goûté, après la Commune*, aux plaisirs de la déportation* (près de Nouméa et non en Guyane, il est vrai !). Mais son aubaine, c'est le Second Empire qu'il ne va cesser de brocarder jusqu'à s'attirer les compliments émus de Victor Hugo* (« Rochefort, l'archer fier, le hardi sagittaire ») et de Jules Vallès. Dans le premier numéro de *La Lanterne*, le publiciste avoue — à la surprise générale — être bonapartiste :

« On me permettra de choisir mon héros dans la dynastie [...]. Quel règne ! mes amis, quel règne ! Pas une contribution, pas de guerres inutiles avec les décimes qui s'ensuivent ; pas de ces expéditions lointaines dans lesquelles on dépense six cents millions pour aller réclamer quinze francs, pas de listes civiles dévorantes, pas de ministres cumulant chacun cinq ou six fonctions à cent mille francs pièce ; voilà bien le monarque tel que je le comprends. Oh ! oui, Napoléon II, je t'aime... » Bilan rapide de l'enthousiasme : cent vingt-cinq mille exemplaires vendus et des poursuites judiciaires suivies d'une fuite (parmi tant d'autres) à Bruxelles. Mais Henri Rochefort ne serait pas vraiment un homme public de son temps s'il ne s'était aussi battu en duel* (une douzaine de fois) ou n'avait été élu plusieurs fois député — et même nommé ministre du Gouvernement de la Défense Nationale, à la chute de cet Empire qui avait tant aiguisé sa plume et sur lequel il l'avait si bien ébarbée.

RODIN (Auguste — 1840-1917)

AMANT « FAUNESQUE » de Camille Claudel et ancien novice chez les Pères du Saint-Sacrement, « le sculpteur Rodin se laisse trop gober par l'antiquaillerie des vieilles littératures et n'a pas le goût naturel de la modernité qu'avait Carpeaux », *dixit* l'ami Goncourt*... Voire, car, au printemps 1898, l'affaire Balzac*, qui faillit bien tourner au chef-d'œuvre inconnu, suscita quelques réticences : « Ce visage en éponge, ce cou à gibbosité vasculaire, cet ensemble de têtard de saule... Ce tas de plâtre accumulé à coup de pied, à coup de poings, monument de déraison et d'impuissance, acte effronté de quelque maître es-fumisterie »... Pourfendant les partisans de l'artiste, *Le Journal* enfonce le burin : « La Terreur Blanche organisée par le Syndicat-de-l'admiration-à-tout-prix, de la provocation même, autour du Rodin de Balzac, non du Balzac de Rodin, Rodin devenu le Michel-Ange du goître. » Commandé par la Société des Gens de Lettres, ce monument coûta sept ans de travail, nonobstant le délai de dix-huit mois stipulé par le contrat. Lassé, Rodin relègue la pièce à conviction dans sa villa de Meudon, certain cependant que « cette œuvre dont on a ri, qu'on a pris soin de bafouer parce qu'on ne pouvait pas la détruire, c'est la résultante de toute ma vie, le pivot même de mon esthétique. Du jour où je l'ai conçue, je fus un autre homme ». Il rentrera dans l'ordre en légitimant, après un demi-siècle de concubinage notoire, l'humble Rose Beuret, le 18 janvier 1917 : elle en meurt quinze jours plus tard ; Rodin la suit de neuf mois.

ROIS DE FRANCE (et accessoirement de Navarre)

SACRÉE THÉORIE régnante et millénariste qui connut quelques malheurs (malgré le paratonnerre de sa divinisation) et beaucoup de bonheur (grâce à elle). Par le jeu pipé de la loi salique — qui interdisait aux femmes de « faire pont et planche » afin que le royaume « ne tombât en quenouille » —, la famille accapara le trône, dès Hugues Capet (lequel, comme l'on sait depuis Villon*, « fut extrait de boucherie »). Assez peu représentatifs de la race des hommes, on en vit d'auguste, de bel, de bien-aimé, de bon, de fol, de grand, de gros, de hardi, de hutin, de jeune, de juste, de lion, de long, de père-du-peuple, de pieux, de posthume, de sage et même de saint — ce qui est très exagéré, n'était cet assemblage de qualités signalées. Jusqu'à l'hallali de 1792, les trente-cinq monarques de la troisième dynastie furent tous grands chasseurs.

ROUSSEAU (Jean-Jacques — 1712-1778)

OUVRANT ses *Confessions*, le Genevois écrit : « Je forme une entreprise qui n'eut jamais d'exemple, et dont l'exécution n'aura point d'imitateur » : il était congruent que les amis du philosophe-copiste s'irritassent de la modestie du propos. Aussi Diderot* et Voltaire*, entre autres, le flagellèrent-ils comme « ennemi de la nature humaine » — ce qui n'était pas fait pour soigner la paranoïa du « promeneur solitaire ». Cependant ses vues politiques connurent quelque succès lorsqu'elles furent manipulées par Robespierre* ou Napoléon*...

ROUSSEL (Raymond — 1877)

ON VOIT MAL comment le vain usage de sa fortune et l'excentricité érigée en système pourraient ne pas le conduire, un jour, au suicide : ainsi règle-t-il ses trois repas journaliers (qu'il absorbe à la suite selon un rituel immuable) comme il écrit certains de ses livres (*Locus Solus*, *Nouvelles Impressions d'Afrique*...). Prophète de la combinaison obsessionnelle, formalisant le monde comme un échiquier, il met en application « L'art de couper non pas, comme on dit, les cheveux en quatre, mais en quatre cent-quarante mille, pour commencer » — manie qui apparaît, toujours à Robert de Montesquiou* : « Comme un phénomène digne d'être signalé à ceux qui font leurs délices de l'analyse, de l'énumération et de la nomenclature. » Le neurologue Pierre Janet, soignant la psychasthénie déambulante de Roussel, consigne dans son traité *De l'Angoisse à l'Extase*, ce propos du patient (sous le nom de Martial) : « Il faut que l'œuvre ne contienne rien de réel, aucune observation du monde ou des esprits, rien que des combinaisons tout à fait imaginaires. »

Roux (Jacques — 1752-1794)

C HEF DE LA FACTION des Enragés*, l'ancien vicaire de Notre-Dame-des-Champs se surnomma « le prédicateur des sans-culottes ». Il sera refusé par la Convention et par le Tribunal révolutionnaire, qui redoutaient son ardeur extrême à défendre la cause du peuple — « il faut dresser le pays réel contre le pays légal ». Décrété d'arrestation pour ses outrances verbales et ses incitations à la haine, il se perça de cinq coups de couteau. Celui que l'on appelait aux Cordeliers « le petit Marat* » récolta en retour l'indignation officielle de Michelet* qui ne ménage pas sa mémoire : « un furieux », « une bête sauvage », « l'enragé des enragés »... Jacques Roux était présent à l'exécution de Louis XVI qui lui demanda de remettre son testament à la Commune et à la Reine : « Je suis ici pour vous conduire à la guillotine, pas pour faire vos commissions. »

R.P.R.

I L NE S'AGIT PAS LÀ des initiales, non plus que du sigle, d'un groupement d'intérêts quelconque ou d'une force politique particulièrement progressiste, ni même révolutionnaire — non. Ce sont les initiales, couramment utilisées au XVIIe siècle, pour désigner le protestantisme : on le qualifiait alors de Religion Prétendument Réformée.

SAC

METTRE AU PILLAGE. Celui du Palatinat, à l'automne de 1688, est un parfait exemple de provocation. Louis XIV voulait en imposer encore un peu plus au monde : il ordonna la dévastation gratuite de cette région chère à sa belle-sœur — la Princesse Palatine. Laquelle, dans ses *Lettres* écrites en français (elle n'est pas ingrate !) dit toute sa peine devant les rapports triomphants que l'on fait au roi des exactions de ses troupes, aux ordres des maréchaux de Duras et de Feuquières (« le plus méchant homme qui fût sous le ciel », Saint-Simon) : « Cela me fait saigner le cœur et encore on trouve très mauvais que je m'en afflige. » Cet étalage de barbarie rameuta dans la ligue d'Augsbourg tous ceux qui, en Europe, n'osaient pas se brûler au Soleil : du coup, sa course commença de décliner.

SACRE

208

CELUI DES ROIS de France* n'est pas une petite affaire ; en toute simplicité, Renan* le donne pour le huitième sacrement de l'église ! Le rituel de Reims est d'une complexité biblique puisqu'il veut rappeler l'onction des rois d'Israël. La fabulation de la Sainte Ampoule et du Saint Chresme en augmente la mystagogie. Intronisé dans l'ordre des démiurges, le frais oint accède à une catégorie supranaturelle d'individus. On en a la preuve lors du sacre de Charles X — auquel la cérémonie donne brusquement de l'esprit. C'est Chateaubriand*, alors en disgrâce, qui le raconte : « Le Roi, ayant eu de la peine à ôter ses gants* pour prendre mes mains entre les siennes, m'avait dit en riant : "Chat ganté ne prend point de souris". » Son vieil ami républicain, Béranger*, voit la chose un peu différemment, et la met en chanson* :

Aux pieds de prélats cousus d'or
Charles dit son Confiteor.

On l'habille, on le baise, on l'huile.
Puis, aux bruits des hymnes sacrés,
Il met la main sur l'Évangile.
Son confesseur lui dit : Jurez !
De Charlemagne, en vrai luron.
Dès qu'il a mis son ceinturon,
Charles s'étend dans la poussière.
Roi ! crie un soldat, levez-vous !
Non, dit l'évêque, et par Saint-Pierre
Je te couronne, enrichis-nous !

Neuf mois de prison pour avoir poétisé à sa façon le Sacre de Charles le Simple. Pourtant, on savait déjà dans le royaume que tout finit par une chanson ; Charles X, peu soucieux de ces traditions populaires, ignorait cependant que se refermaient sur son auguste personne les fastes des couronnements.

SACRÉ-CŒUR

VERRUE PÂTISSIÈRE édifiée pour honorer l'écrasement de la Commune*. L'assemblée nationale vote la construction en juillet 1893. Trois millions et demi de bien-pensants souscrivent aussitôt. L'architecte, un nommé Abadie, commence l'édification de ce décor romano-byzantin en forant des puits de quarante mètres de profondeur, qu'il remplit d'un béton particulièrement résistant — hélas ! Il faudra près de cinquante années pour achever le « Vœu National ».

SADE (Donatien-Alphonse-François — Marquis de — 1740-1814)

DIVINITÉ caco-pornographique, ci-devant marquis, sectionnaire des Piques et théâtreux français, descendant de Laure qu'aima Pétrarque et de Monsieur le Prince, premier du sang — le Condé qui fit brûler par défi un morceau de la présumée Sainte-Croix. Que faire avec une telle ascendance, béquillée des terres, seigneureries et lieutenances de Saumane, Lacoste, Mazan, Bresse, Bugey, Valmorey et Gex ? Un peu de prison (vingt-sept ans), un peu d'hôpital psychiatrique (onze ans) et certains écrits (dont les lettres de prison sont le chef-d'œuvre) ; mais Sade ne croyait qu'en l'avenir de ses pièces de théâtre. Il prend, à 22 ans, son billet d'entrée pour ce dictionnaire : « Il a détaché deux des Chrits d'yvoire, un desquels il a foulé aux pieds, et s'est manualisé sur l'autre jusqu'à pollution. » Flaubert*, à en croire les Goncourt*, était obsédé par ses interminables romans pathologiques : « C'est la bêtise la plus amusante que j'aie rencontrée ! » ; « C'est le dernier mot du catholicisme. Je m'explique : c'est l'esprit de l'Inquisition, l'esprit de torture, l'esprit de l'église du Moyen Âge, l'horreur de la nature. Il n'y a pas un arbre dans de Sade, ni un animal ». Dans son testament — dont on s'ingénia à ne respecter aucun des points — l'interné avait demandé que, sur « la fosse une fois recouverte, il sera semé des glands afin que, par la suite, le terrain de ladite fosse se trouvant garni, et le tailli se retrouvant fourré comme il l'était auparavant, les traces de ma tombe disparaissent de dessus la surface de la terre... » Comme il était censé avoir perdu la tête, on n'en fit rien, ce qui permit au phrénologue Spurzheim de barboter son crâne dans le cimetière de Charenton.

SAINT-JUST (Louis Antoine de — 1767-1794)

CE NIVERNAIS étudia chez les Oratoriens, ce qui en fit un tribun décisif. On lui doit mille formules tranchantes, dont : « On ne peut point régner innocemment. » Lors de l'assaut de l'Hôtel-de-Ville par Barras* et ses troupes, il fut le seul à se laisser arrêter tranquillement (l'impotent Couthon* dégringola les escaliers, Robespierre* reçut ou se donna un coup de pistolet, son frère cadet tomba de la corniche par laquelle il tentait de s'évader, Lebas se tira du plomb et Hanriot fut défenestré). Il avait dit : « Tous les arts ont produit leurs merveilles ; l'art de gouverner n'a produit que des monstres. » Il portait toujours sur lui un projet de réforme de l'éducation, et voulait fonder la responsabilité citoyenne par une déclaration solennelle de ses amis au temple.

SAINTE-BEUVE (Charles Augustin — 1804-1869)

CE PORTRAIT — anticipé par la Fontaine sous le nom de Raminagrobis : « C'était un chat vivant comme un dévôt ermite,/Un chat faisant la chattemite,/Un saint homme de chat, bien fourré, gros et gras,/arbitre expert sur tous les cas... », lui colla à la peau tout au long de sa précautionneuse existence, calfeutrée dans le giron de sa maman et sous l'amoncellement des livres. On ricana beaucoup du « coucou romantique » (surnom qui lui vint de l'audace — l'une des rares de sa vie, avec son duel sous la bourrasque armé d'un pistolet et d'un parapluie, le 20 septembre 1830 — d'avoir détourné Mme Victor Hugo de la fidélité conjugale), mais on le moquait sous cape car le bonhomme avait un pouvoir certain de faire et de défaire les gloires littéraires. Stendhal* ou Baudelaire*, dont il méconnut le génie, attendirent d'être bien froids pour connaître la célébrité. Le causeur des lundis du *Constitutionnel* — qui inaugura en grand la critique littéraire (et son *Port-Royal*, publié à partir de 1840, reste un livre hors norme de par sa visée perspective, son encyclopédisme et le dynamisme du récit) — s'échina à brosser un panorama de la littérature française à travers les âges, étayé sur les faits biographiques qu'il accumule parfois jusqu'à l'étouffement du lecteur. Le jeune Proust*, autre type de concierge mirifique, lui reprochera respectueusement d'avoir « importé, dans l'histoire morale, les procédés de l'histoire naturelle », et de se conduire donc plus sûrement en inspecteur de police qu'en critique efficace. On assure que le cocu Hugo* (qui, de son côté, avait la cuisse légère) l'appelait « Sainte-Bave ». Lequel, athée et républicain (voir Sainteté), finira pourtant dans les pantoufles d'un sénateur du Second Empire. La Fontaine avait donc raison.

SAINTETÉ

MALADIE psychosomatique posthume. Pour le vivant, tendance à s'espérer intouchable, si le mot dérive bien de *sacer* (sacré) et non de *sanctio* (sanction), et à être le siège de divers symptômes : épilepsie, transe, extase... Richelet consigne que saint « est un mot qu'on donne à plusieurs maladies » ; la danse de saint Guy n'est pas la moins spectaculaire. La sainteté implique quelques comportements paradoxaux ; de l'adoration d'une esquille à l'infantilisme libidinal (« Appartenir à Jésus comme un petit jouet pour le consoler et le réjouir », Therèse de Lisieux) ; des hallucinations visuelles (Bernadette Soubirous) ou auditives (Jeanne d'Arc), au port du cilice (Pascal*). Quelques vénérables excentriques ne semblent guère en odeur de sainteté au Saint-Siège : Frusquin, Glinglin, Just*, Nitouche, Simonien... Et Sainte-Beuve* — qui n'en n'était pas une — mitonna à de certains amis impies une cène sacrilège et saucissonnière, le Vendredi saint de l'an de grâce 1868.

SALONS (MONDAINS)

IMAGINAIREMENT, la provocation n'aurait pas le droit d'en franchir les portes. Ou bien, étant conviée, priée de ne jamais se départir d'une honnêteté de manière et de langue, selon l'injonction de Mme Joffrin — laquelle brisait les propos trop hardis d'un « Voilà qui est bien ». En effet, il convenait que la raillerie restât au plus près de l'enjouement, sans jamais blesser ni assassiner. Les beaux esprits éclairés qui se succédèrent chez Mmes de Lambert, Tencin, Helvétius, Holbac, Lespinasse, du Deffant ou Necker avaient à cœur de ne point transgresser les règles du *Manuel de la Conversation*. L'enjeu était donc d'allumer les Lumières sous le vertugadin de la politesse. Mais fut un temps où la chose politique siégeait dans les chambres et alcôves des nobles protectrices, telle Marguerite de Navarre, sœur de François 1er, abritant les poètes marotiques soupçonnés de protestantisme, ou Mme de Longueville*, égérie de la Fronde qui, matée par Louis XIV, ouvrit le premier véritable salon littéraire mondain, en 1653 (celui de Scarron*, contemporain, était plus sûrement un cénacle de méchantes langues). Et il n'est pas incertain que le Roi-Soleil décidât Molière* à moquer Mme de Longueville et la préciosité*, issues de La Ruelle des chambres de galanterie. Au XIXe siècle, assailli par les bourgeois en mal de reconnaissance, les salons multiplièrent leurs jours (mardi et dimanche compris), transportant les fauteuils dans la salle-à-manger : les salonards gigotaient autour de la table, comme autrefois les galants — s'il est vrai que le mot ait été péjorativement dérivé de *galeux*. Proust* sera le dernier chroniqueur nostalgique d'une aristocratie des salons, devenus désormais autant de ruines au milieu desquelles ne pérorent plus que les fantômes des Savantes.

SAND (Aurore Dupin, baronne Dudevant, dite George — 1804-1876)

« JE NE PUIS PENSER à cette stupide créature sans un certain frémissement d'horreur. Si je la rencontrais, je ne pourrais m'empêcher de lui jeter un bénitier à la tête », confie Baudelaire* à son cœur mis à nu, ne doutant certainement pas que son corps de dandy n'eût fait qu'une bouchée au repas de la « grosse bête » qu'il estimait « possédée » par « son bon cœur » et « son bon sens ». Flaubert*, de son côté, qui ne partageait pas les convictions socialisantes de la Berrichonne descendante de la famille de Saxe, lui donne épistolairement du « chère Maître » à tour de bras, ce qu'il considérait sans doute moins dangereux que de la fréquenter en chère maîtresse : plus d'un y laissa des plumes, à commencer par Chopin et Musset*, les plus illustres. Ce dernier, pour s'en venger, écrivit un roman pornographique, *Gamiani*, où il ne laisse pas de flageller l'objet. Quant à George Sand, toute pétrie de convictions qu'on dirait aujourd'hui humanistes, elle ne manqua pas de créer le scandale, portant pantalons et fumant cigarettes, pour mourir d'une occlusion intestinale. Pis encore, comme le rapporte Flaubert : « Les journaux n'ont pas dit toute la vérité. La voici : Mme Sand n'a reçu aucun prêtre et est morte parfaitement impénitente. »

SATANISME

LA MÉMOIRE du *Paradis perdu* de Milton, la fortune du gothisme anglais, la présence souterraine de la *Justine* de Sade*, l'usage des stupéfiants, le vampirisme, le contrat méphistophélique, le goût de la fantaisie macabre s'y conjoignent diaboliquement. Il cultive l'idée du Mal et les manifestations séculaires de l'Ange déchu, donc séduisant. Baudelaire* l'inventant (1855) le litanise, et d'une phrase prévient : « Il y a dans tout homme, à toute heure, deux postulations simultanées, l'une vers Dieu*, l'autre vers Satan. » Du *Champavert* (1833) de Petrus Borel*, le Lycanthrope

aux *Mémoires du Diable* (1837) de Frédéric Soulié —
qui ont plus à voir avec les fantasmagories dix-
huitiémistes de Lesage (*Le Diable boiteux*) et de Cazotte
(*Le Diable amoureux*), on s'amuse frénétiquement à se
faire peur en agitant des squelettes, ouvrant des
tombes et ourdissant d'obscurs complots sous la bure
de Belzébuth, le manipulateur. Peu à peu le satanisme
vire à la possession (comme l'illustrent Michelet* dans
La Sorcière, 1862, ou Barbey d'Aurevilly* dans *Les
Diaboliques*, 1874), les morts sortent des tombeaux et
s'affalent sur les canapés du décadentisme*, les chairs
bouffies d'éther dans les senteurs de fleurs
marcescibles, sous le regard de la *Salomé* de Gustave
Moreau. *Monsieur de Phocas* (1901), de Jean Lorrain*,
Des Esseintes et son double Huysmans* — lequel
aurait assisté à une messe noire avant d'écrire *Là-bas*
(1891) — en finissent avec le règne littéraire de Satan ;
seul Victor Hugo*, et sa béatitude progressiste, avait
d'une plume chue de l'ange maléfique allégorisé Satan
en géniteur de la Liberté (*La Fin de Satan*, 1886).

SATIE (Alfred Erik Leslie-Satie, dit Erik — 1866)

CRÉATEUR de la musique décorative, il en fait la
réclame : « Nous, nous voulons établir une
musique faite pour satisfaire les besoins "utiles". L'Art
n'entre pas dans ces besoins. La "Musique
d'Ameublement" crée de la vibration ; elle n'a pas
d'autre but ; elle remplit le même rôle que la lumière,
la chaleur & le *confort** sous toutes ses formes. » C'est
ainsi que l'on suit Erik Satie (descendant du *Chat noir**
à Arcueil, après être « monté » d'Honfleur), entre
Picasso, Picabia* et Duchamp*, jetant ses faux cols à
son piano, suant d'avoir traversé Paris à pied, du nord
au sud, en bon héritier de l'esprit fumiste, se pliant
aux fantaisies dadaïstes comme il avait naguère lancé
son épître des « Œuvres de l'église métropolitaine
d'Art », sous l'influence rosi-crucienne du Sâr
Péladan* : « Tout le monde vous dira que je ne suis pas
un musicien. C'est juste. Dès le début de ma carrière,
je me suis, de suite, classé parmi les phonométro-
graphes... »

SATIRE

U N HONORABLE ÉRUDIT assure que le mot vient du
latin *satura*, « salade », et précise qu'il y a quelque
mauvais esprit à le confondre, homophoniquement,
avec l'émule champêtre de Pan ou tel homme vicieux —
ou même à y entendre le *phallus impudicus* dont la
forte odeur lui vaut le nom vulgaire de « satyre puant ».
Nous lui objecterons que le premier chef-d'œuvre
français du genre prenait un y : *La Satyre Ménippée*
(1594), où un parti de modérés, favorables à Henri IV,
se moque crûment des égarements de l'esprit partisan,
en un large empan stylistique — de Rabelais* à
d'Aubigné*. Le père des arts poétiques, Thomas
Sébillet, établit l'origine et le mode d'emploi de la satire
dans le *Coq à l'Asne* de Marot : « Sa matière sont les
vices de chacun, qui y sont repris librement par la
suppression du nom de l'autheur » ; mais il condamne
les œuvres du genre qui seraient « licencieuses,
lascives, effrénées et autrement sottement inventées et
composées ». Théophile de Viau et Mathurin Régnier
illustreront l'esprit pointu, c'est-à-dire piquant fort ! Ce
dernier attaque le clan Malherbe dans la *IXe Satire* :

> « Aussi je les compare à ces femmes jolies
> Qui par les affiquets se rendent embelies,
> Qui, gentes en habits et sades en façons,
> Parmy leur point coupé tendent leurs hameçons,
> Dont l'œil rit molement avecque affeterie
> Et de qui le parler n'est rien que flaterie... »

Enfin, Despréaux vint, et (non) le premier en France fit
sentir dans ses vers une comique cadence : il en torcha
douze (de ces pièces) parmi les mieux achevées. Mais
quand on est saisi de cette manie moqueuse, railleuse
et parfois diffamante, gare à ne pas tomber dans
l'excessive posture d'un « qui perdrait un ami plutôt
qu'un mot pour rire » (Régnier, encore). Au temps des
Lumières, le genre va décliner bien que de cruelles
circonstances fassent jeter à Nicolas Gilbert et André
Chénier les dernières salves satiriques contre les
révolutions* en cours — le premier, au fil du *Dix-
huitième Siècle*, embroche la dépravation encyclopédique :

« Pour moi, qui, démasquant nos sages
                                    dangereux,
Peignis de leurs erreurs les effets désastreux,
L'athéisme en crédit, la licence honorée,
Et le lévite enfin brisant l'arche sacrée...

Le second mastigophore ses bourreaux à coup d'*Iambes* :

« Mais non ; nous entendrons ces oraisons
                                    funèbres
De la bouche du bon Garat ;
Puis tu les enverras tous au fond des ténèbres
Lécher le cul du bon Marat*. »

Sous le règne de Victor Hugo*, Auguste Barbier* tire un dernier coup contre la fureur napoléonienne :

« Paris n'est maintenant qu'une sentine impure,
Un égoût sordide et boueux,
Où mille noirs courants de limon et d'ordure
Viennent traîner dans leurs flot honteux... »

                                    (La Curée.)

SCANDALE

S AINT-MARC, traduit par Lemaistre de Saci, n'y va pas par quatre chemins : « Si votre main vous est un sujet de scandale, coupez-la. » Et son compère Mathieu de lancer l'avertissement célèbre : « Malheur à l'homme par qui le scandale arrive ! » C'est donc un gros mot tout pétri de religion, et qui va obséder le Grand Siècle. On entendra, du haut des chaires, les orateurs* en brandir souvent la menace ; ainsi Bossuet* — « Jésus crucifié, qui a été le scandale du monde... » — rapproche-t-il ce terme de la folie que saint Paul prête au symbole de la croix. Et Richelet, fermant l'époque, assurera qu'il faut entendre sous le terme : « Tout ce qui est cause que d'autres se portent au péché », légitimant ainsi l'origine gréco-latine : « Obstacle qui fait trébucher ». On peut s'en tenir là. Ou laïciser le mot pour lui faire cracher sa charge d'indignation : celui qui en est témoin, le voilà outré, indigné, offensé, choqué, offusqué, blessé — ruiné, même, quand il a confié religieusement ses économies à M. de Lesseps pour qu'il les engloutisse dans le percement du canal de Panama. Huit cent mille souscripteurs se trouvèrent ainsi floués par ce scandale qui eut pour effet immédiat la flambée d'antisémitisme consécutif aux écrits de Drumont* contre la finance cosmopolite — juive, donc, et pour en revenir au prophète nazaréen crucifié précédemment.

SCARRON (Paul — 1610 -1660)

« LE PETIT SCARRON, qui s'est surnommé luy-mesme cû-de-jatte » précise Tallemant des Réaux aux premières lignes du portrait qu'il lui consacre, établissant une bonne fois la posture bouffonne que l'histoire littéraire a voulu retenir du premier mari de la future Madame de Maintenon. C'est que l'écrivain passa pas mal de temps « dans une chaise couverte par le dessus », consécutivement à on ne sait trop quelle maladie invalidante, toujours selon Tallemant, non moins que des suites houleuses d'une mascarade ayant mal tourné (il aurait dû se cacher dans un marais pour éviter le bâton de la foule que sa nudité horrifiait). Scarron participa activement à l'émergence du roman moderne par son fameux *Roman comique* (inachevé) qui est d'une vigueur et d'un réalisme neufs : Ragotin y incarne sans doute la première caricature littéraire du petit bourgeois prétentieux et ridicule*. Quoique persécuté par le ciel — sa paralysie fut augmentée de sa ruine —, l'ancien chanoine Scarron resta toujours jovial et gaillard, et il organisa autour de sa verveuse personne un salon* d'esprits frondeurs très couru. Burlesque, insolent et scabreux, il compense sa pesante invalidité par une alacrité de plume dont témoigne cet extrait d'un poème dédié à la Reine, alors sa protectrice (il se qualifiait du titre de « Malade de la Reine », puisque aussi bien il fit de son état un ressort de son art) :

> « Pour servir Votre Majesté,
> Je fais ce que je puis pour être bien malade ;
> Je mangerai poivre et salade
> Si vous trouvez encor que j'ai trop de santé. »

Il s'adonna au théâtre, dans le genre italien ou espagnol, et y connut quelques beaux succès (notamment, *Où il y a injure, il n'y a pas jalousie*). Mais l'une de ses pièces de vers — *Typhon ou la Gigantomanie* (1644) — déplut à Mazarin* à qui pourtant elle était dédiée ; voilà le plumitif rangé dans le camp des Frondeurs, et il ne fut pas le dernier à mazariner :

> « Sergent à verge de Sodome,
> Exploitant partout le royaume,
> Bougre bougrant, bougre bougré
> Et bougre au suprême degré,
> Bougre au poil, et bougre à la plume,
> Bougre en grand et petit volume,
> Bougre sodomisant l'État
> Et bougre du plus haut carat.
> Bougre à chèvres, bougre à garçons,
> Bougre de toutes les façons… »

Ce genre d'amabilité n'arrangea pas ses affaires, quoiqu'il eût contracté alors un heureux mariage avec la toute jeune Françoise d'Aubigné : elle ne lui apporta rien en dot (elle était pauvre, mais elle se rattrapera sous les ors de Versailles) que sa beauté — ce dont il se satisfit, comme de tout, d'autant que lui-même ne lui promit, devant notaire, que le trésor de son immortalité ! Et sur la fin de sa vie, le valétudinaire s'était mis en tête de déménager en Guyane où il croyait le climat salutaire. Boileau*, dans sa première *Satire*, fait allusion à la chose mais sans citer l'homme, ainsi qu'il le fera au *Chant I* de *L'Art poétique*, jetant sur l'auteur du mythologique *Typhon* un voile d'opprobre définitif : « Que ce style jamais ne souille votre ouvrage. » : c'est un écho à ce jugement de Tallemant : « Quelquefois il eschappe de plaisantes choses à Scarron ; mais ce n'est pas souvent. Il veut toujours estre plaisant, et c'est le moyen de ne l'estre guères »…

Séduction

D ONNER À L'AUTRE le sentiment qu'il est l'unique — stop. Mimer l'oubli de soi — stop. Qu'il entende ce qu'il désire — stop. Qu'on parle de lui — stop. Ainsi se l'approprier — stop. Arriver à ses fins — stop. Donc annuler — stop. Partir — stop. Don Juan* — stop.

SNOBISME

RENVERSONS LA VAPEUR : à ceux qui comprennent le snobisme comme la contraction cambridgienne du *sine notabilitate* dépréciatif, offrons cette définition à rebrousse-poil de Robert de Montesquiou* : « Le snobisme, tel qu'on l'entend chez nous, pourrait se définir ainsi : "Le fait et le goût de se sentir amplifié par des accointances supérieures". » Comme nous sommes loin alors du pré-snobisme de Monsieur Jourdain, de l'arrivisme contemporain ou du mépris réciproque que se renvoient, selon la *doxa*, snobs et anti-snobs ! La citation précédente se poursuit ainsi : « Autant dire, cela va de soi, que le Snobisme visant les supériorités sociales sera le petit ; tandis que celui qui visera les supériorités morales sera l'autre, le valable. » Ainsi, il est bon d'être snob, si l'on en croit William Thackeray qui, publiant *Le Livre des Snobs* en 1848, prit soin de préciser qu'il en était (*by one of themselves*), avant d'ouvrir son recueil par cet avertissement : « Il s'exposerait à de singulières méprises, celui qui irait juger les Snobs à la légère et penserait qu'ils n'existent que dans les couches inférieures de la société. On serait effrayé de ce qui se rencontre de Snobs sur cent individus pris au hasard dans toutes les conditions de l'humaine nature. » Thackeray les recense : le Snob royal, les Snobs de la Cité, les Snobs militaires, les Snobs du clergé, les Snobs universitaires, les Snobs littéraires : arrêtons-nous à ces derniers, pour annoncer cette exception : « Dans la République des Lettres IL N'Y À PAS UN SNOB », tant, selon Thackeray, et cela est bien connu : « Les hommes et les femmes [...] y sont des modèles de modestie dans leur maintien, d'élégance dans leurs manières, de pureté dans leurs mœurs [...], par-ci par-là, il vous arrivera peut-être bien d'entendre un homme de lettres déchirer à belles dents un confrère : mais n'allez pas vous y tromper, ce n'est pas méchanceté de sa part, et l'envie n'y est pour rien. C'est tout simplement l'amour de la vérité qui l'emporte, et le sentiment de ce qu'il doit au public. » Pas vrai ?

SONNET

CONTRAINTE nourricière la plus prolifique du Mont Parnasse ; Georges Fourest (1864) au sommet fait « sonner ce sonnet » :

« Pseudo-sonnet
que les amateurs de plaisanterie
facile proclameront
le plus beau du recueil

....
....
Nemo (Nihil, cap. OO).

X x x x x x x x x x x x x x x x x x x x x x x x
x x x x x x x x x x x x x x x x x x x x x x x x
x x x x x x x x x x x x x x x x x x x x x x x x
x x x x x x x x x x x x x x x x x x x x x x x x

x x x x x x x x x x x x x x x x x x x x x x x x
x x x x x x x x x x x x x x x x x x x x x x x x
x x x x x x x x x x x x x x x x x x x x x x x x
x x x x x x x x x x x x x x x x x x x x x x x x*

x x x x x x x x x x x x x x x x x x x x x x x x
x x x x x x x x x x x x x x x x x x x x x x x x
x x x x x x x x x x x x x x x x x x x x x x x x

x x x x x x x x x x x x x x x x x x x x x x x x
x x x x x x x x x x x x x x x x x x x x x x x x
x x x x x x x x x x x x x x x x x x x x x x x x »

* Si j'ose m'exprimer ainsi !
(Note de l'Auteur)
Dans *La Négresse blonde*.

220

SORBONNE

ÇA COMMENCE rue Coupe-Gueule, où Robert de Sorbon occupe, à l'entour de 1260, une bâtisse appelée à une certaine notoriété. Mais de son origine géographique, l'Université de Paris conservera souvent l'esprit, se distinguant par sa pugnacité à faire taire ceux qui s'ingénient à penser au-delà du périmètre sonore de ses chaires et de son clocher. Elle fut longtemps le tribunal théologique de Paris, et l'on soutenait entre ses murs puissants sa « sorbonnique » (qui commençait chaque premier vendredi après la Saint-Pierre) — sorte de tribune continue aux harangues où l'impétrant scholiaste apprenait l'art spécieux d'avoir réponse à tout. Elle persécuta notamment Étienne Dolet*, qu'elle condamna à la crémation. Jésuites*, jansénistes et encyclopédistes comptèrent parmi ses ennemis privilégiés. Quelques siècles plus tard, Proust* mettant en scène Brichot s'amusera à pasticher la langue de l'Universitaire, lequel n'ignore pas la critique déjà initiée par Rabelais* : « J'entends bien que, pour parler comme Maître François Rabelais, vous voulez dire que je suis moult sorbonagre, sorbonicole et sorboniforme... » avant d'illustrer par l'exemple quand, critiquant Balzac*, sans doute trop moderne pour l'institution : « Et il est permis de préférer un sentier à mi-côte, qui mène à la cure de Meudon ou à l'hermitage de Ferney, à égale distance de la Vallée-aux-Loups où René* remplissait superbement les devoirs d'un pontificat sans mansuétude, et des Jardies où Honoré de Balzac, harcelé par les recors, ne s'arrêtait pas de cacographier pour une Polonaise, en apôtre zélé du charabia. »

SOUFFLET

Don DièGue veut que Rodrigue le venge — « De quoi ? — D'un affront si cruel qu'à l'honneur de tous deux il porte un coup mortel, d'un soufflet ». Il faut dire que le comte, et futur beau-papa (mais mort) du héros, ne s'est pas montré bien chevaleresque avec le futur beau-papa de sa fille (mais vivant quant à lui, à la fin de l'histoire) : — « Ton impudence, téméraire vieillard, aura sa récompense. » *Il lui donne un soufflet.* S'ensuit un déboulé de drames grands et petits, où les Maures font les frais de l'outrage. C'est dire que ce revers de main, lestement appliqué sur la joue d'un quidam, ne manque pas de signifier la provocation, non plus que de susciter l'extrême offense. Montesquieu* donne là-dessus une belle explication : « Un soufflet devint une injure qui devait être lavée par le sang, parce qu'un homme qui l'avait reçu avait été traité comme un vilain. » On peut donc souffleter sans risque plus bas que soi. Le comte cornélien aurait été mieux inspiré de jeter à Don DièGue un soufflet de relieur, qui est une petite pièce de papier, ou un soufflet de forge qui, s'il s'avère contondant, est sans doute moins meurtrier.

Stendhal (Marie Henri Beyle, dit — 1783-1842)

Essentiellement préoccupé de l'amour (il en théorise la cristallisation), Stendhal — alias Henry Brulard — trace sur la poussière d'Italie, et du bout de sa canne, les initiales des treize femmes qui scellèrent sa vie du sceau du *fiasco* : « Dans le fait, je n'ai eu que six de ces femmes que j'ai aimées. » Il tente, par la littérature et sur le tard, de s'en consoler : *Armance* (1827), *Le Rouge et le Noir* (1830), *La Chartreuse de Parme* (1839) ne séduisent pas davantage : « Je viens de relire, ou d'essayer, les romans de Stendhal ; ils sont franchement détestables », pontifie le clairvoyant Sainte-Beuve*, lequel cependant décoche, à son insu, des éloges dont Stendhal aurait pu lui-même s'honorer : « [...] L'œuvre d'un homme d'esprit [...]. Ses romans sont ce qu'ils peuvent, mais ils ne sont pas vulgaires. Ils sont, comme sa critique, surtout à l'usage de ceux qui en font. » Beyle le savait mieux que quiconque — qui fixa rendez-vous à ses lecteurs, successivement en 1880 et 1935, ayant d'autres campagnes à mener : la retraite de Russie, dans le sillage impérial (1812), ne fut pas la moindre...

Stupéfiants

D'engourdissement à extase, ces produits couvrent le large empan de l'hébétude ou de l'excitation plus ou moins heureuse, selon qu'on y recourt par dépendance du plaisir, par nécessité analgésique, par volonté d'abréger le temps. Il semble que ce soit la science obstétricienne qui ait bénéficié la première du confort des drogues « stupéfactives » — originairement narcotiques à base d'opium, jusquiame, belladone et autres substances naturelles dont le médecin Cabanis (et non pas Canabis — 1757-1808) se fera une spécialité ; il fournit à Condorcet le poison grâce auquel le philosophe évita la guillotine*, et à Napoléon* la fiole que l'Empereur avala lors de la retraite de Russie, sur le point d'être capturé par les Cosaques —

qui le ne rattrapèrent pas, non plus que la mort. Le XIXᵉ siècle vouera à l'opium une religiosité fervente, et de Quincey — traduit par Musset* puis Baudelaire* — en sera le premier thaumaturge. Enfantée par l'image morbide des paradis artificiels, la fin de siècle aspire à l'éther, qu'on y accède par inhalation (Jean Lorrain*) ou par représentation (Gustave Moreau, Odilon Redon). On a pu dire, aussi bien, que la religion exerçait sur les peuples qu'elle dominait l'effet d'un opiacé — mais c'est là un trope facile.

SUFFRAGE UNIVERSEL

FONDEMENT SUPPOSÉ de la démocratie par lequel le citoyen se fait représenter dans les instances décisionnaires (chambre, conseil...) par un quidam de son choix — librement désigné lors d'élections ouvertes. C'est une vieille obsession européenne, née en Angleterre d'où elle émigra en France au XVIIIᵉ : elle ne s'use que si l'on ne s'en sert pas. C'est en 1848, le 5 mars, que le suffrage universel acquiert ses lettres de noblesse (si l'on peut dire) à la suite de la campagne des Banquets républicains. La Révolution de 1789 avait bien tenté de s'en approcher mais, après moult revirements, les enfants, les femmes et les citoyens les moins aisés (ceux qui n'acquittaient pas le « cens », une manière d'impôt direct), en furent exclus lors des élections législatives de 1792. Plus audacieux, les socialistes de 1848 — s'ils récusèrent le droit de vote aux moins de vingt-et-un ans et aux femmes —, l'accordèrent plus libéralement aux autres citoyens : neuf millions de Français se retrouvèrent donc soudain électeurs, au lieu des deux cent soixante mille privilégiés du suffrage censitaire. Ces hommes libres s'empressèrent d'envoyer neuf cents députés à la chambre, tous issus de la bourgeoisie* plus ou moins éclairée... Ce fut la revanche des nantis de l'instruction sur l'ignorance populaire savamment entretenue.

SUICIDE

LONGTEMPS ce fut un délit, ainsi qu'en témoigne Beccaria dans son ouvrage sur cette question (*Des délits et des peines*), mais en y mettant un bémol :

« C'est un crime que Dieu* punit après la mort du coupable, et Dieu seul peut punir après la mort. » Chamfort en jugea autrement, qui apporta un soin particulier mais vain à quitter ce beau monde. Alphonse Rabbe, quant à lui, y réussit fort bien la nuit de la Saint-Sylvestre 1829, à coup de laudanum. Ceux qui s'en étonnèrent alors (très peu en vérité) n'avaient sans doute pas lu *L'Album d'un pessimiste* que l'adepte du poème en prose, défiguré par la syphilis, n'avait d'ailleurs pas publié mais qui contenait un petit traité prémonitoire — *Du suicide* : « Il m'apparut toujours révoltant, je l'avoue, que l'homme non content de tyranniser de tant de manières son semblable, prétende encore lui disputer le droit de s'affranchir par le sacrifice absolu de son existence ! » Ce que ne démentira pas Baudelaire* : « Parmi l'énumération nombreuse des droits de l'homme que la sagesse du XIXe siècle recommande si souvent et si complaisamment, deux assez importants ont été oubliés, qui sont le droit de se contredire et le droit de s'en aller. » D'aucuns jurent que Nerval mit fin à ses jours par la corde ; on s'interroge tout de même sur un détail non commun : on le retrouva pendu avec son chapeau sur la tête — essayez donc ! N'empêche que le petit mort rêveur de la rue de la Vieille-Lanterne illustra, après Werther, la posture romantique du suicide, qui se traduisit dans les faits par une cohorte de cadavres livresques : c'est que de toujours nos hommes tiennent à la vie, si pénible leur soit-elle. Il n'est jusqu'au dévôt abbé de Saint-Cyran, pourtant persécuté par Richelieu, qui n'appliqua ce geste extrême dont il avait discouru dans un traité introuvable mais que Voltaire* lui attribue tout de même. Pourtant, outre nos trois célébrités thanatophiles, Bonaventure des Périers* (en 1543, peut-être, mais le mot n'existait pas encore), et le manipulateur antidreyfusard colonel Henry (en 1898, ça valait mieux), passèrent par là pour aller voir ailleurs.

SYMBOLISME

S'IL EXISTE, tous les poètes entre 1870 et 1910 en furent. S'il n'existe pas, certains s'en réclamèrent pourtant : « Les jeunes gens de 1885, 1900 et de plus tard encore, qui ont résolu de se défendre contre l'emprise d'une école [...] dont Émile Zola* fut le chef incontesté » (André Fontainas) — tels Moréas (inventeur du mot), Morice, Ghil ou Kahn... Ces poètes s'inscrivent dans la mouvance du décadentisme* anti-parnassien et du désormais fameux « vers polymorphe » de Mallarmé* — dieu plus ou moins consentant de cette école sans règles bien édictées. C'est une manière de provocation habile que de se laisser emporter par ce fleuve prosodique qui n'a pour toutes berges qu'un esthétisme hiératique et un peu mystique, conchiant le rationalisme, le naturalisme, l'objectivité et la déclamation — le symbole intimement peigné contre les cymbales du creux alexandrin ! Charles Morice tentera de dire le fin mot de l'affaire : « I. — Synthèse dans la pensée métaphysique. II. — Synthèse dans l'idée. Fiction. III. — Synthèse dans l'expression. Suggestion. » Et, reprenant la formule de Fichte, il décrète : « Le Beau est le rêve du Vrai. » L'engouement pour Wagner musicalise ce moment symboliste dont Debussy sera, peut-être, le Kamchatka ; comme le fresquiste officiel Puvis de Chavanne allégorise la peinture que d'autres (Gauguin*, Moreau, Redon...) rendront mystérieuse. Le symbolisme : fourre-tout 100 % synthétique !

TALLEYRAND (Charles Maurice de Talleyrand-Périgord — 1754-1838)

ON A TOUT DIT de cet illustre pied-bot, nationaliste, bibliomane et anglophile, qui descendait d'une lignée plus ancienne que les Capétiens : son ancêtre Adalbert rétorqua au nouveau roi Hughes, qui lui demandait « Qui t'a fait comte ? », la fameuse réplique : « Qui t'a fait roi ? » Le blason de sa famille fut « de gueules à trois lions d'or armés, lampassés et couronnés d'azur » et la devise : « Ré qué Diou » — qui n'est pas sans valeur pour un futur évêque constitutionnel. Archétype du libertinage*, de la rouerie, de l'opportunisme, de la vénalité et du luxe* affiché, le futur Prince de Bénévent, échappant de peu à la guillotine*, alla se tailler à la machette un petit domaine en Amérique, pendant la Terreur. Il revint à propos pour saisir le marocain des Affaires étrangères, sous le Directoire, puis flaira le génie de Bonaparte dont il favorisa l'ascension, après l'avoir convaincu de l'expédition d'Égypte. Auto-proclamé empereur, ce dernier l'obligea à légaliser son union avec Mme Grand, qu'il appelait « Ma belle d'Inde ». Talleyrand est tenu pour le vrai père d'Eugène Delacroix*, et le grand-père du duc de Morny, demi-frère de Napoléon III. Peu d'hommes publiques ont été aussi haïs et méprisés que lui : c'est qu'on ne pouvait, dans toute l'Europe, se passer de son incomparable génie politique — fait d'habileté, d'entêtement, de courtoisie, de corruption, d'entregent (il entretenait des relations amicales avec les ennemis les plus affirmés de la France) mais surtout du sens aigu de l'intérêt national à long terme. Ainsi Louis XVIII rappela-t-il le ci-devant évêque, à la fureur des ultras et au grand dam de Chateaubriand* qui faisait anti-chambre : « Tout à coup la porte s'ouvre : entre silencieusement le vice appuyé sur le bras du crime, M. de Talleyrand marchant soutenu par M. Fouché*... » Sa forte personnalité donnait de l'esprit à ceux qui l'approchaient ; on prête ce mot à Louis-Philippe, assistant le Prince pendant son agonie : « Sire, je brûle ! — Déjà... » Le souverain de Valençay avait une plaie béante et purulente au côté qui l'empêchait d'être allongé : aussi l'inventeur de l'Entente cordiale (et durable) avec l'Angleterre mourut-il dans une posture de dignité qui lui seyait bien !

TARTARIN

LE TARASCONNAIS est la figure éponyme d'un adepte provençal de Xavier de Maistre (*Voyage autour de ma chambre*, 1794). Chasseur obèse, réduit à tirer sur sa casquette à défaut de gibier, le planteur de baobab finira par voyager au-delà du bout de son gros nez et de ses fanfaronnades ; il en reviendra flanqué d'un chameau amoureux de sa corpulente personne, et précédé de la peau d'un vieux lion domestiqué, héroïquement abattu sur une place. Type du matamore burlesque, l'invention d'Alphonse Daudet (1872) complète le portrait-robot du petit-bourgeois dérisoire initié par Henri Monnier. Tartarin tient sa place entre un Joseph Prudhomme* ensoleillé, le Cyrano* version Rostand et le sapeur Camember*.

TARTUFFE

C'EST, PAR EXCELLENCE, l'ami dévoué de la famille disloquée. Au père soucieux, il offre le secours du confident (« Un bon et franc ami, que pour gendre je prends, mais bien plus cher que fils, que femme et que parent » — Orgon — « D'autres prendraient cela d'autre façon peut-être ; « Mais ma discrétion se veut faire paraître. Je ne redirai point l'affaire à mon époux » — Elmire) ; pour les enfants, il expurge la contestation latente de l'autorité (« Hélas ! j'en dirai, moi, tout ce que vous voudrez » — Marianne). À la fin bouc-émissaire, par son arrestation, il ressoude la famille jusque là désunie — « Le pauvre homme ! » vraiment...

THÉROIGNE DE MÉRICOURT (Anne Joseph Terwagne — 1762-1817)

FILLE D'UN CULTIVATEUR luxembourgeois, « la belle étrangère » mena, avant la Révolution, une vie aventureuse ; on sait seulement qu'elle fut chanteuse à Gênes. Accourue à Paris aux premiers événements, elle s'y promenait vêtue en amazone, portant des pistolets ou ceignant le sabre. Elle fut l'une des rares femmes orateur* et participa (selon ses dires) à la prise de la Bastille. Après une harangue favorable aux Girondins, la foule se saisit d'elle, la déculotta et la fouetta au beau milieu du Jardin des Tuileries. Elle en devint folle et traîna 25 ans d'un asile à l'autre. Le psychiatre Esquirol tenta de la traiter. Elle mourut à la Salpêtrière. On a son masque mortuaire, qui montre les ravages de l'aliénation.

THIERS (Louis Adolphe — 1797-1877)

« UN VÉSICATOIRE qui ne tire plus » aurait dit la Princesse Mathilde du Marseillais dont caricaturistes et pamphlétaires moquèrent inlassablement l'extrême petitesse (à moins d'un mètre soixante, il portait bien son nom) et les revirements perpétuels ; c'est qu'il avait été à l'école de Talleyrand* (« M. Thiers fut une minute le ouistiti de Talleyrand » dira Barbey d'Aurevilly*) qui le lança dans la politique : pour l'en remercier, à la mort de son mentor, Thiers ne se manifesta d'aucune manière... Ce sens aigu des convenances et de la décence le conduira à être, tour à tour, le défenseur des « libertés nécessaires » (sous Napoléon III) et le boute-feu sanguinaire du parti versaillais lors de la Commune*, l'un des tombeurs de Charles X au nom du libéralisme et le ministre de Louis-Philippe, le chef du parti républicain et l'admirateur de la Révolution — ce qui ne le gênera pas pour affirmer plus tard : « La République sera conservatrice ou ne sera pas ! » —, du Consulat et de l'Empire cuirassé qu'il étudia dans les volumes de son *Histoire...* Elle lui valut d'entrer jeunot (35 ans !) à l'Académie française* : au 15e fauteuil, celui de Malesherbes. Les Goncourt* lui trouvaient un « esprit gaulois » — ce qui étonne. Et Jules Renard le portraiturait ainsi : « Des gestes de vieux curé et des sourires de cabot. » À Victor Hugo*, il donna la méthode pour ignorer les attaques insultantes de la presse* : « Cent journaux me traînent tous les matins dans la boue. Mais vous savez mon procédé ? Je ne les lis pas... Lire les diatribes, c'est respirer les latrines de sa renommée. » Avait-il consulté son portrait par Barbey d'Aurevilly, dans *Les Quarante Médaillons de l'Académie* ? « M. Thiers est la nullité couronnée par cette grande bête d'Opinion publique [...] et mourra vespasiennement dans son fauteuil à l'Académie... »

228

TOULOUSE-LAUTREC (Henri de — 1864-1901)

G NOME AMATEUR de bals, de cabarets, de cirque, de bordels* où il lui arriva de loger ; capteur de silhouettes extravagantes : La Goulue et Valentin le Désossé, Jane Avril, Chocolat, l'Anglais, Aristide Bruant et la phénoménale Yvette Guilbert qui le reçut pour la première fois en 1895 : « Mon valet de chambre, après avoir introduit les deux hommes, accourut m'avertir, la figure effarée : "Mademoiselle ! Oh ! Mademoiselle ! M. Donnay est là avec 'un drôle de petit machin' [...]" », qu'elle portraiture en ces termes : « Figurez-vous la grosse tête de Gnafon (du Guignol* lyonnais), posée sur le corps d'un petit nain ! Une tête brune, énorme, la face très colorée et noirement barbue, une peau grasse, huileuse, un nez de quoi garnir deux visages, et une bouche ! Une bouche balafrant la figure d'une joue à l'autre, ayant l'aspect d'une blessure ouverte. Les muqueuses des lèvres, formidables et "violet-rose", aplaties et flasques, ourlant cette fente effroyable et... obscène* ! » : mais, comme tant d'autres, Yvette se laissera séduire par les beaux yeux tendres de l'infirme, se laissera croquer par ses petites menottes de marionnette, lesquelles introduisirent l'inachevé, l'inaccompli dans l'art moderne, non sans qu'elle, Yvette, regimbe un peu : « Mais au nom du ciel, ne me faites donc pas si atrocement laide ! Un peu moins... Des tas de gens ont poussé des cris de sauvage en voyant l'épreuve en couleur... Ce n'est pas tout le monde qui voit exclusivement le côté artistique... Et dame ! ! ! »

ULTRAS

CLIQUE ROYALISTE réactionnaire qui vint au grand jour dès la chute de Napoléon Ier*, après avoir intrigué en secret dans la société de Chevaliers de la foi. Chapeautée par le futur Charles X et le duc de Berry, cette engeance accéda au pouvoir avec la Restauration et, sous la houlette de Villèle et Vitrolles, organisa la Terreur Blanche contre les anciens régicides et les bonapartistes. Particulièrement haineux et revanchards, les « Ultras » réussiront même à effrayer Louis XVIII qui, ne voulant pas « être roi de deux peuples », les éloignera. Mais Charles X, leur mentor, les rappellera lors de son accession au trône.

UTOPIE

TRÈS TÔT le mot désigne ce que bien l'on sait qu'il désigne. Et c'est sans doute à Rabelais* qu'on le doit, de ce côté-ci de la Manche, puisque Pantagruel et ses « compaignons », en quête de la Dive, « arrivèrent au port de Utopie ». Mais loin d'être la libre et égalitaire République imaginée par Thomas More dans sa latine *Utopia* (1516), l'endroit est vassal du prince des Dipsodes. Ainsi, outre qu'il en francise le nom (la première traduction paraîtra dix-huit années après *Pantagruel*, en 1550), Rabelais assujettit l'idée à sa chimère (autant qu'à Pantagruel* et consorts) et renvoie à l'étymologie du mot : « en aucun lieu »...

VACHÉ (Jacques — 1896)

AU BEAU MILIEU de la guerre* mondiale (la der des der...), un jeune homme racé devient l'oracle d'un groupe de jeunes gens dadaïstes : Breton*, Soupault, Aragon*, etc. Inventeur et praticien de l'*Umour*, Vaché le définit ainsi : « Le sens de l'inutilité théâtrale (et sans joie) de tout. » André Breton, alors interne, fait sa connaissance à Nantes, en 1916, dans un hôpital où l'ultime dandy désespéré est en traitement. Une correspondance s'ensuit, dite *Lettres de guerre* : « [...] D'ailleurs. — L'ART n'existe pas, sans doute. — [...] Donc nous n'aimons ni l'ART ni les artistes (à bas Apollinaire*) ET COMME TOGRATH A RAISON D'ASSASSINER LE POÈTE ! [...] Je serai aussi trappeur, ou voleur, ou chercheur, ou chasseur, ou mineur, ou sondeur. Bar de l'Arizona (*Whisky-Gin and mixed* ?) et belles forêts exploitables et vous savez ces belles culottes de cheval à pistolet mitrailleuse, avec étant bien rasé, et de si belles mains à solitaire. Tout ça finira par un incendie, je vous dis, ou dans un salon*, richesse faite. — *Well.* » Il débarque à Paris en juin de cette année et assiste à la représentation des *Mamelles de Tirésias* d'Apollinaire mais en dégainant son revolver et paraissant « d'humeur à s'en servir », comme l'observe Breton. Tout porte à croire que le comportement de ce « jeune homme roux, très élégant » qui se promène dans les rues de Nantes « en uniforme de lieutenant de hussards, d'aviateur, de médecin » conduise sans tarder à quelque dernière *fourberie drôle*.

VAUTRIN

« UN FORÇAT de la trempe de Collin, ici présent, est un homme moins lâche que les autres, et qui proteste contre les profondes déceptions du contrat social, comme dit Jean-Jacques, dont je me glorifie d'être l'élève. » Ainsi parle Jacques Collin, dit Vautrin, dit Trompe-la-Mort, dit l'abbé Carlos Herrera ; et Balzac* signe là sa dette à l'égard de Vidocq*, dont il s'inspira pour bâtir son héros roux — Vidocq qui, dans son obscure jeunesse, rançonna les foules sous le nom de Rousseau* !

VERDUN

Sous-préfecture de la Meuse, sur la Meuse. L'un des fameux Trois-évêchés agglomérés au royaume de France par le Traité de Westphalie (1648). La reddition de cette place forte, en 1792, déclencha les massacres de septembre. Camp retranché depuis 1914, son fameux « saillant » est l'objet d'un monstrueux gagne-terrain où ont déjà péri 700 000 Français et Allemands, à partir de février 1916. À Iéna, qui passe pour l'une des batailles les plus « modernes » du XIXᵉ siècle, l'artillerie napoléonienne tira 1 500 slaves ; pendant les trois premiers mois de la tuerie meusienne, Français et Allemands viennent d'échanger 3 100 000 obus...

VERDURIN (LES)

« Telle, étourdie par la gaîté des fidèles, ivre de camaraderie, de médisance et d'assentiment, Mme Verdurin, juchée sur son perchoir, pareille à un oiseau dont on eût trempé le colifichet dans du vin chaud, sanglotait d'amabilité » : c'est ainsi que Swann, l'homme du monde, découvre, dans *Du côté de chez Swann*, ce monstre ineffable : Madame Verdurin, entée de sa cour, « le petit clan », qu'avec son ineffable monstre de mari, « le Patron », elle asservit de mâle main, distribuant les rôles, agrégeant petit à petit de nouveaux venus au noyau initial des « fidèles » : le Docteur Cottard, type du parfait crétin, en dehors de sa pratique médicale, roi du calembour minable (« Chateaubriand* — aux pommes ? Blanche — de Castille ? ») qu'il faut cependant applaudir ; Brichot, l'universitaire pédant dont l'érudition n'a d'égal que sa phraséologie grotesque ; Saniette, le bouc émissaire, victime du harcèlement verbal du Patron qui l'humilie à chaque dîner. (« "Qu'est-ce qu'il dit", hurla M. Verdurin, d'un air à la fois écœuré et furieux, en fronçant les sourcils comme s'il n'avait pas assez de toute son attention, pour comprendre quelque chose d'inintelligible. "D'abord on ne comprend pas ce que vous dites, qu'est-ce que vous avez dans la bouche ?" [...] Presque aucun des fidèles ne se retenait de s'esclaffer, et ils avaient l'air d'une bande d'anthropophages chez qui une blessure faite à un blanc a réveillé le goût du sang. ») Mère maquerelle à ses heures, la Verdurin arrange les mariages internes avant de les défaire si jamais l'un des fidèles n'imitait pas les « credo » du petit clan, à l'instar d'Odette de Crécy et de Swann, lequel sera finalement congédié au profit de Forcheville, vulgaire et malléable aux théories de la Patronne (« ici on ne se gêne pas, on est entre camarades ») concernant tant la musique moderne que le monde. Ainsi, il faut aimer Wagner ou Vinteuil comme la Verdurin elle-même qui ne craint pas de simuler des transes ridicules pour montrer l'exemple (« Ah ! non non, pas ma sonate ! cria Mme Verdurin, je n'ai pas envie à force de pleurer de me fiche un rhume de cerveau avec névralgies faciales, comme la dernière fois ; merci du cadeau, je ne tiens pas à recommencer ; vous êtes bons vous autres, on voit bien que ce n'est pas vous qui garderez le lit huit jours ! ») et pour mépriser les « ennuyeux », c'est-à-dire le monde aristocratique qu'elle conchie, selon une volonté tendue vers cette unique ambition : le conquérir.

VERLAINE (Paul — 1844-1896)

POÈTE ALCOOLIQUE (on réinventa pour lui le verbe « s'absinther ») et tireur maladroit (il ne réussit, malgré deux coups de feu tirés à trois pas, qu'à blesser légèrement Rimbaud*). La moralité de sa vie, encombrée d'un caractère de chien, ne nuisit pourtant pas à sa réputation : à sa mort, Mallarmé* le qualifie même d'« Enfant de chœur » — ce qui prouve assez le comique inépuisable du maître de Valvins... On inhume l'écrivain à tête de faune au cimetière des Batignolles, parmi les discours les plus élogieux. Toute la France des Lettres (environ trois mille endeuillés) est là : l'émotion suinte des allocutions affligées (Coppée, Barrès, Mendès, Lepelletier, Mallarmé et Moréas). Dans la presse, même panégyrique — *Le Figaro** va jusqu'à lui consacrer sa « une ». Mais le caveau refermé, c'est un peu différent : Montesquiou*, que Verlaine aura tapé à soixante-dix reprises — et qui rapportera drôlement la manie ultime du poète de tout peinturlurer d'un badigeon doré —, le gratifie dans ses mémoires d'« émouvant comme l'épave d'une gondole »... Et Charles Maurras*, qui n'estimait guère le Prince (loqueteux) des Poètes, assure : « Paul Verlaine laisse un grand nom ; mais je ne sais s'il laisse une œuvre. Il est vrai que, sauf des plaquettes publiées à la fin de sa vie, il n'a pas fait, à proprement parler, de mauvais livre... »

VICE

S'IL EST DE FORME — pure —, il n'a rien à faire ici. S'il a à voir avec quelques travers que la morale réprouve, se reporter à Alcoolisme, Barras, Bernis, Bussy-Rabutin, Casanova, Courtisanes, Don Juan, Érotomanie, Liaisons (dangereuses), Libertins, Lorrain, Luxure, Neveu de Rameau, Obscène, Pornographie, Sade, Talleyrand — qui tracent, chacun selon ses mérites, les contours de cette « Disposition habituelle au mal » (Littré).

VIDOCQ (Eugène François — 1775-1857)

CRAPULE ASSURÉE et figure légendaire. C'est l'anti-Lacenaire* qui n'hésite pas à entretenir son commerce avec les truands de tout poil pour mieux asseoir son pouvoir sur la police, au philanthropique prétexte de servir la société. À ce titre, il fascine Balzac*, Hugo*, Eugène Sue qui pillent ses *Mémoires* [1] (1829), tronçonnent sa vie douteuse, et jettent en pâture au public toujours avide les exploits de Vautrin*, la conversion de Valjean et les dessous des *Mystères de Paris*. Frappe précoce, Vidocq s'engage tôt dans les armées de la Révolution mais trahit aussitôt ; il met à profit la Terreur pour rançonner les paysans du Nord de la France — sous le nom de Rousseau*. Puis il tâte, huit années durant, des bagnes de la République dont il s'évade à plusieurs reprises. En 1809, le loup simule le mouton et devient indicateur de police : on lui en saura gré puisqu'il accédera, à la tête d'une poignée de repris de justice, au titre de chef de la police de sûreté, sans pour autant se retirer des affaires*. En bon rentier parvenu, il doute de l'efficacité et de l'honnêteté de ses anciens subordonnés puisqu'il crée, en 1832, une police privée. Dans *Les Voleurs* (1830) — excellent manuel d'incitation —, Vidocq recense mille six cents termes argotiques en faveur chez les crapules.

1. *Mémoires* de Vidocq, chef de la police de sûreté jusqu'en 1827, aujourd'hui propriétaire et fabricant de papier à Saint-Mandé.

VILAINS BONSHOMMES

D EUX DE CES FORTES TÊTES (mais moins imposantes que l'énorme chef de Verlaine* qui dominait le lot) en viennent aux mains un soir de décembre 1871 : le caricaturiste et apprenti photographe Carjat affronte l'irascible Rimbaud*. On échange horions et coups de canne* (la canne-épée de Verlaine). Bilan de la bagarre : Carjat court détruire les plaques où transparaît la face altière mais rogue du poète. Fort heureusement, l'une d'elles échappe au carnage. Dans l'entresol de ce café*-ring du quartier Saint-Michel, d'inconvenants jeunes gens s'attroupent — sous la houlette de Charles Cros* — pour boire, poétiser et tâter du haschich : on y tient l'excès* pour une posture dandie. Le jeune Mallarmé* y viendra observer le futur explorateur du Harar qui, pour l'heure, griffonne avec les autres des pantalonnades rimantes sur l'album de la famille Zutique*.

VILLIERS DE L'ISLE-ADAM (Jean Marie Mathias Philippe Auguste, comte de — 1838-1889)

O U COMMENT ruiner sa famille bretonne pour l'Idée de la gloire par les Lettres, dont il offre la recette prémonitoire dans « Deux augures » (*Contes cruels*, 1883) : « — J'ajouterai, Monsieur, — interrompt d'un ton dégagé l'aspirant écrivain —, que je suis, oh ! mais sans l'ombre de talent, d'une absence de talent... magistrale ! Ce qu'on appelle un "crétin" dans le langage du monde [...] - Hein ? s'écrie le directeur tremblant de joie, vous vous prétendez sans talent littéraire, jeune présomptueux ! » Du génie, hélas, Villiers en déborda mais tourné d'une manière si violente, si fantaisiste, jouant sur plusieurs registres — de la fresque utopiste de l'*Ève future* (1886) à la parodie scientiste de *Tribulat Bonhomet* (1887), d'écho flaubertien — que « La machine à gloire » fit résonner aux rares oreilles de quelques initiés (Cros*, Huysmans*, Mallarmé*, Verlaine* qui le recueille dans ses *Poètes maudits...*).

Villon (François de Moncorbier — 1431-?)

Mort sans date, comme toutes les légendes, Villon doit à Marcel Schwob de se voir attribuer un livre majeur de la littérature française : *Le Rommant du Pet-au-diable*. On n'a d'ailleurs jamais retrouvé ce chef-d'œuvre, dont le malandrin lègue tout de même la « grosse » à son « plus que père » (Guillaume de Villon) — sur l'air des pendards, comme il le fait pour tout ce qu'il teste : le réel (rien, donc) et le fictif (ce qui lui passe par la tête). Mais sa grande occupation, c'est d'éviter d'avoir le col enflé par la corde des fourches patibulaires de Montfaucon ou les membres rompus sur la roue de la Grève. Complice de vols répétés, soupçonné de deux meurtres (il en avouera un) et réputé coquillard, le voilà profès en exil*, bannissements et autres départs hâtifs à la cloche de bois. Il s'en plaint avec le culot des coupables qui ne croient qu'en l'innocence de l'agneau (« Rigueur le transmit en exil/Et lui frappa au cul la pelle,/Nonobstant qu'il dit : "j'en appelle ! "). Le plus fort est qu'il composa maintes épitaphes variées comme un honorable bourgeois qu'on irait visiter sur sa dalle, le dimanche. Celle-ci :

> « Je suis François, dont il me poise,
> Né de Paris emprès Pontoise,
> Et de la corde d'une toise
> Saura mon col que mon cul poise. »

Villon eut ses fées marraines qui le tirèrent vers nous à travers les siècles — peut-être par sa corde : Pierre Levet, son premier éditeur (1492), Marot, son second, puis Boileau* (il en fait un « romancier » dans son *Art poétique* !), et « L'Éléphant » Gautier* auquel on doit d'avoir ressuscité le poète parmi *Les Grotesques*. Chacun à sa mode nous en proposa une version plus ou moins présentable ; ainsi Rabelais*, au *Quart Livre*, nous apprend-il que « Maistre François Villon, sus ses vieulx jours, se retira à S. Maixent en Poictou, soubs la faveur d'un homme de bien, abbé dudict lieu ». Qui n'empêche pas le conteur de narrer une formidable diablerie dont le poète, maintenant organisateur de spectacles populaires, serait l'auteur... D'autres n'hésiteront pas à nous assurer de sa date de mort... Reste que le premier vrai maître de la poésie moderne, grand déplorateur du moi tremblant, fut une crapule de choix.

Vivant Denon (Dominique Vivant, baron de Non, dit — 1747-1825)

C'EST UN ROMAN à lui seul que cet homme-là ! La postérité parcimonieuse conserve d'abord son nom pour être celui du fauteur d'un conte licencieux parmi les plus prisés de la fin du XVIIIe siècle — *Point de lendemain*. Mais Vivant Denon n'avouera jamais cette paternité gênante alors qu'il se targuera d'avoir réorganisé le Louvre brusquement submergé par les rapines napoléoniennes : ce haut fait lui vaudra de donner son patronyme à une porte du palais. Bon dessinateur, habile graveur, dramaturge, diplomate à ses heures, collectionneur forcené d'antiques, il accompagne Bonaparte chez les mamelouks et en rapporte (outre la confiance du pro-consul) un livre qui fera date dans la naissante passion orientaliste : *Voyage dans la Basse et la Haute Égypte*. Parmi ses trésors, on retrouva à sa mort, serrés dans leur reliquaire, des bouts d'os du Cid et de Chimène, d'Héloïse et Abélard, de Molière*, de La Fontaine, des poils de la moustache d'Henri IV — et la fontanelle du crâne de Voltaire* jeune.

Voltaire (François Marie Arouet — 1694-1778)

HOMME D'AFFAIRES* (les siennes seront prospères et il se mêlera souvent de celles des autres) et touche-à-tout singulièrement actif. Pour notre part, nous lui devons la dénomination de ce dictionnaire*, puisqu'il l'inventa pour ramasser en un livre facilement transportable les textes par lui donnés à *L'Ency-clopédie**. S'il favorisa les ahans poétiques du Grand Frédéric, il incarne à la perfection la capacité à épouser son époque dans ses moindres recoins (il avait des actions chez les négriers) tout en donnant l'impression d'être ailleurs : ce qui, pour conchier, est une habile posture. Sa triste fin ne fut sans doute pas à l'aune de sa souveraine emprise sur l'époque. Sa bonne nièce, Mlle Denis, qui craignait que Voltaire n'eût l'idée saugrenue de modifier le testament par lequel il l'instituait sa légataire universelle, le tenait pour ainsi dire en prison, dans une maisonnette au fond de son jardin. Il est même, assez grabataire, surveillé par la cuisinière et le garde-malade qui tiennent bien close la porte aux nombreux visiteurs. Tronchin — ès-qualité de médecin — le bourre de drogues qui, au dire du médicastre, rendent le penseur fou à hurler (« Je ne me le rappelle pas sans horreur »). Les rumeurs les plus incroyables courent alors Paris. Ceux qui le haïssent s'en donnent à cœur joie ; on prétend qu'il voit le diable sans cesse et veut se repentir de son déisme. Le comble est atteint avec la *Gazette de Cologne* qui juge courtois de rapporter ce ragot : « Il se mordait les doigts et portant les mains dans un pot de chambre et saisissant ce qui y était, il l'a mangé. » Enfin froid, les thanatologues le coupent en petits morceaux : il est tout pourri à l'intérieur. Son cerveau est énorme. On l'inhume en secret à l'abbaye de Sellières où des admirateurs viennent chiper des loquettes de son cadavre. Mais le 11 juillet 1791, Voltaire croit tenir sa revanche sur l'Infâme* : la République lui fait une délirante fête mortuaire pour la translation de ses restes au Panthéon. En 1814, c'est l'Infâme qui prend le dessus : une nuit de mai, des inconnus vident les cercueils de Voltaire et de Rousseau* et enterrent les restes dans un terrain vague de Bercy. Voltaire laissait une immense fortune et une curieuse bibliothèque garnie d'ouvrages qu'il avait lui-même reconstitués à coup de colle et de ciseaux — conservant seulement les pages qui l'intéressaient !

Zola (Émile — 1840-1902)

Accusateur public, photographe — par ailleurs auteur d'une kyrielle de romans sur les mœurs de ces temps. Le « Ressemeleur en littérature » fut préalablement accusé en privé, par Edmond de Goncourt* : « Mais sacredieu ! c'est un roublard que mon Zola, et il sait un peu tirer partie de la folie de l'œil qu'il m'a chipé ! [...] Cette folie tout bonnement désintéressée et improductive chez moi, par la note cochonne, obscène* qu'il y ajoute, à lui, ça lui vaudra la vente de quelques milliers d'exemplaires de plus. » Naturelle querelle* de la sainte famille naturaliste... On ne sait trop quelle mouche piqua le châtelain de Médan mais force est de constater qu'il se paya le luxe* d'une lettre ouverte au président Félix Faure (qui ne lui demandait rien), le 13 janvier 1898. Poulet par lequel, avec l'aplomb des béotiens, il prenait la défense d'un officier accusé de trahison, sous les vociférations indignées de l'opinion publique — mais Zola en connaissait un bout sur les ressorts de la curée. Prétendument de gauche, Zola attaquait un ministère radical de gauche : on appelle cela « tirer contre son camp ». Ça ne l'empêcha pas d'obtenir gain de cause, après avoir tout de même été condamné deux fois à la prison : il fuit à Londres. Ce qui lui arriva de mieux, dans cette histoire, est d'avoir été rayé de l'Ordre de la Légion d'honneur. On n'est pas loin de croire que sa mort suspecte (la cheminée du redresseur de torts était bouchée par le haut) fut le prix de l'audace d'un homme qui avait su se mettre tant de gens à dos, avec une simple missive. Aussi Zola illustre-t-il bien le concept d'homme de lettres. On l'a mis au Panthéon : c'est là qu'il purge la peine à laquelle il avait échappé en 1898.

238

Zutique (Album)

Libelle de textes autographes, issu des soirées canailles de l'hôtel des Étrangers, dès l'été 1871. Dans son entresol, un club de mauvais sujets (Les Vilains Bonshommes*, dont Cros*, Nouveau*, Ponchon, Rimbaud*, Verlaine*) buvait, fumait, s'engueulait et s'envoyait des vers et des parodies de poètes parnassiens : certains furent sur l'heure retranscrits sur ledit album, parfois agrémentés de dessins-charges. De Rimbaud, ce « Jeune goinfre » :

Casquette
De moire,
Quéquette
D'ivoire,

Toilette
Très noire,
Paul guette
L'armoire

Projette
Languette
Sur poire,

S'apprête,
Baguette,
Et foire.

Les chiffres en gras correspondent aux entrées, les chiffres en maigre désignent l'indexation générale de ces entrées.

Table-index des entrées

243

245

Les auteurs

François Boddaert, fondateur des éditions Obsidiane, est également poète, essayiste et romancier.

Olivier Apert, poète, est aussi essayiste et traducteur.

Leurs dernières publications :

François BODDAERT
– *Flanc de la servitude*, Le Temps qu'il fait, 1995.
– *Melven, roc des chevaux*, Le Temps qu'il fait, 1995.

Olivier APERT
– *Comme au commencement*, Éditions Mihaly, 1999.
– *L'Homme noir blanc de visage*, Le Temps qu'il fait, 1994.

Maquette de couverture : Fabien LAGNY

Ouvrage composé sur micro-ordinateur
par Valérie GUILLOU
pour l'atelier des
Presses Universitaires de Vincennes

Presses Universitaires de Vincennes (PUV)
Université Paris VIII
2, rue de la Liberté
93526 Saint-Denis Cedex 02

Distribution : CID – 131, bd Saint-Michel – 75005 Paris
Tél. 01 43 54 47 15 – Fax 01 43 54 80 73

IMPRESSION, BROCHAGE
IMPRIMERIE CHIRAT
42540 ST-JUST-LA-PENDUE
JANVIER 2000
DÉPÔT LÉGAL 2000 N° 8725

IMPRIMÉ EN FRANCE